丽江市文化产业发展报告

(2000~2020)

REPORT ON DEVELOPMENT OF LIJIANG'S CULTURAL INDUSTRIES
(2000-2020)

主　编／李　炎　胡洪斌

副主编／王　佳　于良楠

社会科学文献出版社
SOCIAL SCIENCES ACADEMIC PRESS (CHINA)

序言
用丽江的眼光看世界　用世界的眼光看丽江

范建华

由李炎、胡洪斌主持编撰的《丽江市文化产业发展报告（2000～2020)》付梓了，实在可喜可贺，这是全国广大读者和关注丽江的研究者所期待的。因为关于丽江、关于丽江的文化旅游产业有太多的事要记录，太多的现象值得分析，太多的经验值得总结。他们花了20多年的时间跟踪观察丽江，用了一年多的时间进行专题研究，也只有他们才能冷静、客观地评价丽江、总结丽江、思考丽江。他们撰写了1个总报告、12个分报告和20年丽江市文化产业发展大事记。这既是对丽江文化产业发展的一次完整系统梳理总结，更是对中国文化产业20年发展中出现的"云南现象"的一个强有力的"丽江诠释"。

丽江作为2003年全国文化产业综合改革试点地区，在近20年中国文化产业改革进程中，始终站在时代潮头，引领改革方向，成为改革先锋，创造了许多成功示例，取得辉煌业绩，也给我们留下了许多思考和启迪。

站在丽江的角度，用丽江的目光去注视外面的世界时，我们不难发现，20多年前，丽江是一个隐藏在滇西北高原崇山峻岭深处的传统小县城，并无多少人知晓。到了20世纪90年代中期，改革开放的春风吹过中国大地20年之久，丽江依然偏于一隅，藏在深山之中。

小城依然回响着茶马古道上的马蹄之声，小桥流水依然缓缓穿过小县城的古街老巷，清晨卖丽江粑粑火炉的袅袅炊烟依然在狭窄的青石板路上空轻轻飘过……那时的丽江人偶尔到昆明（甚至上海、深圳）看到拔地而起的高楼大厦、宽阔马路，深感自己的落后破旧。或许得益于一缕传统文化的阳光照耀，或许因贫穷资金不足的缘故，20世纪80年代末90年代初全国大拆旧城、大建新城的世纪旋风没有横扫丽江，使古城得以保存，中国农业社会的县城风貌和小城居民的生活得以延续。这无疑是丽江在20世纪90年代末期和21世纪初叶能走向世界、一枝独秀并大放异彩的重要原因。丽江从封闭走向开放，从"末梢"走向"前沿"，不仅是云南的丽江、中国的丽江，而且成为世界的丽江。

1997年，丽江大地震后恢复重建时，当地政府和广大人民群众以及不少专家学者形成一个重要的共识：恢复古城风貌，不搞大建新城的做法，把保护性重建放在首位。他们认识到丽江要面向现代化，绝不是千城一面地用工业文明时代城市建设中整齐划一的钢筋混凝土去追赶世界文明的步伐，而是要探索一条继承传统文化并创新发展，跨越式地从后现代主义走向世界文明行列的新型发展之路。这种从传统中汲取营养的发展模式和路径选择，无疑是丽江对世界的一大贡献。

当我们今天用世界的眼光来审视丽江时，我们发现丽江已经完全是一个国际化、世界性又有中国传统文化的新型城市。

1997年丽江古城申遗成功，被列入《世界文化遗产名录》，成为重要的世界文化遗产保护地。随后2003年丽江又作为"三江并流"核心区而被联合国教科文组织列为世界自然遗产保护地，"东巴古籍"被列入《世界记忆遗产》。"一市三遗产"在国际上也是罕见的，它成为中国人向往的一生必到之地和世界著名的旅游目的地。丽江的品牌价值和实质性的文化内涵吸引了世界的目光。

全市一区（古城区）四县（玉龙、永胜、华坪、宁蒗）各有千秋、特色鲜明。玉龙雪山、老君山、泸沽湖、程海、虎跳峡、长江第一湾等自然景观世界少有；纳西文化、摩梭文化、边屯文化、小凉山彝族文化、永胜他留文化等文化遗产"美人之美、各美其美"；古城、束河、白沙、玉湖村、石头寨、落水村等古城古镇古村落风貌独特、各领风骚；丽江的柔软时光、慢生活成为都市人心灵皈依、寻找乡愁的圣地。

丽江已有的文化旅游资源固然是丽江发展文化旅游产业的丰厚基底，然而丽江的发展更得益于文化体制改革的大潮助推和文化旅游大省强省建设战略的春风沐浴。回望 20 年丽江发展的峥嵘岁月，我们清晰地知道丽江的成功在于顺应历史发展潮流，遵循历史发展规律，坚持改革开放，坚守精神家园，坚持党的领导和尊重人民的创造性。

如果说丽江的发展有什么经验可总结的话，大致可归纳为以下几点。

一是丽江的发展始终坚持党的领导，坚持激发人民的创造性。丽江的文化体制改革始终坚持党委统一领导、政府积极主导、市场配置资源、广大人民群众积极参与并成为改革的责任人和共享人。丽江歌舞团的改革是以大项目带动，把《丽水金沙》作为主打产品推向市场。《丽水金沙》历经 20 年不衰，成为舞台精品，也成为市场名品，达到了投资者有回报、国家有税收、演员有效益的目的，实现了改革的三满意。改革始终牢牢把握党对意识形态的领导权、始终坚持把社会效益放在第一位，实现社会效益和经济效益的双赢。

二是丽江始终坚持"保护优先、适度开发、合理利用"的原则，以保护为前提、以发展为根本，把保护与开发结合起来，走可持续发展之路。丽江各族人民始终坚持筑牢中华民族共同体意识，充分利用各民族传统知识系统中"人与自然和谐共生"理念，把传统优秀文化中的生命观与现代文化生态观结合起来，无论是对自然景观的开发利用，还是对古城古镇古村落的保护开发，丽江人民总能找到一条适合当地资源、可持续利用、合理开发的路径。保护生态环境和传统文化的理念已深深根植在丽江人民脑海之中，同时他们日常生活中的每一个细节又能感染教育外来游客、增强其保护意识和自觉行为，规范人们尊重大自然以及保护传统文化的言行。

三是丽江始终坚持发展为了人民、以人民的利益为根本出发点和归属。坚持发展为了人民，人民是发展的主体，发展依靠人民、发展的成果由人民所共享，这是 20 年丽江改革发展取得巨大成绩的根本保障。丽江是丽江人民的丽江，也是中国人民、世界人民的丽江。开放的丽江欢迎来自世界的游客，也希望每一位游客把丽江当成自己人生旅途中的心灵港湾和精神家园。丽江的包容性、开放性、共生性为其成为世界优质旅游目的地奠定了坚实基础，创造了良好条件和外部环境。

四是丽江的实践为中国文化旅游产业发展探索了一条极为成功的"融合发展"之路。文化和旅游融合发展，不仅是理论层面的研究，更是实践层面的探索。丽江 20 多年的实践都在证明文旅融合是丽江得以快速、高质量发展的根本保障。丽江的山、水、城、人是和谐共生的，丽江每一个景区景点都注入了丽江人文气息和文化特质，无论是茶马古道上深深的马蹄印还是玉湖村石墙之上深印的洛克身影；无论是英国纪实摄影师拍摄的《云之南》的真实文本，还是大型电视剧《木府风云》的历史画卷；无论是樱花屋酒吧的朦胧灯光，还是四方街喧嚣的和声对唱；无论是 20 世纪 30 年代庄学本泸沽湖畔、金沙江边的人类学影像记录，还是 90 年代雪山音乐节的浪漫乐章；无论是张艺谋、王潮歌、樊跃铁三角精心打造的《印象·丽江》，还是黄巧灵构思巧妙的《丽江千古情》；无论是摩梭走婚的神秘，还是伟人先辈屯边的艰辛；无论是金沙江畔长征播下的红色种子，还是滇西藏民骑兵的英雄赞歌；无论是白水台纳西人寻祖的东巴祭祀，还是小凉山彝人毕摩的占卜打卦……无处不昭示和彰显着文旅深度融合的无限魅力。丽江的实践已充分说明文旅融合的历史必然性、现实客观性和未来趋势性。

五是大力发展特色文化产业，这是世界旅游目的地永葆活力、充满生命力的内涵式发展保障。文化消费的持续魅力在于存活的异文化消费以及来自世界各地的游客对丽江的期待。除了自然风光、历史文化给人的审美愉悦之外，更深层次的文化差异性体验和感悟则彰显游客内心的需求。丽江20多年的实践始终坚持以打造特色文化产业作为满足外来消费者文化消费需求的重要抓手。无论是宣科的纳西古乐，还是玉龙第三国"美丽的白云"；无论对"殉情"的悲歌礼赞，还是对"阿哩哩"等体现民族记忆的深情呼唤；无论是丽江皮具的历史挖掘，还是对彝族刺绣的精心制作；无论是对东巴烙画的时尚演绎，还是对金属制品的精工细作；无论是对于珐琅彩的引进吸纳，还是对于永胜瓷的创新发展……金木土石布等富有特色的文化旅游产品异彩纷呈，把简单的工艺品、伴手礼变成了对丽江独特文化艺术的深层次吸收和对异文化体验与他者的感悟。

六是通过对丽江文化艺术内涵的重构与挪移，打造出具有国际化水准的、中国领先的"民宿样板"。丽江已经实现国际化、全球化，许多艺术家把这里作为自己的创作基地和第二居所，许多时尚人群把这里作为逃避大都市繁忙快节奏生活方式的避风港和慰藉心灵的家园，与之相对应的是经过建筑师、现代艺术家和时尚潮流人挪移和重构的建筑。在老城风貌不变的前提下，进行了具有后现代色彩创意的旧房改造，这些被改造的"民宿"既时尚又实用，既保持一定的传统建筑内涵又具有前卫和先锋色彩，开创了中国旧城改造的另类先驱，从而使丽江这座古城变得更加时尚、更加符合年轻人的生活需要，促使其真正能永葆青春，不断创新发展、始终引领时尚。

回顾历史是为了展望未来。我们总是对丽江的未来充满期待，诚然我们也深知近年来丽江不断出现负面报道，有高价宰客、欺行霸市、坑蒙拐骗、服务不到位的现象等，丽江并未回避这些问题，而是积极深化城市治理结构改革，强化社会治理措施，提高城市居民文化素养，完善社会法治建设，营造良好社会环境，为建设更加美好的旅游目的地不断努力。丽江市不断探索文化旅游产业如何根据新发展阶段，贯彻新发展理念，构建新发展格局。要抓住新发展机遇，实现文化旅游融合发展，创造丽江作为世界旅游名城的新辉煌！

《丽江市文化产业发展报告（2000～2020）》是一面镜子，它深深映出丽江文化产业20年发展中的每一个瞬间印记，又昭示着未来发展的每一条行动轨迹。

目　录 ⤵

Ⅰ 总报告

Ⅱ 行业篇

Ⅲ 专题篇

Ⅳ 大事记

总 报 告

B.1

筚路蓝缕，再续辉煌

——丽江市文化产业发展 20 年回顾与未来展望

李炎 张晓明 胡洪斌 于良楠*

摘 要： 丽江市文化产业发展起步于20世纪90年代末，在全国推进文化体制改革中丽江先行先试，以改革为动力推动文化产业持续快速增长。经过20多年的创新发展，文化产业已经成为丽江重要的支柱性产业，在推动地区经济发展、促进扩大社会就业、传承民族文化、促进文化

---

* 李炎，云南大学民族学与社会学学院教授，云南大学文化发展研究院院长，云南大学文化和旅游部文化和旅游研究基地主任，主要研究方向为中国区域文化产业、民族文化传承创新、少数民族艺术；张晓明，中国社会科学院中国文化研究中心研究员，主要研究方向为文化产业、文化政策；胡洪斌，云南大学民族学与社会学学院副院长、副教授，云南大学文化和旅游部文化和旅游研究基地副主任，主要研究方向为中国区域文化产业、文化科技、文化社会学；于良楠，云南大学政府管理学院在读博士，云南省文化产业研究会常务副秘书长、特约研究员，主要研究方向为政府文化管理、公共文化和文化产业。

和旅游融合发展等方面发挥了极其显著的作用，形成了影响国内外文化产业发展的"丽江现象""丽江经验"，探索出一条西部民族地区借助文化资源发展循环低碳经济、实现跨越式发展的道路。"十四五"期间，丽江文化产业发展应当深刻认识时代新特征与新要求，进一步深化文化体制改革，健全现代文化产业体系和市场体系，促进文化和旅游、科技的深度融合，引导扩大文化和旅游消费，拓展产业发展空间，注重文化生态系统的涵养与保护，培育文化旅游新业态，创新文化旅游发展方式，擦亮丽江文化金字品牌，推动丽江文化产业转型升级和高质量发展，再续辉煌。

关键词： 文化产业　文化体制改革　文旅融合　民族地区　丽江经验

20 世纪 90 年代末，伴随着云南旅游经济发展的浪潮，丽江文化体制改革与文化产业发展同步拉开了帷幕。20 多年过去了，依托独特的自然风光和丰富多彩的民族文化、历史文化，丽江坚持"以自然为本、以特色为根、以文化为灵魂、以改革为动力、以市场为导向"，贯彻实施"文化活市"战略，通过深化文化体制改革，大力培育壮大市场主体，积极引导扩大文化和旅游消费，推动文化产业与旅游产业高层次、大范围深度融合和互动发展，文化产业实现了持续快速发展，形成了西部民族地区文化体制改革和文化产业发展的"丽江经验"。

《文化蓝皮书》是我国第一本代表国家水准、持续关注中国文化产业发展态势并公开出版的蓝皮书。从 2001 年起，同样是 20 多年，

《文化蓝皮书》不断聚焦中国文化产业发展的新领域、新业态，从最初产业宏观发展的视角垂直下沉到特色产业发展维度①，创造性地拓展了蓝皮书研究的责任与价值。丽江文化产业的发展不仅与中国文化产业同步前行，而且走出了一条引发国内外关注并得到认可的特色道路。《文化蓝皮书》通过遴选并首推《丽江市文化产业发展报告》作为"区域实践系列"的第一部地方报告产品，开启了总结与预见中国文化产业地方发展经验与道路的新观察。

一 探索与发展：丽江市文化产业发展20年回顾

回顾 20 余年的发展历程，1999 年的昆明世博会可以作为云南省文化产业发展的新起点，丽江在这一轮发展大潮中异军突起，迎来了第一个文化旅游发展的高峰。随后在文化产业的实践中，丽江始终坚持"文化引领、保护优先、彰显特色、融合发展"的理念，以民族文化资源为依托，通过文化和旅游业与其他产业的互动发展，形成了以旅游业为龙头，带动演艺业、文化旅游业、工艺美术业、文化休闲娱乐业、文博服务业等"1＋X"的文化产业发展模式，探索了一条西部民族地区以循环低碳经济实现跨越式发展的道路。2001～2012 年，按照地方统计口径，丽江文化产业增加值从 2.35 亿元增长到 22.88 亿元，年均增长率达到 22.99%；文化产业增加值占 GDP 的比重从 7.04% 增长到 11.3%。2013～2019 年，按照国家统计口径，丽江文化产业增加值从 14.26 亿元增长到 28.79 亿元，年均增长率达到 12.42%，高于云南省文化产业年均增长率 1.04 个百分点，与国家 12.51% 的年均增长率保持同步；同期，丽江文化产业增加值占 GDP

---

① 2020 年 8 月，《文化蓝皮书》开创了"特色产业系列"，推出了国内第一本《中国普洱茶产业发展报告（2019～2020）》，在社会科学文献出版社公开出版。

的比重从 5.70% 增长到 6.02%，在云南 16 个州市中持续领跑，文化产业成为丽江国民经济的支柱性产业。

（一）丽江市文化产业发展历程

回顾丽江 20 多年的文化产业发展历程，丽江始终以文化体制改革为动力推动文化产业持续健康发展。根据丽江文化体制改革的进程，丽江文化产业发展大致可划分为起步探索、快速增长和创新发展三个阶段。2000 年 10 月，党的十五届五中全会通过的《中共中央关于制定国民经济和社会发展第十个五年计划的建议》提出了"文化产业"这一概念，丽江先行先试，开始探索文化体制改革，2003 年丽江被列为全国文化体制改革试点城市，到 2005 年基本完成第一轮文化体制改革，丽江文化产业实现异军崛起。2005 年 12 月，中共中央、国务院下发《关于深化文化体制改革的若干意见》，对深化文化体制改革做出全面部署，标志着进入"扩大试点、由点到面"的深化文化体制改革新阶段，丽江积极推进文化体制深化改革，2006~2012 年丽江文化产业实现持续快速增长。2013 年 11 月，党的十八届三中全会上通过的《中共中央关于全面深化改革若干重大问题的决定》，标志着文化体制改革进入"全面深化"的新阶段，丽江积极推进文化体制改革向纵深发展，2013 年以来丽江文化产业始终坚持转型升级和创新发展。

1. 起步探索阶段（2000~2005 年）：文化体制改革探索推进，文化产业异军崛起

1996 年 2 月 3 日，丽江发生了 7.0 级地震，地震虽然造成严重破坏和损失，但也让丽江古城获得了一次前所未有的重建机遇。1997 年 12 月，丽江古城被列入世界文化遗产名录。1999 年昆明世界园艺博览会的成功举办，使丽江得到全世界的关注。这三大事件拉开了丽江文化产业发展的序幕。随着"十五"期间国家发展文化产业政策的出台、文化体制改革试点的启动以及云南省文化体制改革和文化产业发展大

幕的拉开,丽江获得了前所未有的发展机遇,在文旅产业迅速发展的同时,丽江成为全国文化体制改革综合性试点中唯一一个地级市整体试点的城市。2003年5月,丽江市选择七家市直文化单位进行了改革试点。2004年8月,中共丽江市委、丽江市人民政府出台了《关于促进文化事业繁荣和加快文化产业发展的意见》以及《关于全面开展文化体制改革工作的实施意见》,发展与改革相得益彰,取得了显著的成效,丽江一跃成为文化产业发展"云南经验""云南实践"的代表。

丽江通过体制改革与机制创新,打破了约束文化生产力发展的条条框框,充分发挥丽江古城、纳西东巴文化、茶马古道、玉龙雪山等丰富独特的资源优势,实现文化产业高点起步和快速发展,催生出了一大批开发经营地域特色文化的文化企业及文化经营户,涌现出了《丽水金沙》《纳西古乐》等文化演艺品牌,以及丽江古城、纳西东巴文化、茶马古道等文化旅游品牌,丽江从闭塞的西南边陲城市成长为国内外知名的文化旅游目的地。1995~2005年,丽江旅游接待人次提高了4倍,从80.45万人增加到了404.25万人;旅游总收入提高了15倍,从2.4亿元增加到了38.59亿元。丽江探索出了"民族文化和经济对接""世界遗产带动文化旅游发展"等具有丽江特色的文化产业发展之路,被称为"丽江现象"。丽江保护文化遗产、文化产业与旅游产业共同发展的经验,被联合国教科文组织专家誉为"丽江模式"。

2. 快速增长阶段（2006~2012年）：文化体制改革深化推进,文化产业发展成为国民经济的支柱性产业

2005年12月,中共中央、国务院下发《关于深化文化体制改革的若干意见》,对深化文化体制改革做出全面部署;2006年3月,全国文化体制改革工作会议在北京召开,总结文化体制改革试点经验,部署全面推进文化体制改革工作,标志着全国进入深化文化体制改革的"新阶段"。2006年1月,丽江提出了"文化立市、旅游强市、水能富市、和谐兴市、人才推动和全面开放"六大发展战略,标志着

丽江文化建设和文化产业发展进入新阶段。同年 2 月，云南省政府在丽江召开滇西北旅游现场办公会，提出了"做精大理、做大丽江、做优迪庆、开发怒江"的发展思路，丽江旅游业发展进入了"提质增效、二次创业"的阶段。在总结前期文化体制改革经验的基础上，丽江市全面推进文化体制改革和机制调整，推动更大范围、更深层次的改革，取得了更加显著的成效。2010～2012 年丽江连续三年荣获"全国文化体制改革先进地区"称号。

丽江积极推进文化与旅游融合发展，以文化提升旅游业内涵，以旅游业带动文化产业发展。在持续快速增长的旅游人次的带动下，丽江文化业态不断丰富，文化休闲娱乐、工艺美术、创意设计等业态快速发展，逐步形成"1＋X"① 的文化产业和旅游业互动融合发展方式。2008 年起，世界文化遗产丽江古城保护管理局每年从丽江古城维护费中拿出 1000 万元资金，用于扶持银器、木雕、披肩、东巴纸、民宿客栈、文化演艺等特色文化产业发展，以此激活文化市场。根据世界文化遗产丽江古城保护管理局提供的数据，2008～2012 年丽江古城的客栈、酒店、工艺品销售、酒吧、餐饮店等各类经营商户数量从 1500 多户增加到 3000 多户②，四年翻了一倍。玉水寨、东巴万国神、东巴谷等一批立足本地特色资源的民营文化企业发展壮大。丽江市通过招商引资打造出了《印象·丽江》、观音峡风景区、束河古镇影视基地、丽江花马文化商城等一批文化产业项目，其中《印象·丽江》于 2006 年开演，至 2012 年共计演出 929 场，接待游客 208.44 万人次③，成为丽江新的文化品牌。

丽江市实现了文化产业和旅游产业"同步"快速发展，2006～

① "1＋X"，即以旅游业为基础，辐射带动演艺、文化休闲娱乐、工艺美术等多元文化业态发展，实现文化产业与旅游产业互动融合发展。
② 资料来源：世界文化遗产丽江古城保护管理局。
③ 资料来源：丽江市文产办。

2012 年接待游客人次年均增长率高达 23.08%，旅游总收入年均增长率高达 28.79%。同期，文化产业增加值年均增长率高达 23.02%，文化产业增加值占地区生产总值（GDP）比重维持在 10% 左右。2012 年丽江市文化产业增加值达到 22.88 亿元，占地区生产总值（GDP）比重达到 11.3%，远远高于云南省整体水平（6.1%）[①]，文化产业成为丽江国民经济发展的支柱性产业。

3. 创新发展阶段（2013~2020 年）：文化体制改革全面深化，文化产业创新转型发展

2013 年党的十八届三中全会《中共中央关于全面深化改革若干重大问题的决定》明确提出，"要紧紧围绕使市场在资源配置中起决定性作用，深化经济体制改革"，从完善文化管理体制、建立健全现代文化市场体系、构建现代公共文化服务体系、提高文化开放水平四个方面对深化文化体制改革提出了方向性、战略性的要求。2014 年中央全面深化改革领导小组第二次会议审议通过的《深化文化体制改革实施方案》，成为我国全面深化文化体制改革的顶层设计。丽江围绕全面深化文化体制改革的总体要求，充分发挥市场在文化产业资源配置中的决定性作用，2016 年制定出台《丽江市深化文化体制改革实施方案》（丽办发〔2016〕6 号），推动全市文化体制改革向纵深和宽领域拓展，逐步建立健全统一开放、竞争有序的现代文化市场体系，建立起以公有制为主体、多种所有制共同发展的文化产业格局。

伴随文化体制不断深化改革、文化发展环境不断优化、文化发展活力不断释放，丽江文化演艺、文化休闲娱乐、工艺美术等传统业态转型升级，以创意、科技为特点的文博服务、文化体验等新业态快速

---

① 2012 年丽江市文化产业增加值，是根据国家统计局《文化及相关产业分类（2004）》计算而得。

发展，东巴谷景区、红谷坡地艺术区、益田文创园等项目不断创新发展。2014 年引入宋城集团打造了《丽江千古情》，2016 年引入《云南的响声》定点丽江演出，丽江形成了《纳西古乐》《丽水金沙》《印象·丽江》《丽江千古情》《云南的响声》等多场文化演艺繁荣发展的局面。《创世纪》、木府 3D Mapping 投影秀、"丽江欢腾秀"、旅拍摄影、艺术音乐、户外研学等文化新业态新产品不断涌现。丽江古城陆续打造了 23 个主题鲜明的文化院落，成为文化和旅游融合的重要空间和载体，很好地提升了丽江古城的文化内涵，成为丽江古城文化遗产保护和开发利用的特色和亮点。丽江文化产业持续繁荣发展，2013 ~ 2019 年丽江文化产业增加值年均增长率为 12.42%，高于云南全省增长率（11.39%）；2019 年丽江市文化产业增加值达到 28.79 亿元，占地区生产总值（GDP）比重为 6.02%，文化产业增加值占地区生产总值（GDP）比重持续排名云南全省第一。文化产业成为丽江市的重要经济增长点和支撑丽江城市品牌、推动经济社会发展的重要力量。

（二）丽江市文化产业发展主要成绩

1. 文化体制改革有序深入推进

2003 年丽江市被列为全国文化体制改革综合试点城市，成为试点城市中中西部地区唯一的地级市。经过探索和深化文化体制改革，丽江推动了一系列文化产业改革发展，文化企业管理体制机制进一步理顺，全市文化事业和文化产业实现新发展，2010 ~ 2012 年连续三年获得中宣部、文化部、国家广电总局、国家新闻出版总署颁发的"全国文化体制改革工作先进地区"称号。丽江市文化体制改革不断取得创新和突破，为全市文化产业发展创造了良好的环境，建立起党委领导、政府管理、行业自律、社会监督、企事业单位依法经营的文化管理体制，逐步形成各类市场主体公平竞争、健康发展的文化产业发展大格局。

党的十八届三中全会以来，文化体制改革进入深水期，根据实际情况，丽江不断巩固深化改革成果，以不断深化改革为动力，推动全市文化建设与发展，实现文化产业健康持续发展。"十三五"期间，丽江市在总结前期文化体制改革经验的基础上，准确把握文化产业发展新趋势，结合丽江实际情况，进一步推动全市体制改革向纵深发展。丽江市制定出台了《丽江市深化文化体制改革实施方案》《丽江市深化文化体制改革重点项目任务分工》《丽江市引导城乡居民扩大文化消费试点工作实施方案》《关于进一步深化文化市场综合执法改革的实施方案》《丽江市"十三五"文化发展专项规划》《关于加快丽江市文化产业发展若干政策》《关于进一步实施文化立市战略促进丽江文化大发展大繁荣的决定》《关于建设世界文化名市打造丽江文化硅谷的意见》等系列政策文件，为文化产业发展创造了坚实的制度保障和良好的政策环境，推动文化产业实现新的创新和突破。

在文化体制改革的推动下，丽江全市文化产业呈现出百花齐放的良好发展态势。古城区、玉龙县获得云南省文化产业先进县（区）荣誉称号，丽水金沙、印象丽江成为全国文化产业示范基地，束河哈里谷文化展示园区、他留文化生态产业示范园被命名为第二批云南省文化创意与相关产业融合发展示范基地，古城区、玉龙县被评为云南省特色文化示范区，古城区新华社区、玉龙县石鼓镇竹园村、白沙镇白沙村被评为云南省特色文化产业示范村，10 余家文化企业获得云南特色文化产业示范企业、特色文化产业知名品牌等荣誉称号。

2. 文化产业规模持续扩大

文化体制改革以来，丽江市文化产业总体保持持续增长的态势。2019 年丽江全市文化产业增加值达到 28.79 亿元，占地区生产总值（GDP）比重为 6.02%[①]（见图 1），其中文化产业增加值占地区生

① 资料来源：丽江市文产办、丽江市统计局。

产总值（GDP）比重连续 13 年位居云南全省第一，在云南全省发挥了重要引领示范作用。文化产业在丽江地区产业结构调整中发挥重要作用，在文化旅游产业的推动下，丽江三次产业结构从 2000 年的 30.3:26.3:43.4 调整为 2019 年的 13.4:31.6:55.0①。

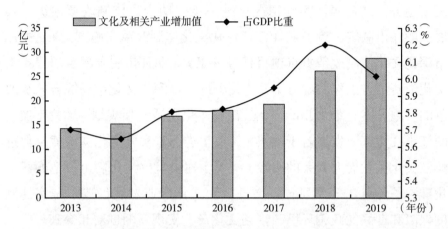

图 1　2013～2019 年丽江市文化及相关产业增加值及占 GDP 比重增长情况

资料来源：丽江市统计局、丽江市文产办。

一直以来，丽江文化产业和旅游产业保持融合互动发展的良好态势，在文化体制改革推动下，文化产业的全面发展为丽江旅游业发展带来强大动能。旅游业实现旅游接待游客人次和旅游总收入"双增长"，2019 年丽江接待国内外游客达到 5402.35 万人次，旅游总收入超过千亿，达到 1078.26 亿元②（见图 2），成为云南省内继昆明市之后第二个旅游业总收入超过千亿元的州市。

从文化产业三大行业来看，文化服务业占主导地位。2019 年文

① 《2020 年丽江国民经济和社会发展统计公报》，丽江市人民政府网，http://wwwlijiang.gov.cn/html/2021/tongjigongbao_ 0305/18739.html，最后检索时间：2021 年 4 月 20 日。

② 资料来源：《2019 年丽江市旅游接待情况》，丽江市文化和旅游局。

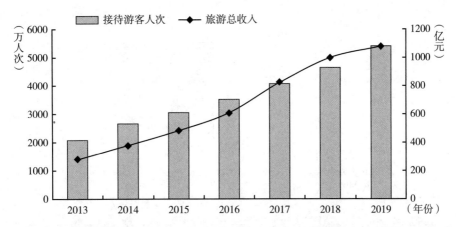

图2　2013～2019年丽江市旅游接待游客人次及占旅游总收入增长情况

资料来源：丽江市统计局、丽江市文化和旅游局。

化服务业增加值占全市文化产业增加值比重达到81.09%，与2015年相比略有下降，但依然稳居主导地位；文化制造业增加值占全市文化产业增加值比重从2015年的2.09%提高到2019年的3.15%；文化批发和零售业增加值占全市文化产业增加值比重从2015年的9.91%提高到2019年的15.76%，文化批发和零售业增幅较大（见图3）。

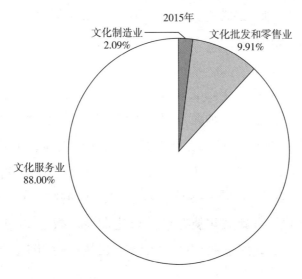

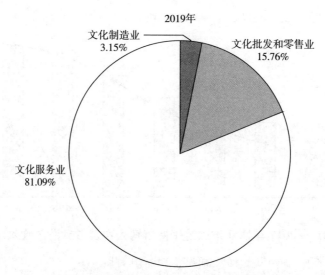

图3　2015 年与 2019 年丽江市文化产业增加值构成对比情况

资料来源：丽江市统计局、丽江市文产办。

3. 文化业态不断创新丰富

依托丰富多彩的民族文化、历史文化等资源，丽江市推进文化产业与旅游产业的高层次、大范围深度融合和互动发展，逐渐形成了以文化旅游、文化演艺、工艺美术、休闲娱乐等为主的文化产业体系，呈现出投资多元化、经营多样化、项目品牌化、产业互动化，以文化促发展、以文化支撑城市品牌的良好发展态势。

传统行业稳步增长。以丽江银器、东巴纸、皮具、木鼓、木雕等为代表的工业美术业稳步增长，逐步形成了"百岁坊"银器、"红谷"皮具、"手道丽江"纳西皮具、"谭记"珐琅银器、东巴纸坊、东巴木雕、彭萍刺绣等知名工艺品牌。全市文化演艺业繁荣发展，《丽水金沙》《纳西古乐》《印象·丽江》等传统文化演艺产品持续健康发展，《丽江千古情》《丽江恋歌》《云南的响声》《丽江欢腾秀》《雪山神话》等新文化演艺产品快速发展，截至 2019 年，全市共有演艺节目 6 种，座位数 9100 余个，演出场次达 4049 场，观看人数达 792 万人次，营业收入累计达 6.13 亿元①。

文旅新业态呈现快速发展态势。丽江积极推进文化和旅游深度融合发展，文化体验游、乡村民俗游、休闲度假、研学旅游、康养旅游、旅拍、特色民宿、半山酒店等文旅新业态呈现快速发展态势。丽江以悠久的历史文化、浓郁的民族风情、绝美的自然风景和舒适的气候环境，成为国内旅拍圣地。截至 2019 年末，仅丽江束河古镇就集聚了以唯一视觉、铂爵、图匠、克洛伊等为代表的 88 家旅拍机构，从业人员 6000 余人，年累计接拍人数超过 10 万对，产值近 10 亿元②。旅拍产业的发展有效带动了全市住宿、餐饮、购物等产业发展，还为丽江古城、玉龙雪山、拉市海、泸沽湖等周边景区带去了大量游客，促进了丽江文化旅游业提质增效。

4. 文化品牌培育打造成效显著

丽江文化产业发展始终坚持品牌引领，充分发挥丽江得天独厚的自然与人文资源优势，加快文化旅游品牌的培育和建设。依托世界文化遗产"丽江古城"、世界自然遗产"三江并流"和世界记忆遗产"东巴古籍文献"三大世界遗产，成功打造了以"两山、一城、一湖、一江、一文化、一风情"③为主要代表的丽江文化旅游品牌。继世界文化遗产、世界自然遗产、世界记忆遗产三项桂冠之后，丽江还先后荣获全球人居环境优秀城市、中国优秀旅游城市、中国最美丽的地方，世界上最值得光顾的 100 个小城市之一、欧洲人最喜爱的中国旅游城市、中国最令人向往的 10 个小城市之首、中国青年人首选的

---

① 资料来源：丽江市文产办、丽江市文旅局。

② 《一年 10 万对！旅拍产业将成为束河古镇新名片》，丽江新闻企鹅号，https：//new. qq. com/omn/20210417/20210417A068X700. html，最后检索时间：2021 年 4 月 20 日。

③ "两山、一城、一湖、一江、一文化、一风情"，"两山"即玉龙雪山和老君山，"一城"即丽江古城，"一湖"即泸沽湖，"一江"即金沙江，"一文化"即纳西东巴文化，"一风情"即摩梭风情。

旅游目的地、中国魅力城市、中国十大宜游城市之一、中国十大休闲城市之一、中国品牌城市、中国最具幸福感城市、最佳国际旅游度假目的地等多项荣誉和桂冠，"丽江"已经成为云南乃至中国一张响亮的文化旅游名片。

通过多年的努力，丽江成功打造了《纳西古乐》《丽水金沙》《印象·丽江》《丽江千古情》《云南的响声》等全国知名的文化演艺品牌，培育打造了丽江雪花银、丽江木鼓、东巴纸、红谷皮具等知名工艺品牌。丽江以得天独厚的自然条件、丰富的文化资源，成为影视创作的最佳选择地，《一米阳光》《钱王》《木府风云》《千里走单骑》《丽江之恋》《云上石头城》《迷失的彩虹·古坠归来》《天龙八部》等以丽江自然风光和人文特色为背景的影视作品不断涌现。40集电视连续剧《木府风云》在央视、地方台、东南亚热播，木府游客人数增长了 7 倍。伴随系列影视作品的热播，丽江城市文化品牌的知名度和影响力不断扩大和增强。

5. 文化市场活力不断增强

丽江市依托丰富的民族文化资源和优美的自然风光，借助旅游业发展平台，大力发展文化产业，制定出台一系列政策措施，为全市文化产业发展提供了强大的政策支撑，营造了良好的发展环境，形成了社会资本广泛参与、各种所有制共同发展的文化产业格局，以及以民族文化为主体、吸收外来有益文化的文化市场格局，全市涌现出了一大批自主经营、自负盈亏、自我约束、自我发展的现代文化企业。

丽江深入挖掘民族文化和自然资源，积极引进资金、人才、技术等生产要素和先进的经营理念与模式，与大企业联姻、与高科技结合，招强商、引大资，引进中国金茂控股集团签约共同投资建设金茂丽江创意文化产业园；吸引社会资本、民营资本投资文化领域，催生出玉水寨、东巴谷、观音峡等一大批立足本地文化资源，开发经营地域特色文化的文化企业及文化经营户。截至 2019 年底，全市共有 4600 余家文化经营户，1444 家文化产业法人单位，规模以上文化企业 26 家，从业人员 2 万余人，营业收入上亿元的文化企业 3 家①。

6. 特色文化产业扶贫成效显著

丽江市各级政府部门、文旅企业借助产业优势，助力精准脱贫工作，带动贫困地区经济、社会、文化、生态等多重效益，越来越多的文旅扶贫模式在丽江不断涌现。以文化旅游、工艺美术、文化演艺等为代表的特色文化产业，在脱贫攻坚中发挥了重要作用。

近年来，丽江利用得天独厚的文化和旅游资源，采取文化旅游带动就业、文化旅游反哺农业、发展乡村文化旅游等一系列措施促进扶贫开发，取得显著成效。通过文化旅游业持续健康发展，越来越多的农村劳动力参与到文化旅游开发建设当中，丽江直接从事文化旅游的群众超过 6 万人，间接从事旅游的群众超过 15 万人，涌现出了甲子村、玉湖村、拉市海、落水村、宝山石头城等文化旅游特色村。地处玉龙雪山景区范围的甲子村，成立婚纱摄影服务公司，以"党建 + 公司 + 农户"的模式运营，年均服务 2 万多对新人，三年累计分红 1526 万元，其中 2019 年人均分红 3000 元。依托宝山石头城特殊自然景观和纳西文化大力发展乡村文化旅游业，丽江形成政府引导、村级组织带头、群众自愿参与的乡村文化旅游发展模式，目前建成民宿客栈 14 家，带动了当地群众参与旅游接待服务，2019 年宝山石头城接待游客逾 7000 人次②，旅游收入突破百万元，有效推动了脱贫工作。

---

① 资料来源：丽江市文产办、丽江市统计局。

② 《丽江文旅扶贫 | 被表彰！市文旅局挂联点扶贫有成效》，云南网，http：//travel. yunnan. cn/system/2020/12/31/031211252. shtml，最后检索时间：2021 年 4 月 6 日。

二 经验启示：文化产业发展的"丽江实践"

丽江文化产业发展的 20 年，是丽江改革开放、拥抱全球化，从地方走向世界、顺应大众文化消费的 20 年，是通过发展文化和旅游产业、促进民族地区"政治、经济、社会、文化和生态"五位一体协调发展的 20 年。丽江文化和旅游产业的发展充分体现和见证了中国在改革开放的时代语境下，西部民族地区利用改革开放和全球化带来的人际流动、消费流动与资本流动，通过强化文化自信，以旅游产业为载体，挖掘和活化优秀民族文化，发展在地性文化产业，探索和实现了从传统农耕经济向现代服务业发展的道路。丽江文化和旅游产业 20 年的发展历程，为中西部民族地区现代化进程提供了可资借鉴的"丽江经验"。

1. 通过国家历史文化名城、世界三大遗产申请等文化保护与传承工程，丽江市走出了一条利用外部消费市场、不断拓展生存发展空间、以文化旅游引领民族地区实现跨越式发展的道路

丽江市是茶马古道和民族迁徙的重要通道，地方、民族文化在其历史长河中，不断与中原文化和外来文化融合创新，形成了集自然生态、生存空间和生产生活于一体的民族文化生态环境。改革开放之初，丽江就意识到独具特色的文化将是丽江未来实现跨越式发展的资本，1982 年，丽江市获准成为首批中国国家历史文化名城，1997 年丽江古城被纳入《世界文化遗产名录》，2003 年"三江并流"区域和"东巴古籍"被联合国教科文组织列入《世界自然遗产名录》和《世界记忆名录》。国家历史文化名城、世界"三大遗产"的申请成功，使丽江成为中国西部民族地区被国内外关注的热点城市。全球化时代，关注力就意味着竞争力，丽江通过实施民族文化和文化保护与传承工程，深入挖掘和利用民族文化，为实现全球化时代地方社会经

济的跨越式发展夯实了基础。

文化资本和文化品牌的形成是文化旅游产业发展的重要基础。多年来丽江市除了积极争取国家和省市支持外，还投入大量的人力物力，设立了市、县、镇三级文化保护与发展机构，完成了文化资源普查、整理和数据集成。"十二五"以来，丽江先后争取国家级重点文物保护单位黑龙潭古建筑群等 21 项国家重点文物保护专项资金 7000 多万元，省级文物保护单位保护资金 1600 万元，多方筹措投入市级文物保护单位维修资金 200 万元①，极大地改善了文物保护单位保存和保护传承状况。丽江市及各县区出台了关于非物质文化遗产、民族文化、丽江生态文化保护、丽江东巴文化保护的若干政策法规和保护条例。通过对东巴文化、纳西古乐、民间工艺、传统服饰、节庆习俗的系统收集、整理、保护、传承，对历史文化名人故居的保护与利用，建成一批展示民族文化的窗口和文化院落，展示、传播和彰显了丽江民族文化的内涵和吸引力。丽江市围绕丽江古城、东巴文化、世界自然遗产等重大文化品牌成立了世界文化遗产古城保护管理局，出台《丽江古城传统商业文化保护管理规划》《丽江古城旅游资源保护管理规划》《丽江古城传统文化保护管理规划》《云南省纳西族东巴文化保护条例》等系列政策条例，有效地保护和传承了非物质文化遗产，弘扬了民族文化品牌；通过征收古城保护费，先后投入数十亿元，用于对世界文化遗产核心区的保护。2007 年，方国瑜故居对外开放拉开了丽江打造古城文化院落的序幕，截至 2020 年底，丽江古城完成对 24 个主题鲜明的文化院落的打造，丽江古城世界文化遗产保护管理局和丽江古城管理有限责任公司每年投入不少于 1000 万元的资金②，用于文化院落

---

① 资料来源：丽江市文化和旅游局。
② 资料来源：丽江古城世界文化遗产保护管理局。

的筹建、运营和管理。文化院落在很大程度上丰富和提升了古城文化内涵，成为丽江文化对外展示的重要窗口。丽江持续投入资金、人力和物力，历经数十年完成重大文化工程《云南丽江纳西族一百五十卷东巴经手抄本》和《纳西东巴古籍译注全集》（100卷）。丽江纳西东巴文化博物馆馆藏文物1万多件，每年接待国内外观众10万人次以上，先后在瑞士、加拿大等国成功举办了东巴文化展览。在各级政府的支持下，丽江《纳西古乐》到国内外演出，向世界展示具有悠久历史的民族音乐，传播丽江优秀文化。丽江文化资源和文化品牌是推动丽江文化旅游产业持续发展的文化资本。

2001年中国人均GDP超过1000美元，文化旅游消费迅速增长，国家为满足人民群众基本文化权益和日益增长的精神文化需求，开始推动公共文化建设与文化产业发展。2001年丽江市完成国内生产总值（GDP）33.40亿元，全年接待海内外游客322.1万人次，旅游业总收入20.43亿元，文化产业增加值2.35亿元①。文化旅游成为地方经济社会发展新的增长点。2010年，丽江市完成地区生产总值（GDP）143.59亿元，全年旅游总收入达到112.46亿元，文化产业增加值为16.9亿元②，文化和旅游产业推动地方新经济发展、促进产业结构优化、完善经济发展方式的功能明显增强。2019年，丽江市实现地区生产总值350.76亿元，接待国内外游客人数5402.35万人次，全年实现旅游收入1078.26亿元，文化产业增加值为28.79亿元③。130多万人口的丽江市通过文化吸引了全球的关注，在拥抱全

---

① 资料来源：丽江市文产办、丽江市统计局。

② 《2010年丽江国民经济和社会发展统计公报》，丽江市人民政府网，http://www.lijiang. gov. cn/html/2011/tongjigongbao_ 0225/292. html，最后检索时间：2021年4月20日。

③ 《2019年丽江国民经济和社会发展统计公报》，丽江市人民政府网，http://www.lijiang. gov. cn/html/2020/tongjigongbao_ 1120/283. html，最后检索时间：2021年4月20日。

球化的过程中，通过文化和旅游产业拓展了生存发展的空间，为西部民族地区实现跨越式发展探索了一条可资借鉴的成功之路。

2. 发扬民族迁徙通道和茶马古道重镇开放包容的民族精神，主动对接和融入国家战略，在文化体制改革和文化产业发展中获得先机，促进了文化旅游产业的快速发展

地理环境和人文环境的独特性，造就了丽江生物、生态、民族、文化多样性的特质。丽江是我国民族迁徙的重要通道，也是茶马古道的重要节点，多元民族、多元文化在这里汇集，形成了丽江特色鲜明的文化底蕴，也造就了丽江开放包容的精神。丽江率先在国内开启文化体制改革的尝试，《丽水金沙》成为丽江文化体制改革的"破冰之履"，也成为全国文化体制改革的示范。2003 年被列为全国文化体制改革综合试点城市后，丽江大刀阔斧地推进文化体制改革，开创了文化产业创新发展新局面，探索出了一条符合丽江特色的文化产业发展之路。2010 ~ 2012 年丽江连续三年获得"全国文化体制改革先进地区"称号。

丽江紧抓文化体制改革的重大机遇，依托快速发展的丽江旅游市场，发挥丽江丰富独特的民族文化、历史文化等优势，积极推动演艺业、工艺美术品业、影视业等产业快速发展，促进文化产业和旅游业融合互动发展。文化产业实现持续快速发展，成为丽江重要的国民经济支柱产业。2001 年丽江文化产业增加值 2.35 亿元，占地区生产总值（GDP）的比重为 7.03%，2003 年开始的文化体制改革进一步扫除束缚文化产业发展的障碍，进一步释放了文化市场活力，丽江文化产业实现持续快速增长，2012 年丽江市文化产业增加值达到 22.88 亿元，占地区生产总值（GDP）比重高达 11.3%[①]。2013 年党的十

---

① 资料来源：丽江市文产办。说明：2001 年、2012 年丽江市文化产业增加值是根据国家统计局《文化及相关产业分类（2004）》计算所得。

八届三中全会对全面深化文化体制改革做出新的重大战略部署，丽江积极贯彻落实党和国家深化文化体制改革的相关要求，主动对接"一带一路"倡议、新型城镇化、脱贫攻坚、藏羌彝文化产业走廊建设等国家重大战略工程。2014 年，丽江制定出台《关于建设世界文化名市打造丽江文化硅谷的意见》，2015～2018 年，丽江市级财政累计投入 1469 万元，重点扶持 37 个文化保护、传承、开发及市场推广项目。围绕云南建设"民族团结进步示范区、生态文明建设排头兵、面向南亚东南亚辐射中心"的三个定位，丽江市以全面深化文化体制改革为动力，推动全市文化产业新一轮创新与发展，涌现出了一批优秀文化产业和知名文化品牌，文化产业发展质量和效益不断提升。丽江市文化产业增速曾连续 13 年位居云南全省第一，在云南文化体制改革和文化产业发展中发挥了重要引领示范作用。

3. 强化市场在资源配置和产业发展中的决定性作用，不断释放全球化引致的市场红利，持续创新和丰富文化旅游的产品、业态和品牌，构建具有鲜明地方特色的文化产业体系

丽江旅游业发展初期就获得全世界关注，在此背景下，丽江充分抓住全球化带来的发展机遇，充分发挥市场在文化产业发展中的决定性作用，鼓励和引导社会资本进入文化产业，形成以公有制为主体、多种所有制共同发展的文化产业格局。丽江发挥文化资源丰富独特的优势，以文化和旅游融合互动发展为动力，形成了以新闻出版、广播影视等为引领，以文化演艺、文化旅游、休闲娱乐、工艺美术品加工销售四大特色产业为主，以创意设计服务、文博服务、乡村文化旅游等业态为重要补充的具有鲜明区域特征和浓郁民族特色的现代文化产业体系。在 20 年的发展历程中，丽江文化产业发展清晰地呈现不同于东部地区的一条发展路径，既以文化资本和稳定的规模化文化旅游消费作为发展动力，又以"旅游赋能"构建具有丽江特色的文化产业体系，形成了"旅游产业 + 文化产业"融合互动的发展模式。

丽江除了推动内部文化体制机制改革之外，还积极引入和借助外部资本推动文化产业发展。借助市场和资本对丽江的关注，丽江通过"引凤筑巢""借鸡生蛋"的方式发展文化产业，引进外资建成云南旅游文化学院、束河茶马古镇影视城、丽江千古情景区、金茂谷镇·丽江创意文化产业园等大型文化项目，其成为推动丽江文化产业发展的重要支撑。丽江依托丽江古城、纳西东巴文化、茶马古道文化、摩梭文化、边屯文化，深入推进文化和旅游融合发展，培育形成了丽江古城世界文化遗产之旅、玉龙雪山纳西东巴文化之旅、拉市海民族民俗文化之旅、泸沽湖摩梭文化之旅等知名文化旅游品牌。丽江优美的自然风光和纯朴的人文环境，作为"天然影棚"受到影视剧拍摄的追捧，《一米阳光》（2003）、《千里走单骑》（2005）、《木府风云》（2012）、《云上石头城》（2017）、《寻找雪山》（2018）等系列影视剧在丽江拍摄，影视业成为丽江文化体制改革和文化产业发展的亮点，系列影视剧作品也成为丽江对外宣传的重要渠道。丽江繁荣的旅游市场持续带动着演艺市场的兴盛，旅游演艺产品层出不穷，丽江陆续培育打造了《纳西古乐》《丽水金沙》《印象·丽江》《丽江千古情》《云南的响声》《丽江恋歌》《木府风云山水情景剧》等系列国内外知名演艺品牌，形成了多台大型演出同步在丽江"同台竞技"的特殊景象，丽江成为国内重要的演艺集聚区，创造了中国旅游演艺的奇迹。丽江形成以文化促发展、以文化支撑城市品牌的良好发展态势，丽江成为国内外知名文化旅游品牌，成为西部民族地区文化旅游发展的示范者和引领者。

4. 强化民族文化与世界文化、地方文化生活与时尚消费、传统文化和当代文化的结合，通过本土人才与外来文化创意者的互动，营造文化旅游创新发展的良好氛围，推动民族地区文化和旅游的可持续发展

丽江在文化产业发展起步阶段，就充分关注到文化旅游产业的发

展既要遵循一般经济发展运行的规律，也需要尊重文化发展的规律，在重视地方和民族文化保护传承的基础上，关注大众文化消费的态势，强化创新发展理念，营造了良好的发展氛围。旅游演艺是丽江文化产业的重要形态，从中国院团改革的破冰之履的《丽水金沙》，到将纳西族民间艺术生活展现给游客的《纳西古乐》，到雪山脚下的大型实景演出《印象·丽江》，再到《丽江千古情》主题公园型的演艺产品，丽江旅游演艺产业在有限的空间和时间内，实现了内容与形式、民族文化元素和现代舞台艺术、文化展演和大众文化消费的完美结合，持续创造着旅游演艺的奇迹，引领中西部民族地区文化旅游演艺业的发展。

依托山水、人文浑然一体的生态环境，丽江文化娱乐业和休闲度假业快速发展，成为丽江文化产业发展的特色和亮点。丽江市政府引领、鼓励和支持行业组织、文化企业和创意者策划系列的文化活动，创新文化娱乐形式，营造休闲度假空间。从以时尚酒吧、咖啡吧、音乐餐厅、民宿客栈等为主体聚集的、热闹的大研古镇，到以民族、浪漫为主题的、闲适的束河古镇，再到特色鲜明的白沙古镇、东巴谷、泸沽湖特色小镇，丽江通过不断推陈出新的休闲娱乐产品和服务，营造了时尚、动感、人与自然和谐相处的"诗意栖居"的文化氛围，满足了不同群体，尤其是年轻小资群体的消费诉求。

发挥本土文化人才在文化保护与传承中的作用、充分发挥外来文化创意人才和资本在文化旅游产业发展中的引领功能，是丽江市文化旅游产业创新发展的动力。丽江开门迎客，引入外来资本、客栈、酒吧和餐饮业专业人才，国际文化创意企业、著名文化创意团队也进入丽江。丽江市政府和民众以开放包容的姿态，形成了本土文化人才和从事音乐、绘画、摄影等"新丽江人"互动互为，共同创新、创业的发展环境，实现了文化资源与市场、资本、人才的有效配置，推动了丽江市文化传承创新与文化旅游产业的可持续发展。

三 机遇与挑战：丽江市文化产业面临的时代语境

世界正处于百年未有之大变局，中华民族伟大复兴战略全局正进入"两个一百年"的历史交汇期。随着"十四五"序幕的拉开，国家开启了全面建设社会主义现代化的新征程，云南翻开了谱写好中国梦的新篇章，丽江谋划了高质量跨越式发展的新蓝图。未来的一段时期，丽江文化产业既面临着世界大变局与中国大战略加速演变的新特征和新趋势，也要面对省内外经济社会深刻转型的新机遇和新挑战。

第一，随着全球新一轮科技革命带动的产业快速迭代，创新驱动发展将催生大量新产品、新业态和新模式，促进文化产业全面转型升级。人民美好生活需要日益广泛，对精神文化产品供给提出更高要求，文化产业将成为增强人民群众获得感、幸福感的重要途径。关注人的发展，促进和保障人与自然、人与社会和谐相处的理念越来越得到人们的关注，以创意、绿色、健康为主题的产业也必将发展成为全球经济的新增长点，为丽江文化产业践行云南打造"世界一流健康生活目的地"提供了新坐标。与此同时，随着国际环境日趋复杂，新一轮经济危机爆发风险持续积累，全球陷入经济衰退的可能性逐渐加大，尤其是新冠肺炎疫情全球传播与"后疫情时期"的到来，将直接影响全球文化和旅游经济的发展态势。丽江作为与国际市场高度结合的文化旅游目的地，国际大循环阻滞势必给丽江建设成为世界一流旅游目的地、区域性创新创业新高地、面向南亚东南亚辐射中心重要节点带来新挑战。

第二，随着国家供给侧结构性改革的不断深化，现代产业体系快速发展，以国内大循环为主体、国内国际双循环相互促进的新发展格局加快构建，乡村振兴、区域协调发展和新型城镇化全面推进，文化产业将深度融入国民经济体系，在服务国家重大战略、培育新的经济增长点、赋能经济社会发展方面发挥更大作用。作为文化产业早已成为国民经济发展支柱性产业的丽江，一直就是全国文化创新发展的先行试验区，也是云南文化创新创业的高地和样板。新的发展格局对丽江文化产业高质量发展提出了新要求。在全球经济不确定性因素增大的背景下，国内经济下行压力进一步加大，发展不平衡不充分问题仍然突出，直接影响了我国文化产业的高质量发展。丽江文化产业自身发展的质量效益，文化产业的结构优化，文化产业和旅游产业的深入融合，文化企业整体实力的提高，文化和旅游从业人员素质的提升以及文化经济政策的完善落实等方面，与主动融入和对接国内大循环还存在较大的差距，这势必成为丽江文化产业高质量发展的新挑战。

第三，随着"旅游革命"的持续转型升级，云南省委省政府一方面统筹谋划了"双十"重大基础设施工程建设，另一方面以"加快建设大滇西旅游环线，全力打造世界独一无二的旅游胜地"为抓手，全面开启了云南文化和旅游融合的新局面。丽江作为大滇西旅游环线上的重要一环，势必在基础设施完善以及文旅融合创新方面为丽江文化产业跨越式发展提供新空间。大滇西旅游环线建设涉及 13 个州市，丽江作为其中一个节点，不仅面临着与其他州市的"竞合"，还面临着其他地区依托澜沧江沿岸休闲旅游示范区、昆玉红旅游文化带、沿边跨境文化旅游带快速崛起的"合围"。在大滇西环线建设中的嵌入度、贡献度和价值链地位，将直接影响丽江在新时期的发展空间和发展条件。如何主动融合和服务大滇西旅游环线建设，加快释放辐射带动发展的"乘数效应"，给丽江文化产业发展提出了新问题和新挑战。

四　开启新征程：新时期丽江市文化产业高质量发展的对策建议

2020 年新冠肺炎疫情席卷全球，世界各国文化旅游按下了"暂停键"，国际形势发生了重大变化。"世界新秩序呼啸而来"，"有限的全球化"将导致国际、国内文化旅游消费市场发生巨大的变化，党和国家审时度势，提出了打造以国内大循环为主体、国内国际双循环相互促进的新发展格局的战略。"十四五"期间，文化和旅游深度融合发展、现代文化产业体系构建、文化旅游消费市场快速迭变，以及以数字技术和互联网为主的现代科技对文化产品生产、贮存和分配方式的重塑，为丽江文化产业发展带来了新的挑战和机遇。丽江需要全面总结发展经验，正视发展中的问题，把握新形势，探索新发展，推动文化产业的高质量发展。

1. 顺应新时代文化消费发展趋势，发挥文化旅游品牌优势，合理配置资源，拓展发展空间，促进产业转型升级

市场在资源配置和产业发展中发挥着决定性作用，拓展消费市场是地方文化产业发展的基础。在"游客人口红利"和本土消费市场相对不足的前提下，丽江需要以国内大循环为主体，牢牢把握扩大内需这个战略基点，通过深化供给侧结构性改革、注重"补短板和锻长板"，发挥丽江文化旅游国际品牌以及大香格里拉区域枢纽中心趋于完备的现代交通体系的优势，打破行政区划的束缚，加强与周边地区的合作，拓展文化旅游发展空间，提高文旅产业链供应链的稳定性和竞争力。焊牢互利共赢合作的"铆接点"，拓展文旅产业发展空间，促进文化产业的转型升级和高质量发展。

市场是产业结构完善和催生文化新业态的主要力量，新生代文化消费群体的崛起，互联网、移动终端的快速发展，"有限全球化"的常态化，对在地性文化旅游消费市场产生巨大冲击。丽江应围绕文化和旅游消费新趋势和新变化，进一步丰富拓展文化产业体系，优化文化产业结构，提升产业竞争力。充分利用互联网、数字化、5G等新技术，在"旅游＋X"模式的基础上，发挥丽江文化资本的优势，建构"数字＋创意"的新型文化产业结构，通过内容生产和对网络文

化消费空间的拓展，形成丽江文化产业结构的双轮模式驱动，突破依赖在地性文化消费和传统旅游带动文化产业发展的模式，提升文化产业发展的抗风险能力和综合竞争力。

2. 强化文化创意发展理念，推动文化和旅游深度融合，培育新型文化旅游产品和服务体系，引领民族地区文化和旅游产业的新发展

文化和旅游融合发展是地方文化产业发展的基础，也是丽江文化产业发展的秘诀。面对旅游消费市场快速迭代更新，围绕旅游消费从大众观光向文化体验、休闲度假的发展变化，结合文化旅游消费分众化、个性化、小众化和定制化的发展趋势，丽江应当发挥相对完备的文化旅游产品和服务体系优势，通过培育全域旅游、乡村文化旅游、都市文化旅游、休闲娱乐、科考旅游，拓展文化旅游消费市场，满足不同群体的文化旅游消费诉求，促进文化和旅游产业在市场、产品和服务上深度融合，继续引领民族地区文化旅游产业的发展。

针对过度依赖旅游人口推动文化产业发展的局限性，丽江应强化文化创意赋能和文化引领旅游发展的理念，进一步挖掘文化资源，丰富文化旅游业态和提升文化服务水平。借助全球化都市人才、资本和创意的外溢，依托丽江市丰富的文化资本和生态环境，吸引更多的具有创新、创意能力的国际国内文化企业、文化品牌和文化创意人才进入丽江。丽江应顺应文化创意产业和文化旅游转型升级，大众文化旅游消费向分众化、个性化、定制化、高端化的发展，营造更加开放和谐的文化创意氛围，通过本土文化资本与外来文化创意资本的互动，实现从规模化扩张向质量效益型发展。

3. 主动融入和服务国家、地方重大建设工程，抓住产业可持续发展政策红利，推动文化旅游产业高质量发展

主动融入和服务国家战略，对接国家和地方重大建设工程是地方文化旅游产业更好发展的重要路径。作为国家长江经济带、区域文化

产业带、大香格里拉文化旅游区域的重要节点地区，作为国家文化旅游消费试点城市、区域文化产业带辐射中心，丽江应争取国家相关政策与资金，为民族地区公共文化服务体系建设，培育文化创意龙头企业、丰富文化产业业态，创新文化消费方式，拓展文化消费市场，推动文化产业转型升级、高质量发展，创造更好的发展环境。

"十四五"期间，云南省旅游文化产业的发展目标是实现总收入超过2万亿元，到2030年要达到3.5万亿元，占GDP的比重达到12%；2035年要将云南建设成为全国旅游文化业发展领先省份、世界旅游文化的重要目的地。围绕"十四五"发展目标，云南省委省政府提出要依托滇西北丰富的文化旅游资源，依托大理、丽江、腾冲三个重要的旅游集散地，以世界自然遗产"三江并流"为核心区，完善交通体系，构建文化和旅游服务体系，形成多层级、立体化、多样性、世界级的大滇西旅游环线。丽江市"十四五"期间，应当实施创新驱动发展战略，围绕民族团结进步示范区、生态文明建设排头兵、千亿级文化旅游产业的发展目标，谋划重大项目群，推动世界文化遗产品牌、生态环境保护、高原特色农业、水电能源建设和现代交通服务体系建设。在地方国民经济与推进社会治理和治理能力现代化领域，发挥文化产业赋能作用，促进地方特色产业和民族地区搭载丽江文化符号对外传播走向全国和世界，为丽江文化产业迎来更好、更大的发展空间。

4. 推动现代科技与文化旅游深度融合，培育文化旅游数字产品、新兴业态和现代服务平台，创新文化旅游发展方式

科技引领在文化旅游发展中的功能日渐强大，对地方文化旅游产业结构优化和新兴文旅业态形成具有强大的推动作用。丽江应强化科技与文化产业的融合，依托智慧旅游和公共文化基础设施建设，发挥互联网、数字技术、区块链等现代科技优势，充分挖掘丰富的民族文化、历史文化，推动丽江文化产业新兴业态发展，培育在地性文化体

验空间、沉浸式演艺、虚拟场景、数字化实体展现及互动游戏。依托丽江智慧旅游体系，对接"一部手机游云南"，开发虚拟导游形象、数字化实体馆，改造和提升传统文化旅游产品与服务，创新文化旅游发展方式。

科技与文化旅游的深入融合不仅体现在具体的文化旅游产品、业态的创新发展方面，还体现在依托互联网和数字技术全面提升文化基础设施和文化服务方面。结合丽江"四馆一中心"建设，应启动"四馆一中心"文化数字建设工程，加强虚拟（增强）现实技术（AR/VR）、第五代移动通信技术（5G）、人工智能（AI）、区块链技术等在文化旅游呈现、文化资源挖掘、文化品牌打造、文化遗产溯源、知识产权保护中的运用，通过文化资源的集成、展示、传播，通过互联网平台与国内著名的文化科技网络平台的对接，开发数字文化产业、延伸文化产业链，将丽江文化资源推向世界，吸引全国和全世界消费者的注意，培育本土外来文化创意阶层，使本土居民、地方文化持有者、文化创意人才、游客加入"创意丽江"的活动之中，丰富文化创意内容与形式。依托丽江智慧旅游建设工程，在拓展丽江文化旅游空间的过程中，发挥互联网和现代科学技术在文化旅游市场治理中的功能，推动民族地区现代社会治理体系建设和治理能力的提升。

丽江文化产业曾开中国西部地区文化体制改革与发展的先河，在文化传承创新、文化产业和旅游产业融合的进程中取得过辉煌。在新时代下，文化产业走向转型升级和统一竞合发展，文化旅游消费快速迭变，文化和旅游体制机制迎来新一轮改革，丽江面临需要突破创新发展的若干问题，机遇与挑战并存。"逆水行舟用力撑，一篙松劲退千寻"，丽江需要抢抓机遇、乘势而上，以新发展理念引领文化产业高质量发展，坚定不移走文化和旅游融合发展之路，再续辉煌。

行 业 篇

B.2

丽江市文化旅游产业发展报告

王莹 赵悦彤*

摘 要： 以世界遗产为核心资源，以旅游产业为重点抓手，丽
江在文化遗产保护、文化旅游促进地区发展等方面取
得了卓越成绩，"丽江模式"被联合国教科文组织认
定为具有重大的国际性示范意义。"十三五"期间，
丽江文化旅游着力转型升级和提质增效，通过明确科
学发展理念、探索资源保护利用模式、优化产业空间
布局、改善产业市场环境，以文化创新和科技创新为
核心驱动力，以治理机制和管理体制改革为根本保
障，打造了一批具有国际影响力的文旅品牌，构建了
科技赋能、城乡统筹、产品多元、业态融合、功能提

* 王莹，云南大学国家文化和旅游研究基地助理研究员，西班牙瓦伦西亚大学在职
博士，主要研究方向为文化产业理论与实践、文化与地区发展；赵悦彤，云南大
学民族学与社会学学院在读硕士研究生，主要研究方向为文化管理和文化产业。

升、效应协同的全域旅游发展新格局。丽江依托国民经济"双循环"，通过旅游革命与数智赋能有效推动文化旅游实现转型升级的实践，对于西部和其他地区都具有重要的示范效应。

关键词： 文化旅游　旅游治理　旅游革命　智慧旅游　丽江市

文化旅游产业是丽江构建和发展特色文化产业体系的重要内容之一。依托三大世界遗产文化品牌，丽江深入挖掘地方、民族文化资源，通过外部市场带动本土消费，文化旅游产业发展取得明显成效，培育了一批具有国际影响力的文旅品牌，逐步构建了民族传统工艺、民族文化演艺、民族节庆赛事、民族文化体验、休闲度假观光、文博会展服务等多元文旅业态，促进了区域文化产业的快速发展。"十三五"期间，丽江文化旅游转型升级成效明显，文化旅游产业的"丽江经验""丽江实践"，在西部和其他地区都产生了重要的示范效应。

一　丽江市文化旅游产业发展的历程与现状

丽江是国家级历史文化名城，拥有三大世界级遗产，以独特的自然风光和浓郁的民族风情享誉世界，曾先后获得"中国最美丽的地方""欧洲人最喜爱的中国旅游城市""世界上最令人向往的旅游目的地""地球上最值得光顾的100个小城市之一"等诸多美誉，是全球盛名的文化遗产旅游目的地。多年来，丽江文化产业和旅游产业不断深度融合，成为国民经济的支柱性产业。20世纪90年代末，丽江在文化遗产保护、文化旅游促进地方发展等方面取得了一系列重大成绩，被联合国教科文组织誉为文化遗产旅游目的地发展的"丽江模式"；同时，丽江在深入推动文化改革发展方面也取得了具有引领性和示范性的经验，成为首批"全国文化体制改革先进地区"。随着文化和旅游消费的快速发展，丽江文化旅游产业呈现出结构不断完善、业态不断增加、服务不断升级、品牌不断提升的发展态势，正在由高速增长向高质量发展转变。

（一）丽江市文化旅游产业的发展历程

丽江文化旅游产业的发展历程，大致可以划分为快速起步、强势增长、转型突破三个阶段，主要表现如下。

1. 快速起步阶段（20世纪80年代末至90年代末）：依托灾后重建成功申报世界遗产，文化旅游快速起步

20世纪80年代末，受到《被遗忘的王国》《消失的地平线》《中国西南古纳西王国》等书籍的影响，以及部分最早在丽江生活的外国游客的宣传和推广，一些国外的旅游爱好者和探险家们开始进入丽江，开启了丽江走向世界的脚步。20世纪90年代初，云南省政府正式提出要把旅游作为国民经济的重点和"发展大理，开发丽江，带动迪庆，启动怒江"的发展思路，丽江成为云南省旅游产业发展初期的重点地区之一。随后，丽江提出"旅游先导"的发展战略，明确了文化旅游产业在全市经济发展中的支柱性地位，并着手开始加强旅游基础设施建设。1994年，泸沽湖被确定为"省级旅游景区"；1996年，丽江在申报世界文化遗产之前，突发的地震让国内外媒体都聚焦于大研古镇历史遗产的毁坏、保护和重建问题，丽江紧抓重建机遇，加大旅游基础设施建设力度，借机加强文化旅游宣传；1997年，丽江古城成功申报世界遗产；1999年，世界园艺博览会在昆明举行，丽江成为博览会分会场，举办了第一届东巴文化艺术节；同年，纳西古乐第一次走出国门，先后前往新加坡、英国等国家和地区巡回演出。到90年代末，

丽江文化旅游品牌初步建立，在国内外知名度大幅提高，文化旅游产业快速起步。1999 年，丽江文化旅游产业发展迎来首次高峰，共接待国内外游客 280.3 万人，实现综合收入 18.7 亿元。①

2. 强势增长阶段（2000 年至 2015 年前后）：构建多元立体的产品体系和产业布局，文化旅游成为国民经济支柱性产业

2000 年起，丽江文化旅游进入爆发式强势增长阶段。2003 年，联合国教科文组织先后把老君山三江并流景区列入世界文化遗产，把纳西族东巴古籍文献列入世界记忆遗产，丽江作为世界遗产旅游目的地的知名度进一步提升。《纳西古乐会》《丽水金沙》《印象·丽江》《云南的响声》等一系列民族文化演艺产品被先后推向市场，为丽江文化旅游产业提供了强大的品牌影响力；《一米阳光》《千里走单骑》《丽江之恋》《天龙八部》等影视作品，充分展现了丽江的自然风光和人文特色，极大提升了丽江的地方吸引力。这个时期，大众文化消费快速增长，现代休闲娱乐方式对日常生活的影响增大，酒吧、慢摇吧等时尚消费场所在丽江迅速普及，音乐、艺术、时尚等多种文化形态伴随着大批年轻游客和艺术家的到来进入旅游市场，泡吧文化风靡一时，"柔软时光""小资情调"等地方形象深入人心，丽江文化旅游市场规模呈现高速扩张的发展态势。之后，"做精大理，做大丽江，做优迪庆，开发怒江"的滇西北旅游发展整体规划，再次强调了丽江在推动云南文化旅游产业发展中的关键作用；《2004～2010 年旅游产业发展规划》《关于进一步加快旅游产业发展的若干意见》《丽江市古城区旅游产业发展"十二五"规划》等前瞻性政策先后出台，一系列重大举措逐步落实，进一步提升了丽江文化旅游产业在中国西部地区的核心地位，文化旅游产业成为丽江国民经济的支柱性产业。

---

① 资料来源：《1999 年丽江市社会经济发展统计公报》。

经过多年持续、高速发展，丽江文化旅游产业进入矛盾堆积和问题凸显阶段。一方面，生态环境和人文环境在一定程度上遭到破坏，曾经风靡一时的"低价游"导致损害消费者权益和破坏旅游市场环境的行为时有发生；另一方面，古城区文旅业态同质化、单一化、低质化趋势日益增强，现有文旅产品和服务更新迭代不足，无法满足快速变化的大众消费需求。如何突破现有困局，积极探索文化旅游产业转型升级的有效路径，成为丽江的重大挑战。

3. 转型突破阶段（2016年至今）：大众文化消费快速迭变，文化旅游深入融合

针对国民经济消费结构不断升级、大众文化消费需求变化多样的发展现实，国家进一步推动旅游产业发展，正式提出文化和旅游融合发展的整体思路。丽江以建设"国家全域旅游示范区""中国国际民族文化旅游目的地"为目标，先后出台《"十三五"旅游产业发展规划》《"十三五"文化发展专项规划》等纲领性文件，以科学发展观为指导，以文化旅游机制和管理体制改革为切入点，改善产业布局，优化产业结构，持续加强文化旅游资源开发深度和整合强度，创新文旅产品，推动多元业态融合。"十三五"期间，丽江古城区成功入选国家全域旅游示范区，丽江文化旅游产业新需求、新产品、新业态、新政策、新机制整体更新迭代，文化体验游、康养体育游、乡村民宿游、自驾房车游、红色教育游等新兴文旅业态蓬勃发展，"丽江千古情"、东巴谷康养小镇等新一批文旅品牌复合效应显著提升，文化旅游助力脱贫攻坚取得良好成效，旅游革命深入推进，依托"一部手机游云南"大数据平台促进智慧旅游快速发展、科技推动文化旅游转型升级的先进经验受到国务院的大力赞扬，文化旅游产业的社会效益显著提高。

（二）丽江市文化旅游产业的发展现状

通过明确科学发展理念、探索资源保护利用模式、优化产业空间

布局、改善产业市场环境等举措，丽江文化旅游产业转型升级和提质增效取得明显成效。目前，已经初步构建起了以高 A 级景区为核心、以多元文旅业态为重点、以特色民宿和中高端半山酒店为依托、以智慧旅游服务为保障的较为完整的现代文化旅游产业体系，形成了以"一体两翼，一江一路，三环五圈"为产业布局，以"两山、一城、一湖、一江、一文化、一风情"为旅游品牌，以文化创新和科技创新为核心动力，以景区观光、古镇体验、文化演出、节庆赛事、乡村旅游、休闲康养、户外探险、研学教育、文博服务、风光旅拍等为主要门类的文化旅游产业发展新格局。

同时，丽江现代综合交通运输体系不断完善，"快进""慢游"的旅游交通综合网络基本形成。截至 2020 年末，丽江共有星级景区 18 家（其中 5A 级景点 2 家，4A 级景点 7 家），红色旅游基地 3 个，旅行社 188 家，星级酒店 164 家（其中五星级 3 家，四星级 13 家），客栈 1418 家（其中特色民居客栈 85 家），直接从事文化旅游产业人数约为 10 万人，间接从事文化旅游产业人数约为 40 万人，[1] 文化旅游基础服务设施和配套接待能力显著改善。2015~2019 年，丽江市实现文化旅游总收入 3990.85 亿元，累计接待游客 2.07 亿人次。文化旅游产业总收入从 2015 年的 483.48 亿元增加到 2019 年的 1078.30 亿元，增加 1.23 倍，年均增长 22.21%，完成"十三五"规划目标的 135.07%；游客接待量从 2015 年的 3055.98 万人次，增加到 2019 年的 5402.40 万人次，增加 76.78%，年均增长 15.31%，完成"十三五"规划目标的 114.05%（见图 1）。[2]

---

① 资料来源：丽江市文化和旅游局。
② 资料来源：根据 2015~2019 年《丽江市社会经济发展统计公报》提供数据测算得出。

图 1 2010~2019 年丽江市文化旅游产业发展情况

资料来源：《丽江市社会经济发展统计公报》（2010~2019 年）。

1. 资源保护利用与服务体系建设双向推进，实现了"景观全域化、环境一体化、特色差异化、成果共享化"的文化旅游全域升级态势

2016 年，丽江被列入首批创建"国家全域旅游示范区"，坚持"全景古城"的发展定位，优化全市文旅资源，推动资源配置与整合，兼顾城乡发展需求，依托丽江古城和 16 个国家级传统古村落，培育文化旅游特色产业集群，实现了景区与城区之间的自然过渡和相互交融。依托"一环、八横、十纵"的交通网络，优化文旅咨询服务网点布局，先后建成游客集散中心 1 个、公路服务点 5 个、景区游客服务站 5 个、散客咨询服务网点 98 家，完善旅游标识标牌 500 余块，全域旅游服务三级联动体系基本形成。以建设"中国国际民族文化旅游目的地"为目标，以各族人民共享文化旅游发展成果为原则，旅游扶贫专项行动成效显著，文化带动乡村振兴功能凸显，文林村、玉湖村、美泉村等乡村文化旅游快速发展；甲子村甘子甘坂婚纱摄影服务公司成为文化引领社区和谐发展的成功典范；乡村振兴"百村示范"行动稳步推进，纳西文旅小镇、石鼓旅游小镇、白沙文

化体验小镇等示范点建设取得优良成绩，文化旅游产业助力地区脱贫和乡村振兴成效不断提升。

2. 空间优化、项目驱动与平台建设三位一体，呈现了"投资多元化、社会参与化、营销网络化、交流国际化"的产业模式进阶态势

以丽江古城、玉龙雪山两大国家 5A 级景区为主体的综合旅游区文化体验功能和服务功能获得较大增强，服务设施得到较大改善；泸沽湖和老君山景区充实了核心旅游线路，逐步形成核心主体之外文化旅游产业的新增长极。针对拉市海、虎跳峡等传统景区实施存量提质升级工程，综合环境和服务接待能力显著提升；不断加大文化旅游项目投资，积极引入康美集团、绿城集团、金杯半山集团、复星旅文等国际性品牌企业，打造了一批以金茂文化创业产业园、纳西鹰猎文化公园、龙头果子山养老示范基地、红河谷庄园、束河·玉龙湾康养度假区、高效现代花卉产业园、金沙江大峡谷（丽江段）航运旅游、复游城·丽江地中海国际度假区等为代表的重大项目和示范基地，项目带动效应逐步显现。出台了"双创 15 条""私募金融实施意见""丽江英才计划"等优惠政策，着力打造创业孵化平台、创意创新平台、技术转化平台、金融支持平台，全力推动文化产业和旅游产业融合发展。丽江古城保护管理局联合中国青旅集团、新华网客户端、快手平台，共同推出"云逛古城"系列在线直播活动，积极探索文化旅游线上营销新模式；华坪县开展"丽江芒果横空出世"品牌创建暨直播活动，通过互联网销售减轻疫情影响。参加第 74 届威尼斯电影节"聚焦中国"之"中国最美外景地"和"亚洲文明对话大会"设立的"亚洲文化和旅游展"等国际性文化旅游推介活动，展示了丽江文旅新形象，突出了丽江文旅融合的新形势和新亮点，大力推动了丽江文化旅游"走出去"。

3. 文化旅游产品体系日趋完善，推动了"产品定制化、服务精细化、消费高端化、体验深度化"的文旅供给多向度升级

加大资源整合力度，158 家旅行社组建成 14 家旅行社集团，实

施旅行社集团化运营，产品线路进一步优化，产品体系更加完善。传统文化旅游业态提质增量，演艺产品推陈出新，原有品牌不断升级，形成了以《印象·丽江》《丽水金沙》《丽江千古情》等为代表，以山水情景剧、生态歌舞剧、玄幻舞台剧、古城沉浸剧为主要类型的演艺产品体系；民族节庆产业和现代体育赛事并行发展，"三多节"、"转山会"、丽江雪山半程马拉松赛、格兰芬多国际自行车赛等成为重要的节赛品牌。遵循大众文化旅游消费发展趋势，坚持创新驱动，不断深入开展文旅产业供给侧改革，实现优质文化资源向旅游资源转化。纳西创世纪文化体验中心，开创了丽江"文化＋科技＋旅游"的特色文化产业新模式，VR 体验促进纳西文化多维度展示。充分发挥文旅产业的带动效应和集成作用，深入挖掘农耕文化特色，将农、林、牧、渔等产业积极融入文化旅游发展当中，推动文旅产业与一、二、三产业融合发展，打造了红水塘现代产业采摘园、广大种业庄园、雅朵玫瑰庄园等现代农业旅游点和服务主体。多元业态融合发展进一步推进，旅游康养、精品自驾、科普研学等新业态新产品品质不断提升。高端休闲体验游快速发展，"墅家玉庐·雪嵩院""安缦""英迪格""青浦""松赞林卡""金茂濮修""物与岚""丽世山房"等高端品牌酒店受到市场欢迎，特色民宿不断涌现，主题半山酒店形成建设规模。

4. 管理体制机制持续改革，实现了"机制联动化、管理智慧化、行业标准化、市场规范化"的文化旅游市场良性发展

积极推进文化旅游机制和管理体制创新，不断转变政府在文化旅游管理中的职能，深化文化旅游产业改革，深入开展"旅游革命"三部曲，以"一部手机游云南"为核心平台，建成了丽江文化旅游大数据平台和"文旅丽江"融媒体平台；四大智慧旅游体系（智慧旅游管理体系、智慧旅游营销体系、智慧旅游公共服务体系、智慧体验系统）初步建成，所有 A 级景区实现数字名片、在线直播、在线

销售全覆盖；4A 级以上景区智慧化建设成效显著，向游客提供语音导览、手绘地图、智慧厕所、AI 识物等全方位数字服务。下决心推进整治乱象提升工程，修订《丽江市旅游管理办法》，通过实施"治""建"并举、"五个一律"、"两大改革"、"十大机制"等铁腕措施，初步建成"1＋5＋N＋1"文化旅游市场综合监管机制，文化旅游环境得到实质性改善。丽江特色文化旅游标准化管理体制与运行机制建设工作取得积极成果，"省级服务业标准化试点""东巴文字标准化研究""纳西东巴纸云南省地方标准立项"等项目先后申报获批；发布了《大研古城客栈经营规范》《大研古城酒吧经营规范》，文化旅游标准体系建设进一步推进，填补了丽江乃至全省在客栈、酒吧经营服务领域制定团体标准的空白，整体上初步实现了"线上智慧化提升，线下高质量发展"的产业发展新局面。

二 丽江市文化旅游产业发展的主要特点

作为世界文化遗产地，丽江的文化旅游产业先后经历了"历史的辉煌"和"现实的阵痛"，并随着"旅游革命"的深入开展，翻开了转型升级的新篇章。早在 20 世纪末，丽江就因其在文化旅游产业培育外部市场和本地市场、文化旅游反哺文化遗产保护传承、文化旅游促进遗产地社会发展等方面的卓越成绩，被联合国教科文组织认定为"亚太地区可持续性文化旅游发展丽江合作模式"（简称"丽江模式"），成为联合国教科文组织用于指导其他国家和地区文化遗产地文化旅游产业可持续发展的纲领性文件。"十三五"期间，作为加快发展特色文化产业体系的重要组成部分，丽江文化旅游产业不断深化文旅融合，产业转型升级提质取得明显成效，重新诠释并丰富了"丽江模式"在新时代背景和新产业发展环境中的价值与意义，再次凸显了丽江文化旅游产业的品牌效应和示范效应。

（一）依托改革开放巨大成效，敏锐抓住全球化发展机遇，形成了独具特色的"印象丽江"文旅品牌

丽江文化旅游产业起步之初，正值我国实行改革开放 20 年之际，国家经济实力和综合国力大幅提升，国际地位不断提高，基础设施建设突飞猛进，国民经济从半封闭状态开始转向与国际经济的深度融合，国家文化影响力持续增强。世纪之交，也是全球化加速扩张、不同国家和地区在经济、社会、文化等方面开启全方位交流与沟通的历史时期。丽江不可复制的自然生态景观和文化生态体系，恰好极大满足了国际旅游、探险爱好者的猎奇心理和消费偏好。便利的现代交通设施和发达的通信技术，再加上互联网技术的迅速普及，为外来市场前往丽江探寻异质文化提供了便利的交通条件和直观的传播媒介。

进入 21 世纪，我国改革开放取得巨大成效，城乡居民生活水平得到极大改善，教育、科技、文化事业获得巨大进步。2000 年，我国人均 GDP 已经达到 849 美元，城镇居民人均可支配收入从 1978 年的 343.3 元增加到 2000 年的 6280 元，农村居民人均可支配收入从 1978 年的 133.57 元增加到 2000 年的 2253 元。[1] 同年，我国人均消费性支出达到 4998 元，其中被列入统计的、与文化相关的旅游、娱乐和耐用消费品、教育、文化服务、通信等项消费总计 949 元，占可支配收入的 19%。[2] 文化产业快速发展，大众文化消费需求急速增加，文化旅游产业作为满足人们精神休闲需求的主要途径之一，迎来了历史性的发展机遇。

在全球化时代背景下，丽江文化旅游产业的外部市场，以直接

---

[1] 资料来源：国家统计数据库，https：//data.stats.gov.cn/index.htm，最后检索时间：2021 年 5 月 4 日。

[2] 资料来源：国家统计数据库，https：//data.stats.gov.cn/index.htm，最后检索时间：2021 年 5 月 4 日。

参与建构地方形象的方式，一手造就了丽江古城文化由传统向现代的快速演变。发展初期，丽江作为"神秘的东方世界""消失了的香格里拉""被遗忘了的古都王国"，吸引了大批国外旅游爱好者的目光。后来，无处不在的小桥流水、石板垂柳、古乐文画、马道客栈，又一再满足了国内游客对丽江"旅游的期望"和"旅游的想象"，形成了强大的地方文化吸引力。在都市生活的巨大压力下，人们越发渴望朴素的真我情怀和有别于城市风景的"世外桃源"，对丽江投射的"形象预设"，又使丽江变成了迷离梦幻的"柔软时光""小资之城"。在这种文化形象不断建构的过程中，古城内以酒吧、咖啡馆为代表的大量休闲娱乐业态迅速扩张，纯真古朴的传统文化形象逐渐式微，前卫时尚的流行文化元素不断凸显。伴随着大众文化旅游的稳步发展，旅游日常化趋势明显增强，国民休闲需求快速增加，"慢时光""休闲丽江"等又成为新的丽江形象代名词，丽江成为众多高端酒店和特色民宿的首选投资地。2006 年，"天雨流芳，梦幻丽江"成为丽江官方确定的文化旅游形象，以期表现出丽江"古今通融，天人对话"的独特地方气质。

文化形象是对旅游目的地历史背景、文化环境的高度概括，也是地方性的一种表达方式。改革开放为丽江文化旅游产业的发展敞开了全球化的大门，外来消费群体的到来，在很大程度上弥补了西部民族地区本土文化消费不足的缺陷；同时，外来游客、影视作品、文化演出、现代娱乐产业等多种媒介作用其中，贯穿了丽江地方形象从想象到建构的全过程。这种外部市场的直接作用和参与，是全球化时代的结果，也是全球化与地方性之间的碰撞和交流，更是外来现代文化与本土传统文化之间的竞争和博弈。丽江自古以来便是西南地区的商业重镇和茶马集市，密切的经贸交流给丽江带来了文化多样性的地方特质，培育了本土开放包容、兼纳并序的文化气质，为丽江在遭遇全球化冲击后对外来文化元素迅速接纳并兼容提供了极其重要的基础。这种地方文化特质，是丽江文化产业和旅游产业发展不可或缺的文化元素，它不仅不断建构着丽江"古今通融"的地方文化形象，还不断调试着"中外共需"的文化旅游消费市场。

（二）积极调试现代旅游消费市场，拓展文化旅游发展空间，打造了丰富立体的"多元丽江"文旅业态

在全球化为丽江文化旅游产业带来了巨大人流、信息流和资本流的同时，后现代社会中大众文化消费需求的快速迭变升级，直接作用于丽江文化旅游消费市场的培育和调试，是丽江文化和旅游一直以来深度捆绑、持续融合的直接原因。

在文化旅游产业发展初期，丽江作为国际知名的世界遗产所在地，依托其神秘多彩的地方形象，吸引了世界各地大批的年轻游客。全球化发展带来的大规模人际流动，使这里的社会结构呈现持续变化的明显特征，为丽江文化旅游消费市场的培育、壮大、调适，提供了多元主体的推动力。国际游客的到来催生了一大批带有浓郁西方文化特征的文旅消费场所和服务设施，酒吧、咖啡馆、西餐厅等开始在丽江古城出现，并迅速受到了国内游客的青睐和追捧。囊括了生活物品、特色饮食的民族手工艺品，如手工披肩、东巴造纸、丽江银器等，因其鲜明的地方特征和文化特色，成为风靡一时的文化旅游消费品。文化旅游的爆发式增长迅速推动了丽江的文化投资吸引力，由于文化产业体制改革试点项目《丽水金沙》的巨大成功，张艺谋、王潮歌等著名艺术家先后来到丽江，投资并创作了《千里走单骑》《印象·丽江》等影视作品和演出作品，与后来宋城集团打造的《丽江千古情》等，成为丽江重要的文旅品牌，为丽江文化旅游产业提供了多样的业态。同时，伴随着丽江现代、时尚的文化生态体系的不断生成，一大批艺术家、音乐爱好者、媒体从业者等纷纷选择在丽江旅居或定居。他们与当地居民相互融合，在日常生活中分享共同的生活

空间和消费空间。于是，源源不断的新兴文化元素开始进入丽江，时尚的生活理念、前沿的艺术气息、崇尚自然的现代生态观念等，聚合成现代文化旅游消费的新需求；不同群体之间长期互为交融，成为推动丽江文化旅游业态转型和升级的根本力量。艺术、文化、创意、科技、哲学、宗教等元素不断与传统人文景观互动交融，历史文化、地方文化、流行文化、国际文化在这里碰撞嫁接，直接催生了一批文创手办、艺术画廊、特色民宿、工艺美术、探险科考等新兴文旅产品和业态，使丽江成为兼具传统与时尚、地方与国际、艺术与科技的现代文化旅游热门目的地。

丽江文化旅游市场的培育和发展，是后现代社会多元化发展的必然结果。在文化大众化、产业化的发展趋势中，艺术的边界被不断突破，高雅文化与通俗文化之间的对立逐渐消失，艺术商品化、文化商品化迅速流行开来，文化广泛地渗透到旅游的各个领域，不断变化形式和功能，以满足大众的不同需要。丽江并序包容的地方特质，为不同的文化思潮及其多样的表现形式提供了肥沃的土壤，使得后现代语境中的日常狂欢和快乐主义在这里通过文旅媒介发散开来，为大众消费者提供了兼顾历史文化与时尚气息的绝佳的消费和享乐场所。后现代消费主义推动了丽江文化旅游的现代化、时尚化和流行化，向全世界展现出"多元丽江"的独特风采。

（三）顺应市场变化创新发展，文化旅游转型升级取得明显成效，探索了可持续的"创新丽江"文旅路径

就文化遗产地发展而言，保护和恢复遗产不可或缺的部分，更加注重目的地、当地居民、文化遗产地以及游客之间的平衡互动，都是实现文化旅游可持续发展的核心要素，也是国际普遍认可的核心原则。丽江文化旅游产业的快速发展，对世界遗产和地方文化的保护、传承、创新提出了崭新要求。大众文化、旅游消费结构不断升级，跨界需求不断增加，促进了创新驱动成为新时代丽江文化旅游发展的核心动力。

2016年起，丽江开始着手实施文化旅游产业转型升级发展战略，提出"以文补商"计划，针对古城内由于人口置换和建筑功能转换引起的过度商业化问题，以及生活空间让位于消费空间等问题，通过逐步清退低质商业业态、修缮修复原有历史古建、重新定位古城文化功能、加强文化内容注入和体验提升等手段，"腾笼换鸟"，提升丽江作为历史文化名城的文化内涵。一方面，加大公共文化空间建设力度，先后在大研古镇内建成24个文化院落，重新挖掘文化资源，提升文化服务的体验性和参与性，将优秀的传统文化甚至是难以再现的重要文化因子，通过文化创新，实现日常生活场景化发展；同时，借助公共文化空间开展不同层次、不同规模的地方文化宣传活动，通过举办"国际东巴文化艺术节""丽江世界遗产论坛""人类母系文化学术研讨会""丽江东方文化论坛"等，不断推进文化交流平台建设，传承文化生命力，构建丽江文化发展的对外沟通和交流机制。另一方面，丽江积极开展文化生态实验区和文化体验度假区建设，白沙湖、泸沽湖分别作为纳西文化和摩梭文化的集中展示地，成为新兴的重点文化旅游发展区；同时，束河古镇、白沙古镇以重点文化产业园区为补充，强调多样性文化创意产业业态布局和古镇地方文化风貌保护并举的发展原则，实现了传统文化保护与现代文化经济发展的双赢。

全球化市场在为丽江文化旅游带来巨大消费潜力的同时，也形成了对地方文化保护与传承的强大威胁，主要表现为外来信息输入强度增大、速度增快，文化趋同和文化分离呈现紧张对峙或者尖锐冲突的关系态势。地方文化资源的开发和利用，既要能够对内保护文化传统、传承文化精髓，又要能够对外构建科学的话语机制，有利于充分表达和自我展现，从而实现本土文化与外部世界的良好沟通。丽江文化旅游产业的转型升级，使得多样化的文旅产品成为这一对话机制的媒介，不仅连通了丽江的历史和现在，实现了传统文化的映射、延续、传承；也勾连了丽江的本土与外界，产生了不同文化之间的碰撞、对话、交融，共同滋养了丽江独一无二的文化生态系统，保持了强大的文化生命力。

（四）新形势下旅游革命二次创新，文化旅游发展环境得到实质性改善，形成了智慧引领的"能动丽江"发展机制

"抢抓机遇、统筹谋划、规划先行、积极落实"一直是丽江在文化旅游治理和管理中的优良传统，是丽江文化旅游产业取得巨大发展成绩的核心要素。20世纪90年代初，丽江抓住了云南省加快滇西北旅游开发的历史机遇，先人一步，冲破"以粮为纲""无工不富"的束缚，解放思想，把地震带来的重建危机巧妙地转化成文化旅游发展的历史契机，乘势而上，直接跨过需要工业积累的传统阶段，以文化旅游带动国民经济向前发展，彰显了丽江特色。基于对文化遗产重要性的敏锐认识，以及把文化旅游作为战略性主导产业的前瞻性判断，丽江成功申报三项世界遗产，并始终坚持"文化立市、旅游强市"的方针，直接推动了丽江走上文化和旅游深度融合的产业发展之路。

进入"十三五"，丽江提出以"转型、升级、扩容、提质、增效"为目标的发展战略，敏锐抓住文化旅游产业存在的问题，把推动文化旅游科学化、高质量发展作为核心任务，产业提质增效取得明显成效。尤其是深入推进旅游革命"三部曲"，以壮士断腕的勇气和决心，铁腕整治文旅市场乱象问题，通过严格贯彻落实云南省旅游市场秩序整治22条、取消旅游定点购物、推行三十天无理由退货等政策，斩断了"以购养游"的黑色利益链条，重新构建了文化旅游诚信体系，全力修复了丽江文化旅游品牌形象。通过在全省率先探索建立"1+5+N+1"的文旅市场综合监管模式，丽江文化旅游市场秩

序整治取得了实质性胜利，城乡文旅环境得到了显著提升，文旅转型升级取得阶段性成效。作为全省乃至全国发展智慧旅游的排头兵，丽江充分整合大数据、云计算、物联网、人工智能等现代先进科学技术，依托"一部手机游云南"作为核心技术平台，全面推进全市文化旅游业态信息化改革，打造了丽江"智慧旅游新时代"，探索了"政府监管无处不在，游客体验自由自在"的文化旅游新模式。

针对新冠肺炎疫情对文旅市场造成的巨大冲击，丽江再次主动谋划，积极作为，加大力度帮助文旅行业及时纾困。出台了《丽江市支持文化旅游行业抗疫情渡难关稳发展的十八条措施》，对在丽江注册登记受新冠肺炎疫情影响导致生产经营困难的旅行社、景区景点、宾馆酒店等文化旅游企业给予扶持。截至 2020 年 12 月，根据文化和旅游部办公厅下发的《关于暂退部分旅游服务质量保证金支持旅行社应对经营困难的通知》，丽江市文化和旅游局共统筹安排旅游发展资金 3000 万元，助力文旅企业渡过难关；共向 94 家旅行社暂退质量保证金 1636 万元，向 57 家参与游客安置的酒店下拨补贴资金 780 万元。同时，申报 6 家文旅企业 9 笔新增流动资金贷款 7885 万元，涉及省级贴息资金 134 万元；为 15 个面向团队游客免除门票的 A 级景区景点申请省级补助资金 4715 万元；组织动员企业及个人对文旅企业租用房屋减免租金超过 1 亿元，[1] 为丽江文化旅游产业在疫情常态化下迅速复苏发挥了至关重要的作用。

三　丽江市文化旅游产业发展面临的趋势

后疫情时代，国内国际经济"双循环"不断加强，大众文化旅

---

[1] 《四个关键词，回望丽江文旅乘风破浪的 2020 年》，网易，https://www.163.com/dy/article/FV99DL5N0524BJUB.html，最后检索时间：2021 年 5 月 4 日。

游消费市场快速更新迭变，深入把握产业规律，顺应产业发展趋势，是丽江实现文化旅游产业可持续发展的前提条件。

（一）消费结构全面升级，文化旅游国内大循环市场潜力巨大

随着我国全面实现脱贫、全面建成小康社会，城市化发展和产业结构调整等进一步加强，国民经济国内大循环程度将会持续加深。新冠肺炎疫情对广大人民群众的生活方式产生深远影响，民众将更加注重文化需求和精神享受，文化消费和旅游消费将成为消费市场的主力军。旅游产业继续呈"无边界化""泛产业化"发展态势，文化旅游产业与其他产业门类融合将继续深入。旅游常态化趋势增强，对优质文旅产品和服务供给需求不断扩大，对个性化、特色化文旅产品以及基础设施、公共服务、生态环境等文旅服务要求不断提高；"小众化""分众化"市场快速形成，文旅消费新格局不断涌现。作为国家级文化旅游消费试点城市和大香格里拉生态旅游示范区核心城市，在西部大开发全面升级、大滇西旅游环线深入推进、国家和云南省降税减费推进文旅复苏等政策红利推动下，丽江将进一步着力西部地区文化旅游、休闲经济发展，积极扩大区域合作和国际合作，其文化旅游消费拥有巨大潜力。

（二）文旅融合持续深入，业态创新呈现常态化发展趋势

文化和旅游融合将进一步深化，富有文化底蕴的文化旅游景区和度假区将成为文旅消费市场的新目标，特色鲜明的文化旅游休闲城市、休闲街区建设将迎来新一轮高潮，乡村文化旅游将进入蓬勃发展阶段。夜间经济将成为释放文旅消费潜力的巨大市场，各类夜间文旅消费项目将成为刺激内需、拉动消费的有效抓手。文旅消费品质不断提升，理性消费替代冲动消费，品牌消费让位品质消费，这些都对现代文旅消费便利化、个性化、体验化提出

更高要求。疫情控制常态化后，丽江文化旅游产业迅速复苏，新需求和新供给不断涌现，康养游、研学游、自驾游、探险游等文旅消费新业态将继续快速发展，新型文化休闲度假产品开发势在必行。结合丽江的基础条件和优势资源，文化旅游产业将呈现集内容创新、业态创新、功能创新为一体的创新常态化发展趋势，文化旅游产品将朝"内容主题化、过程体验化、手段科技化"方向发展。

（三）科技助力智慧旅游，数字文旅时代全面到来

互联网5G技术、人工智能、大数据、自媒体等迅速发展，互为结合，使文化与科技融合趋势不断增强，文化旅游与科技间相互关系更为紧密。新冠肺炎疫情加速了文化旅游信息化转型，倒逼传统文化旅游产业推动数字化、在线化、智能化创新发展，推动产品业态迭代升级，提升智慧旅游产品体验。"云旅游""云休闲""云逛展"等将成为文旅行业售前服务的新举措，精准化、智慧化服务将推动文化旅游品质提升和效率提高，推动政府管理水平科学化和服务效率高效化。顺应市场发展趋势，丽江在现有数字文旅发展成绩基础上，将进一步深入推行智慧旅游建设与发展，创新"科技＋"文化旅游产业的商业模式和组织形式，结合全域旅游发展目标，推动文化旅游全域智慧化，全面建设"云上丽江"新文旅数字生态系统，不断激发文化旅游在科技时代的产业新活力。

（四）文旅赋能乡村振兴，乡村旅游成为文化旅游改革创新热点

伴随着文化旅游消费升级，乡村旅游将成为国家旅游产业改革创新的重点，旅游要素由观光向文创、休闲、商贸、度假、体验等

转变，推动人文、生态、农业等资源优势整合，城市近郊游、乡村体验游、农业休闲游等将成为文旅新热点。乡村旅游将成为巩固脱贫攻坚胜利成果、全面振兴乡村文化经济发展的有力武器，在统筹城乡发展、弥合城乡差距、推动城乡融合等方面将发挥积极作用。乡村文化旅游将成为美好乡村建设的重要抓手，将有利于倡导文明风尚、促进生态涵养、优化基层治理，其复合功能不断增强。丽江乡村文化旅游资源丰富，区域特色差异显著，全域贯通的交通网络和深入推进的全域旅游战略，都为大力发展乡村文化旅游提供了优势条件，有利于丽江构建城乡互补、协同共进的特色文化旅游发展新格局。

四 丽江市文化旅游产业发展的对策建议

在"一带一路"建设深入推进、云南面向南亚东南亚辐射中心建设不断开展的进程中，丽江作为国际性文化遗产旅游目的地，文化旅游产业将进一步走向"创新常态化、数字科技化、产品体验化、功能复合化"的发展道路。针对过去过度依赖门票经济和观光经济、开拓创新不足等主要问题，丽江要把握时代特征，紧抓战略机遇，努力打破利益藩篱，共同推进文化旅游产业转型升级，推动文化旅游产业为地方社会经济发展发挥更大效能。

（一）强化丽江在全国文化旅游中的示范标兵作用与核心地位，拓展文化旅游产业空间布局，构建"资源互补、省域联动、赋能引流、内外循环"的中国西南文化旅游产业发展新格局

继续发扬丽江抢抓机遇、统筹谋划的优良传统，紧扣"一带一路""长江经济带""藏羌彝文化产业走廊"等国家战略，结合云南省"加快建设大滇西旅游环线，全力打造世界独一无二的旅游胜地"

的部署要求，围绕丽江"三廊一圈，一体两翼，一环多区、四化一流"的总体布局，推进宁蒗、华坪丽江旅游新大门建设；以丽维高速、丽昌高速、丽攀高速交通工程为依托，进一步优化文化旅游空间布局，巩固丽江在中国川滇藏大香格里拉区域和大滇西环线中的核心地位。对内开展精品文旅小环线建设，核心线路朝金沙江、泸沽湖两侧延展，布局互补性文旅业态和产品；对外借助滇西北、滇东北等交通枢纽，打破行政区划限制，主动与西藏、四川、贵州等文旅市场对接资源配置和产品研发，通过积极融入攀西经济圈和成渝城市群，强化大滇西旅游跨省联动发展，实现以大滇西环线为核心、以川滇藏大香格里拉经济圈为辐射、省域环接、多带联动的"双循环"文化旅游产业发展新格局。

（二）深入推进文化旅游供给侧结构改革，构建多层次的旅游产品供给体系和综合服务体系，推动丽江文化旅游产业创新创业高质量发展

丽江作为大香格里拉文化旅游圈和大滇西旅游环线的核心区域，要以全域视角统筹全市文化旅游资源开发利用，形成"景区景点优化分布、城乡统筹协同发展"的产业布局。要准确把握文化旅游消费市场的新变化、新特点，强化"提质增效、创新驱动"的文旅发展新特质，着力孵化和培育文化创新、科技创新、产品和业态创新等新兴动力，加快文化旅游产品研发，推动文化旅游业态升级，把丽江打造成"现代文化旅游示范地""生态健康生活目的地""高端康养休闲栖息地""高品质探险自驾体验地"。要不断深入推进供给侧结构改革，积极探索旅游供给与公共服务、技术研发、人才培训、全民教育等改革内容的有机整合，探索多元化经营模式，以专业化分工和市场细分为根据，推动核心文旅资源和主要文旅产品业态有机串联，加大文化旅游市场的品质供给和创新发展。

（三）探索文化旅游助力生态保护与建设的有效路径，构建文化旅游对公共文化服务建设的反哺机制，带动贫困地区实现经济、社会、文化整体协同发展

明确文化旅游产业的功能和定位，巩固并拓展旅游扶贫取得的积极成效，进一步探索文化旅游产业助推乡村振兴的有效路径，加强文化和旅游公共服务体系建设，推动文化旅游产业与信息化、城镇化、新型工业化、农业现代化相结合，实现文化旅游产业经济效益、社会效益、环境效益的协同发展。要着重提升文化旅游产业的社会功能，积极探索文化旅游促进文化事业发展的有效机制，充分拓展文化旅游产业与高等院校、文化企业、旅游企业等部门和机构的交流合作，加强专业人才培养。探索文化旅游与公共文化服务"双进入"机制，充分整合公共文化资源和旅游景区景点资源，加大文化院落、文化创意园区等公共文化空间的旅游宣传与推广建设，促进优质景区、特色园区、生活社区共建共享，通过"游客进社区、居民进景区"，实现优质文旅资源双向转化，为人民群众参与和享受文旅服务提供便利条件，最终实现公共文化与旅游服务的"空间双进入、功能双融合"。要进一步促进文旅消费推动文化惠民，促进全域文旅社会效应提升，通过构建文化旅游对公共文化服务建设的反哺机制，助推社会创新稳步前进。

（四）健全文化旅游机制和管理体制，构建符合产业发展规律、多元社会主体共同参与的现代旅游治理体系，提升地方政府文化旅游治理水平

创新发展理念，完善顶层设计，继续推动"旅游革命"深入开展，进一步推进现代旅游信息化进程，充分利用人工智能、大数据、互联网等现代科技，巩固和开拓文旅市场，提升产品品质和服务质量。积极提升"一部手机游云南"建设成效，推动旅游六要素全面智慧化，大力发展在线文旅代理等多元化商业模式。积极推动智慧旅游从"知识（智慧）服务"向"智慧营销"拓展，创新营销方式，加大营销力度，针对细分市场做到精准推送、精准营销、体验营销、共情营销，构建文旅部门、旅游企业、景区景点协同联手、主动出击的新型营销模式。积极构建符合产业发展规律和市场规律的、多元社会主体共同参与的现代旅游治理体系，深化政府职能改革，加大市场主体旅游治理的参与度与灵活性；科学认识行业协会的重要职能，充分发挥行业协会行业能动性、市场敏感性的优势，实现多部门、多主体协同治理。进一步推进新兴业态产品审批机制的改革创新，进一步优化土地利用政策和用地管理制度，为丽江文化旅游产业的健康快速发展提供强力保障。

B.3
丽江市演艺产业发展报告

王 佳 李梦瑶*

摘 要： 丽江市演艺产业起步较早，在全国位于前列。从最初
《纳西古乐》蜚声世界，到《丽水金沙》作为第一个通
过院团改制与企业合作成功推向市场的演艺产品，到
大型实景原生态演艺《印象丽江·雪山篇》成为国内
旅游演艺标杆，再到宋城集团《丽江千古情》落户丽
江并不断拓展成为演艺主题公园，丽江演艺产业发展
的每一步都在地方、全省、西部乃至全国的文化产业
发展历史上留下了浓墨重彩的印记。历经近三十年的
发展，丽江市演艺产业不断谋新求变，探索出了特色
鲜明的发展路径，其经验和成果值得总结借鉴。

关键词： 演艺产业 文化体制改革 升级转型 文化和旅游
丽江市

演艺产业是我国文化产业的支撑业态之一，也是文化和旅游融合
发展的重要领域。回顾中国文化产业发展的总体历程，民族风情、地

---

* 王佳，云南大学民族学与社会学学院副教授，主要研究方向为民族文化产业、
少数民族艺术；李梦瑶，云南大学民族学与社会学学院在读硕士研究生，主要
研究方向为文化管理、文化产业。

方特色演艺的兴起及其与文化创意、旅游业的融合发展，构成了推进我国文化产业发展的最强劲、最持久的一股驱动力。丽江市演艺产业起步较早，20世纪90年代末期就出现了以丰富游客旅游消费内容为目的的小型演艺。丽江市发展旅游之初，《纳西古乐》成为游客到该地旅游必须打卡的热门演艺产品，当时在全国产生的影响力众所周知，《纳西古乐》文化品牌的形成有效地推动了丽江的"名气"蜚声海内外。在我国文化体制改革初期，国有院团通过改革与公司合作推出《丽水金沙》演艺项目，在全国树立了里程碑式的示范效应。依托日益增长的外来游客消费市场，丽江市先后推出多部舞台演艺节目，既有本土资本的支持，也有外来资本的投入。《印象·丽江》聚合了自然景观、人文历史和名人效应等，成为全国同类大型实景演艺中，无论是品质、受欢迎程度还是演出场次和规模都位列前沿的拳头产品。宋城集团在《丽江千古情》的基础上不断拓展，意图构建以演艺为主题，聚合地方文化、休闲娱乐、旅游度假等多业态、多层次复合式的演艺公园（园区）。在丽江旅游面临转型突破的时期，多家旅游运营管理公司结合景区景点的特点，量身定制景区景点中的小型演出，不断充实和提升景区景点的文化内容和内涵，强化游客的参与度，效果显著地赋能了丽江旅游从"走马观花"向"沉浸体验"升级。同时，丽江市充分发挥本地民间文化资源丰富的优势和群众的力量，提炼、融汇地方、民族特色浓郁的演艺活动，充实到大研古镇、束河古镇、白沙古镇、黑龙潭公园等核心景区景点中，既传承和传播了珍贵的非物质文化遗产、活跃了群众文化生活，也营造了主客共享、文旅有机融合发展的良好氛围。演艺产业在丽江文化旅游发展中发挥着资源涵养聚合、品牌塑造传播、人才内培外引、市场拓展升级的重要引领作用，是丽江文化产业的支撑业态之一，也是与旅游发展相互促进、相互成就的不可或缺的动力。演艺产业是丽江市文化体制改革创新成果的集中体现，也是拓展文化艺术消费、提升文化旅游品牌的核心文化产业业态。

一 丽江市演艺产业发展的历程与现状

丽江市文化资源禀赋优势突出，是全国唯一拥有自然、文化、记忆三项世界遗产的地级市。自 2000 年前后我国全面部署提升文化软实力、推动文化产业发展的战略以来，依托对丰富多彩民族文化资源的保护挖掘和创新利用，丽江市确立了"以自然为本、以特色为根、以文化为灵魂、以改革为动力、以市场为导向"的发展策略，坚持"文化活市"的发展理念，引导和鼓励社会广泛参与，以大项目为带动，以品牌塑造为引领，推进文化与旅游深度融合发展，构建了以演艺产业、文化旅游、休闲娱乐、文化旅游产品加工销售四大产业为支撑的文化和旅游发展业态格局，创造了令人瞩目的"丽江现象"。

（一）发展历程

1. 小园子表演、初探市场阶段（20世纪90年代末期至2002年）

丽江市演艺产业起步时期是小园子形式，演出的场所大多集中在大研古镇，对于表演场地和舞台并无太多的要求和依赖。在这一时期，最具代表性的演艺产品是《纳西古乐》。

《纳西古乐》是纳西族群众结合中原"洞经音乐"与本土"崩思细哩""热美蹉""东巴经音乐"等传统民族音乐创作、传播并延传至今的本土民族艺术形式，也是纳西文化和中原文明相结合的艺术结晶。① 1986 年，大研古乐会的会长宣科在重组古乐会后对丽江洞经音乐进行了重新编排，丽江也由此诞生了最早的"商业演出"节目。在 1993 年的洞经音乐进京演出中，曲目里首次加进由宣科先生

---

① 戴曦霞：《大众旅游时代丽江旅游演艺产业的 SWOT 分析》，《丽江师范高等专科学校报》2018 年第 1 期，第 108～117 页。

填词配曲的《浪淘沙》和《山坡羊》，引起了音乐学界的极大关注，演出也获得巨大成功，自此丽江洞经古乐翻开了崭新的篇章。1994年，宣科先生正式提出了"纳西古乐"的概念，并将过去的"丽江洞经音乐"更名为"纳西古乐"。在他的带领下，大研古乐会多次到国内外各地演出，古老的曲子、古老的乐器和古老的艺人这"稀世三宝"同台亮相，让《纳西古乐》获得了观众的一致好评，知名度迅速扩大。同时，为了顺应丽江旅游业的发展，《纳西古乐》通过市场化运作，在大研古镇主要道路的老建筑中驻场演出，其节目和演出场所都成为丽江旅游的一张文化名片。经过30多年的发展，《纳西古乐》在创造社会效益的同时，也在积极创造经济效益，据统计，《纳西古乐》演出年收入达1000余万元并有逐步扩大的趋势①。

较高的文化艺术价值和广泛的受众基础使《纳西古乐》在旅游演艺市场中脱颖而出，但随着丽江旅游业的快速发展，外来文化的渗透、现代娱乐和商业形态的进入，以传统民族文化为基础、表演内容相对单一、表演形式相对固定的《纳西古乐》，不可避免地受到一定影响和冲击，加之纳西古乐绝大多数的演员和传承人都年龄偏大，其演出的方式、风格等也与现代文化消费偏好产生一定距离，诸多原因使得《纳西古乐》的生存和发展面临后继乏力的状况。

20世纪90年代，随着丽江旅游知名度的提升，越来越多的外地游客来到丽江，并喜欢上了丽江清幽古朴的生活，为了能让游客在古城中休憩、驻留，茶吧、咖啡厅、酒吧等小型休闲场所开始出现，为游客提供饮品和餐点，本地人自我娱乐的歌乐演艺偶尔点缀其中。来

---

① 戴曦霞：《大众旅游时代丽江旅游演艺产业的SWOT分析》，《丽江师范高等专科学校报》2018年第1期，第108～117页。

自全国各地的文艺青年、流浪歌手，也是当时丽江的"常客"，这些文艺青年在游走各地时，会选择一个自己比较喜欢、生活成本又不高的地方居住一段时间，以"撂地卖艺"的方式维持生计。歌手们出入于各个茶吧、酒吧，站在消费者的桌子旁边表演，一般以吉他伴奏，自弹自唱。为了方便消费者点歌，歌手自己制作歌单，明码标价，一首歌 15~25 元。消费者除了付费点歌之外，还常常会邀请歌手一起喝一杯。据了解，丽江出现的第一间酒吧是樱花屋，时间大概在 1996 年。① 随着丽江知名度的不断攀升，丽江古城酒吧的数量不断增加，酒吧中的演艺形式也逐渐从个别零散的流浪歌手表演转变为稳定的驻场表演和乐队表演。2002 年，古城酒吧开始形成规模，新华街因其酒吧数量众多，被誉为"酒吧一条街"。随着游客数量的增多，过去酒吧简单安静的氛围已难以吸引更多游客，部分酒吧便将经营的注意力转移到演艺节目上，开始不断拓展演艺节目的内容和形式。当然酒吧中的演艺不同于传统的民族歌舞乐表演，通常由专业的表演团队或者驻唱歌手负责，表演内容也是与民族歌舞乐有较大区别的流行音乐和其他表演形式。

除了《纳西古乐》和酒吧演艺这类市场化的演艺产品，早期在大研古镇四方街还能看见纳西族原住居民自娱自乐、唱歌舞蹈的身影，不需要伴奏、不需要音效舞美，纯粹的民族歌舞成了外来游客眼中一种别样的演出。四方街纳西族打跳的"表演"一直延续至今，只不过从原本古城中纳西族原住居民自己生活娱乐的一部分演变成了古城旅游展演的重要内容。

2. 改革试水、品牌确立阶段（2002~2006年）

2003 年 6 月，丽江成为全国文化体制改革试点城市，其中丽江

---

① 高霖：《丽江古城酒吧文化建构引起的民族文化变迁》，《中国民族博览》2015 年第 11 期，第 183~184 页。

市民族歌舞团是丽江市文化体制改革的主要试点单位之一。丽江市民族歌舞团成立于 1995 年，其间经历了合并、撤销、改建、扩建等多次改革更名。随着市场经济体制的建立与不断完善，以及丽江旅游产业和文化事业的发展，丽江市民族歌舞团在生存和发展方面遇上了严峻的挑战。一方面，曾经长期处于计划经济体制导致政府对文化事业管办不分，丽江市民族歌舞团存在演出质量不高、收入过低、人心涣散等问题；另一方面，丽江旅游市场的开放吸引了大量外地游客，他们对了解丽江当地民族风情文化有着迫切的需求，丽江旅游市场急需一批对外展示民族文化的演艺项目，旧有的管理运行机制成为丽江市歌舞团进入市场参与竞争的最大障碍。此时以《纳西古乐》为代表的民营文化项目尝试市场运作并取得了较好的效益，这给丽江市委、市政府带来了启发。在充分调研的基础上，丽江市做出了大胆的决策——将丽江市民族歌舞团作为试点，把部分具有经营属性的文化事业单位推向市场。

2001 年底，丽江市民族歌舞团与深圳能量公司正式建立合作关系，共同组建"丽水金沙演艺有限责任公司"。经过前期大量的投入、设计与排练，在 2002 年 5 月 1 日，大型民族风情舞蹈《丽水金沙》第一次走入公众视野，并最终通过了市场的检验，得到了广大市民及游客的认可，演出场次由每天 1 场逐渐增加到每天 2 场，旅游旺季时能达到每天 4 场演出，获得了十分可观的经济效益。丽江市民族歌舞团的改革取得了巨大的成功，《丽水金沙》成为丽江文化旅游市场的一个"亮点"和重要演艺品牌。即便是今天，它也是绝大多数游客来丽江旅游必看的节目（见图 1）。

《丽水金沙》不仅对丽江市文化体制改革和文化产业发展起到了重要的示范和推动作用，也为文化与旅游的有机结合、互惠双赢提供了一种成功的范式。《丽水金沙》属于常规专业舞蹈表演，在技术、创意、表演内容等方面都与同类型的舞台表演有相通之处，因此在模

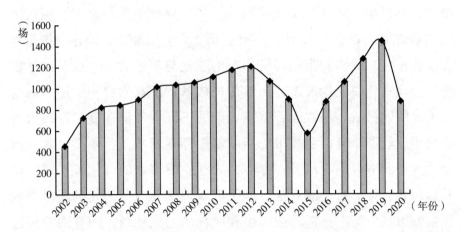

图1　《丽水金沙》2002~2020年演出场次

资料来源：由丽江市委宣传部、丽江市文化和旅游局提供。

仿和借鉴上难度较小，[①] 引起了省内外诸多演艺产品的模仿与借鉴。

3. 拳头产品频出、市场高热阶段（2006~2015年）

以《丽水金沙》品牌的确立为标志，丽江演艺产业进入了发展繁盛时期。有《丽水金沙》的成功经验在前，丽江当地民营企业和外来资本纷纷投资演艺领域，陆续推出了《印象·丽江》《丽江千古情》《花楼恋歌》等多部大型商业旅游演艺产品，丽江演艺市场空前热闹。在这一时期，丽江演艺产业"景区＋演艺""剧场＋演艺""主题公园＋演艺"的运营模式逐步成型。

玉龙雪山是丽江最主要的自然景点和旅游吸引物，许多游客慕名而来观光游览。络绎不绝的游客在给地方经济发展带来繁荣和效益的同时，也给丽江保护和开发旅游资源带来了新问题。如何提高稀缺自然生态资源运用的效益，策划原生态大型实景演出《印象·丽江》提供了新的思路。《印象·丽江》是继《印象·刘三姐》之后，张艺

---

① 杨小明、张洪波、邓明艳：《区域旅游演艺产品可持续发展研究——以云南丽江为例》，《云南社会科学》2016年第5期，第90~94页。

谋再度携手王潮歌、樊跃共同指导创作的实景演艺巨作，其演出剧场位于海拔 3100 米的玉龙雪山甘海子景区，是世界上海拔最高的实景演出场地，在可容纳 1200 余人的 360 度全视角演出剧场中，有着用象征云贵高原红土的红色砂石砌成的"茶马古道"。100 多匹马，500 多名来自 11 个少数民族的农民倾力演出。优美的自然风光和震撼人心的演出阵容相结合，不仅缓解了玉龙雪山接待游客的压力，还让游客在有限的时间内领略到更多丽江的自然人文风情。《印象·丽江》这一尝试和创新改变了当时在景区走马观花的旅游方式，以震撼人心的艺术风格将民族文化融入景区，多层次地展现了民族文化内涵，《印象·丽江》迅速成为继《丽水金沙》之后丽江文化旅游的又一演艺品牌。

如果说《印象·丽江》是丽江演艺产业"景区 + 演艺"这一运营模式的突出代表，那么《丽江千古情》则是"主题公园 + 演艺"模式的典型。与《印象·丽江》直接以自然风光作为演出"舞台"不同，《丽江千古情》的演出地点坐落于宋城演艺公司以民族地域文化为主题打造的主题公园内。园区内除了观看演出的剧场，还有那措海、摩梭宅等二十个游览项目，在观演之余增加了游客的休闲娱乐体验。景区主打的大型歌舞表演《丽江千古情》在传统舞台表演形式基础上进行了创新，运用许多现代科技手段，带来冲击性的视觉体验，增加了可看性，甚至被称为"一生必看的演出"。

同一时期，丽江文化演艺市场还陆续推出了多台类似的歌舞"秀"，比如以纳西东巴文化为主线，串联纳西族、普米族、彝族等丽江地区世居少数民族风情，用舞蹈诗画、服装展示、说唱形式表现的大型民族歌舞演艺《彩云飞歌》，[①] 用歌舞形式表现摩梭人走婚文

---

① 杜莉莉：《丽江大型旅游文化演艺项目研究》，《开封教育学院学报》2014 年第 7 期，第 295 ~ 296 页。

化的《花楼恋歌》；以及以纳西东巴三大史诗故事及丽江本地神话传说为灵感创作的舞台剧《雪山神话》等。另外，伴随着丽江旅游业一同兴起的《纳西古乐》演出和丽江古城的酒吧演艺，在这一时期仍然保持着较高的热度，吸引着源源不断的游客前来观赏体验。

4. 升级转型、谋新求变阶段（2016~2021年）

"十三五"时期，丽江文化和旅游业持续发展，但也经历了云南旅游最严整顿等重大事件。针对之前旅游市场出现的一些严重影响丽江形象的乱象，响应2017年云南省推出的旅游市场整顿措施，丽江提出"旅游革命"，对旅游市场推行严格监管。在"旅游革命"初期，团队游客数量的收缩和一定条件的约束让主要依赖于团队旅游市场生存发展的丽江几大演艺产品意识到创新和转型的重要性，开始研究进一步充实产品内容和品牌价值的发展策略。2020年，一场突如其来的新冠肺炎疫情席卷了全球，旅游市场也因此受到了严重冲击。据统计，2020年1~7月，丽江市接待游客969.73万人次，同比下降70.53%；旅游业总收入测算数为186.6亿元，同比下降73.06%[①]。游客数量的锐减以及演出场所的限流措施也迫使丽江演艺产业谋求新出路，几大代表性的演艺产品在这一时期认真研究市场变化和面临的趋势，各自制定策略，积极应对市场越发多元化的需求以及新冠肺炎疫情等带来的挑战。

《丽水金沙》自2020年1月23日起停演。在停演的四个月内，公司一直致力于维持演艺产品的品牌价值。从2020年2月起，公司开始给员工做线上培训，一直持续到5月；疫情影响弱化后，5月19日公司召回了全体员工，利用一周的时间进行复演培训；6月下旬，《丽水金沙》基本恢复了正常演出。《印象·丽江》则是在演出内容方面苦下功夫，他们一直坚持创意提升，对节目内容和表演细节不断

---

① 资料来源：数据由丽江市文化和旅游局提供。

完善，仅 2020 年一年间就进行了不低于 30 次调整，为的就是在疫情过后观众能欣赏到更优质的表演。《丽江千古情》则是在景区闭园期间对产品质量、设施设备及游玩项目进行了全方位的整改提升，在保障演出质量的同时，还紧跟时尚热点增加了新的游玩体验项目，既带给游客更丰富的观演体验，也推动了景区高质量的发展。① 宋城演艺公司计划 2021 年在丽江再推出一台新的大型少数民族歌舞演出，同时打算根据每一台演出来打造相应的主题氛围剧院，增加一些体验性和互动性较强的剧目。

除了新冠肺炎疫情的影响外，近几年来丽江文化和旅游市场中频繁出现的乱象也是丽江文化和旅游发展陷入"瓶颈"的重要原因。"商业味浓、文化味淡"的争议一直影响着丽江的核心景点大研古镇的形象和发展。在文化和旅游融合发展的当口，用文化厚度来"稀释"商业浓度成为丽江古城旅游创新转型的"利器"。丽江古城内的 24 个文化院落应运而生，除大量恢复的名人故居和历史遗迹外，天地院、接风楼等文化院落以民间亲朋好友式团队、协会等为主体，结合院落的空间和文化氛围，提炼、展示纳西族民族歌舞，回归表演者与观众近距离接触互动的"小园子"表演。文化院落在传承和传播传统民族文化的同时，满足了游客深度体验丽江传统文化魅力的需求，创新了丽江古城的文化展示途径和旅游消费方式。

（二）发展现状

丽江演艺产业的发展成效显著。顺应市场发展和需求，丽江的演艺产业经过将近 20 年的发展，逐步形成了"景区 + 演艺""剧场 +

---

① 《闭园 140 天后，丽江千古情景区今日恢复演出！还有一大波惠民福利》，http：//share. ljdb. net/wap/thread/view - thread/tid/62235，最后检索时间：2021 年 3 月 28 日。

演艺""主题公园＋演艺"的几大类运营模式。丽江文化演艺与旅游业的发展同起并行。丽江旅游发轫于20世纪90年代末期，纳西古乐、东巴宫等一批民间演艺团队，依托本土文化元素，对白沙细乐、勒巴舞等民间文艺形式进行包装，并成功地推向了当时还带有"小众"色彩的文化消费市场。这些"小型、民间自发形式"的演艺节目，成为丽江的特色文化和旅游产品，满足了游客们在旅游过程中休闲娱乐、体验文化、学习知识等方面的消费诉求，让丽江的文化和旅游吸引力得到多方面的扩充。① 随着丽江旅游形象在全国的影响力日趋扩大，《纳西古乐》也成为名震一时的地方演艺产品和文化品牌，在丽江文化和旅游发展的整个历程中，发挥了不可或缺的重要作用。可以说，丽江演艺产业后来的迅速发展，一定程度上受到《纳西古乐》成功通过市场化将地方性知识传播到国内外的策略的影响。2002年前后，全国探索文化体制改革的战略实践给丽江演艺产业创造了树立标杆的良好环境和契机。丽江演艺产业率先摸索和试水了国家文化体制改革、院团改革的路径，在国有院团改制过程中引入社会资本、技术，实现团企成功合作，推出的《丽水金沙》演艺产品成为文化体制改革的硕果，直接助力丽江以地级市的身份进入国家级第一批文化体制改革试点城市之列。以2002年5月在丽江进行首次公演的《丽水金沙》作为起点和标志，此后丽江的演艺产业不断发展壮大。2003年《丽水金沙》成为全国文化体制改革的示范项目，在商演初期曾创下中国文艺创作节目表演场次最多、经济收入最高的纪录。《丽水金沙》的成功，让丽江的文化和旅游形象也发生了新变化，外界充分认识到，丽江不仅是一个自然生态优良、历史文化久远、民族文化独特的旅游目的地，更是一个可以依托日益攀升的游客

---

① 杨小明、张洪波、邓明艳：《区域旅游演艺产品可持续发展研究——以云南丽江为例》，《云南社会科学》2016年第5期，第90~94页。

规模投资建设各类文化项目的优渥市场，由此丽江成功吸引了更多的资本、人力和技术资源，在演艺产业方面，外来大项目的不断进入掀开了丽江演艺蓬勃发展的大幕。2006 年，由张艺谋、王潮歌、樊跃强强联手创作、执导的大型原生态实景演出《印象·丽江》正式公演，成为继《丽水金沙》后丽江演艺产业的又一张名片。其始演于2006 年 7 月 23 日，至今已开演 15 年，总计演出 10400 多场，接待超过 2000 万的游客，创下了 20 多亿元的收入。2013 年，宋城演艺公司进驻丽江，投资 9.2 亿元建设宋城丽江千古情景区。景区围绕"主题公园 + 旅游演艺"的建设理念，打造了"宋城茶马古城""那措寨""宋城丽江乐园""殉情谷"四个主题区域，开发了《丽江千古情》《丽江恋歌》《大地震》三台内容、表演风格各有特色的演艺节目。① 开园至今，宋城丽江千古情景区游客的数量和营业收入呈不断增长的态势，截至 2020 年底，累计游客接待量达到 3600 万人次，营业收入 17 亿元。继《丽水金沙》《印象·丽江》《丽江千古情》三大拳头产品之后，丽江演艺市场上还先后推出过《云南的响声》《丽江欢腾秀》《雪山神话》《花楼恋歌》《彩云飞歌》等节目，使丽江成为国内文化演艺项目规模较大、活跃度较高、取得成果较多的城市之一。丽江演艺产业在舞台演艺与实景演艺板块进行的突破创新对我国尤其是西部地区文化体制改革、文化产业发展起到了带动性、引领性的作用。丽江演艺产业无疑是全国文化产业发展初期、市场尚不成熟、体制刚开始适应改革时期的破冰行业。

经过近 20 年的培育和发展，演艺产业已经成为丽江文化旅游的重要组成部分，不仅丰富了旅游的意义和文化内涵，给丽江带来可观的经济效益，还成为丽江对外展示形象的窗口和重要载体。过去到丽

---

① 李四玉：《丽江文化品牌成长性研究》，《昆明冶金高等专科学校学报》2017 年第 4 期，第 96 ~ 101 页。

江主要看山看水，现在到丽江看文化特色鲜明、民族风情浓郁的演艺节目也成为游客文化消费的主要目的和内容之一。《印象·丽江》《丽江千古情》《丽水金沙》《花楼恋歌》《雪山神话》5 场节目在丽江常年驻演，2019 年，总观演座位数量超过 9100 个，总演出场次达到 4049 场，总观众人数达到 792 万人次，总营业收入累计达 6.13 亿元。① 丽江演艺产业的总体规模，在全国相类似的旅游景区景点和城市中，都具有领先地位。截至 2019 年 11 月，仅丽江古城区就有非公有制艺术表演团体 7 家，从业人员 161 人，资产总计 4955 万元，2019 年总营业收入 3834 万元；演出经纪机构 6 家，从业人员 25 人，资产总计 107 万元，2019 年营业收入 26 万元。②

除了公司化运作的几大拳头演艺产品外，丽江也充分利用当地丰富的民间文艺资源、充分发挥群众力量，把本民族歌舞乐转换为融入景区的演艺活动，使本地人和游客都能够看到、听到、体会到纯正的民族风情。黑龙潭一年一度的"三多节黑龙潭歌会"、每周在黑龙潭公园古戏台举办的《丽江洞经古乐》《纳西族白沙细乐》展演，以及大研古镇中天地院、接风楼等文化院落的分时段循环演出，还有四方街上原汁原味的纳西族打跳，都是丽江融"演"于景的实践。这样的做法既传承和传播了珍贵的非物质文化遗产、活跃了群众文化生活，也营造了主客共享、文旅有机融合发展的良好氛围。

二 丽江市演艺产业发展的主要特点

丽江市演艺产业经历了 20 年的发展，从起步，大胆改革，繁盛发展到转型升级，在资源挖掘利用方面坚持地方、民族文化特色，突

---

① 资料来源：数据由丽江市文化和旅游局提供。
② 资料来源：数据由丽江市文化和旅游局提供。

出资源禀赋优势，创作高质量的演艺产品；在市场拓展方面，紧跟消费需求的变化趋势，不断谋新求变，凸显拳头产品间的差异竞争力，促进业态创新；在体制机制的革新方面不断探索，实现文化和旅游的有机融合，产业的联动发展；在时间空间的布局上独显特色，构建了良好的演艺生态格局。

（一）以文化为灵魂，地方、民族文化资源得到充分挖掘和展示

丽江市所有的演艺产品，从创业初期的《纳西古乐》到繁盛时期的《丽江千古情》，几乎都聚焦本土的历史文化、民族特色，注重对传承千年的纳西东巴文化的发掘、保护和弘扬。《纳西古乐》由宣科等人在大研古乐会自娱自乐的基础上，借助早期赴省外演出的机会，迅速扩大了知名度。之后为适应丽江旅游业发展的需要，《纳西古乐》在大研古镇核心景区驻场商演成功，成为丽江乃至云南文化旅游的一张名片。[①] 由宋城演艺公司投资打造的《丽江千古情》以高科技手段为依托，将丽江的文化、历史、风情、传说巧妙地融合在一起，将纳西创世史诗、泸沽女儿国、古道马帮、木府历史、玉龙第三国等经典本土文化元素糅合成一部集剧情、歌舞、杂技、现代舞美技术于一体的大型舞台剧。地域历史民族文化的多元呈现和体验构成了丽江演艺产品的核心，有效充实和提升丽江旅游文化内涵。学界总结丽江演艺产业成功的原因，主要是"独特的民族文化：原汁原味的纳西族风情，较难复制"[②]。

---

① 杨小明、张洪波、邓明艳：《区域旅游演艺产品可持续发展研究——以云南丽江为例》，《云南社会科学》2016 年第 5 期，第 90～94 页。

② 黄筱焯：《旅游演艺项目开发模式研究——以"印象·丽江"和"宋城千古情"为例》，《湖南工程学院学报》（社会科学版）2013 年第 4 期，第 22～26 页。

（二）以市场需求为导向，特色有效凸显、业态实现创新

丽江演艺产品一直通过创新保持着与市场需求相适应的步伐。《丽水金沙》坚持改编、丰富内容，培养表演技艺精湛的演员，通过内容创新适应市场；《印象·丽江》依托雪山实景和将当地村民培养成演员的演出，因名人效应和规模效应，起步就创造了辉煌，同时《印象·丽江》也在不断地进行演出内容的创新和改编，适应市场的变化需求；《丽江千古情》将现代舞美技术、地方民族历史文化、杂技等糅合在一台节目中，内容丰富、形式多样，适应了游客多样化的消费需求。灵活多样、覆盖面广的宣传营销手段是丽江演艺产业成功的关键因素之一。《丽水金沙》《丽江千古情》等几大演艺品牌的广告牌几乎遍布丽江的大街小巷。同时丽江十分注重网络宣传，借助建设数字经济、推进"一部手机游云南"工程的东风，人们可以在网络和手机上轻易地找到官方网站、微博和微信，详细了解相关演艺、演出的讯息，十分方便地通过去哪儿网、携程网等网络渠道订购到演出票。多样且全方位的宣传帮助丽江的几台大型演出赢得了更多观众的关注，人气日渐上涨，几乎场场爆满。此外，相关演艺公司充分利用丽江当地的旅游资源，与旅行社密切合作，通过旅行社每天接待大量的观众[1]。精准的市场运作，大导演、大制作、大手笔，商业化捆绑销售，保证了演艺项目盈利的稳步增长。[2]。

丽江拳头演艺产品的公司、团队和演艺相关的协会都能抓住演艺本身的特点，为产品准确设计不同的内容，多台节目在丽江同时商演，但是各有特色，互相之间可实现"差异化"竞争。《丽水金沙》

---

[1] 宋姣：《走向世界的丽江——关于丽江演艺文化产业的几点思考》，《音乐时空》2015 年第 17 期，第 16 页。

[2] 黄筱焊：《旅游演艺项目开发模式研究——以"印象·丽江"和"宋城千古情"为例》，《湖南工程学院学报》（社会科学版）2013 年第 4 期，第 22~26 页。

注重提升专业团队表演技能，节目精致；《印象·丽江》利用自然实景作为舞台，通过名人团队打造执导，在当地居民中招募培养演员，主打天人合一的宏大气魄；《丽江千古情》主打科技加持的舞台艺术，辅以青年爱情、地震等当下热点题材，加上园区综合性休闲娱乐方式，吸引了一大波年轻游客观演；《彩云飞歌》是目前中国唯一真正在全木质古建筑内表演的音乐、歌舞节目，其演出场所以现在云南省最大、最先进的 LED 显示屏为舞台背景，通过炫目的舞台灯光、震撼的高保真音响效果形成视觉冲击，民族音乐原创团队，专业演员的表演，让游客对云南少数民族文化产生新的体验和了解①；而《纳西古乐》、古城文化院落中的传统民族歌舞演出则是坚持传统、原汁原味，主打生活气息；东巴谷中的小型场景式演出，结合景点的特点，碎片化插入小型演艺，充实景区的文化内容、增强文化体验。在丽江的旅游演艺产品中，大胆的艺术创新，艺术家的灵感在与自然和人群的实际接触中得到了充分体现。

（三）以机制创新为动力，文化和旅游融合联动发展

2003 年，丽江被正式列为全国文化体制改革试点城市，成为全国尤其是西部地区最早推进文化体制改革的地区。此时，以《纳西古乐》为代表的民营文化项目按照市场模式运作并取得了较好的效益。在此基础上，丽江市决定将丽江市民族歌舞团作为试点，把具有经营属性的文化事业单位推向市场，用改革的办法解决发展中遇到的问题，拉开了文化产业市场化改革的序幕，为建立有助于演艺产业发展的新机制做出探索。丽江市民族歌舞团与深圳能量公司合作共同组建了"丽水金沙演艺有限责任公司"，倾心打造的大型民族风情舞蹈

---

① 杜莉莉：《丽江大型旅游文化演艺项目研究》，《开封教育学院学报》2014 年第
7 期，第 295~296 页。

《丽水金沙》走进公众视野，并一炮走红。随后，吸引了当地民营企业和宋城集团、知名导演、专业文化经纪公司和投资商纷纷前来丽江投资文化演艺产业，几年时间，先后推出了《印象·丽江》《丽江千古情》《花楼恋歌》等一系列大型商业文旅演艺产品，助力丽江文化演艺市场空前繁荣，大大加快了丽江文化建设步伐，厚植了文旅融合的根基。

（四）以时空布局为突破，高能演艺生态环境得到构建

从时间和空间布局来看，丽江的演艺产业别有特色。边地古镇、近地雪山、高原湖泊、古老民族，丽江独有的系列地域人文元素无疑构成了演艺产业生成发展的基础，同时也规范着演艺产业的空间布局及演艺生产生态环境的系统构建。《纳西古乐》常驻大研古镇，演出时间为晚上七八点，演出场所位于既是景区也是生活区的古城核心地带，室内小园子形态的演出场所，浓郁的纳西族历史文化氛围，构成了丽江古城文化生活的有机部分，是了解纳西文化、体验历史文化和地方文化的窗口。《纳西古乐》直接融于古城日常生活圈子中，即便在不演出的白天，其演出场所也是古城旅游的一个打卡点。《纳西古乐》和古城的历史相互嵌入，是本地文化最原汁原味的演艺产品。

《丽水金沙》在非疫情期间几乎每天晚上有演出，在周末或者节假日期间有下午场和晚场，每场演出时间为1.5小时左右。位于丽江新城商业、文化中心的核心区域——红太阳广场对面的《丽水金沙》剧场是丽江重要的旅游集散区域，也是丽江新城、大研古镇、黑龙潭公园的交通衔接点。其演出的时间、时长和地点，能够最便捷地充实丽江的演艺消费市场，无论是在新城还是古城居住的游客都能十几分钟内到达演出场所。《印象·丽江》剧场位于海拔3100米的玉龙雪山甘海子风景名胜区，利用景区的自然环境，将演出场所与震撼人心的雪山实景融为一体，让天然外景围绕节目创意服务演出，渲染现场

气氛，激荡观众情绪。该演艺位于丽江城区北郊，但距离核心城区的车行时间也不到一小时，从核心城区到雪山景区，交通线路上还可串联束河古镇、白沙古镇等。《印象·丽江》的演出时间主要是白天，根据天气状况一天演出一到两场，主要的受众群体也是到雪山景区旅游的游客。由此，游客在雪山景区观赏了实景演出之后，晚上回到城区再观赏一个小时左右的专业演员表演的《丽水金沙》或者纳西老人们表演的《纳西古乐》，都不会产生时间和空间上的冲突，在内容上也是各具风格。《丽江千古情》剧场位于丽江主城区南部城郊玉龙县城文笔山下、文笔海畔，该区域近丽江高铁站，可第一时间承接乘坐高铁出入的游客。该区域属于丽江城市建设发展的新区域，交通、服务设施、生态环境良好，距离主城中心区也只有不到半小时的车程。《丽江千古情》以演艺主题公园的形式出现，演出时间主要是白天，2～3场不同风格与内容的演艺在一个演艺主题公园中排档上演，不仅满足游客的文化消费需求，也成为本地居民节假日一日休闲娱乐的重要区域。

从几大演艺产品的演艺时间、空间布局来看，北有《印象·丽江》和东巴谷、玉水寨等景区里面的零星演艺，中心区域有古城的《纳西古乐》、新城的《丽水金沙》，南有《丽江千古情》，演艺时间上覆盖了白天和晚上的不同时间段，内容上可以满足各类型、各层次的消费需求。丽江演艺产业实现了大型演艺产品品牌在内容、时间和空间布局上的互补共赢，一系列音乐节、艺术节节目和酒吧演出等泛演艺形态相得益彰，共同构成良好的演艺生态环境，成为丽江演艺产业繁荣兴盛和持续发展的长效有力保障。

三 丽江市演艺产业发展面临的趋势

2020年新冠肺炎疫情的全球蔓延，对各国经济社会文化的布局、发展都造成了极大干扰，疫情逐渐得到控制之后，全球文化消费趋向发生巨大的变化，国家文化和旅游发展战略将随之发生调整，区域发展思路也必然随之改进。丽江演艺产业经过20多年的发展，走出了具有自己特色的路子，同时也面临着区域、国家、全球经济文化发展变局带来的机遇与挑战。

（一）演艺产品分众化需求日益强化

总体上看，目前丽江演艺产业基本处于稳步发展时期，前景广阔。但受旅游发展转型以及市场需求的影响，丽江演艺产业存在一定程度的盲目扩张、产品同质化明显的问题。如《云南的响声》公演五年后转战大理，《永远的马帮》公演不到半年就解散了演艺队伍，《雪山神话》公演至今上座率一直不高。但在大众旅游时代，旅游消费具有消费内容的个性化、消费形式的多样化、消费需求的情感化、消费结构的多层次性等特点①。在未来，随着观众的审美和消费需求的多元化、个性化转变，丽江的文化演艺也将朝着分众化、差异化的方向发展。在演艺项目的供给上，形成多层次、多元化的供给体系；在演艺产品的开发上，精准定位分众市场、融合新兴技术，针对不同旅游资源的情况，因地制宜，定制有针对性、独特性的演出内容和衍生产品来避免文化演艺的同质化也将是大势所趋。

（二）新传媒形式为旅游演艺带来机遇和挑战

伴随着互联网的发展，微博、微信、抖音、快手以及其他公众平台等便捷且独具特色的自媒体传播形式脱颖而出，成为大众了解演艺行业信息的最快通道。以往想要观看一场演出，票价、场次、交通与

---

① 廖珍杰、张丽娟：《后大众旅游时代旅游消费特点及应对策略》，《宁波职业技术学院学报》2010年第6期，第87~90页。

时间成本、演出场所的容纳量等都是观众需要考虑的问题，这些因素也是线下实体剧院难以突破的限制，最终导致一部分潜在观众无法走进剧院欣赏演出。新兴自媒体出现后，情况有了改观，剧院、表演团队可以利用自媒体平台宣传演艺节目，还可以线上直播，与观众"零距离、无时差"地互动交流。同时，线下剧院用不同区域的座位区分票价，会给观众带来"等级化"的观赏体验，但线上演出则可以完美规避这一点，每个观众都"坐在第一排"，可以以最好的视角观看表演，这是线上演出的又一大优势①。疫情还未发生前，就常常有旅客通过抖音、快手等平台来发布与《印象·丽江》《丽江千古情》等演出有关的短视频，为丽江的旅游及文化演艺增加了不少的热度。而在疫情期间，以自媒体等新媒介作为传播平台的线上"云"演出形式更是成为演艺产业适应新形势、持续发展的重要推手。因此，除了作品内容本身的推陈出新外，积极探索旅游演艺产品在新兴媒介下传播和增值的新模式也是演艺产业发展的一个重要趋势。

当然，新媒体在给丽江演艺产业创造更广阔的传播平台的同时，也必然给其发展带来挑战。比如演艺作品在线上传播的版权问题，还有演出直播中拍摄团队、技术人员、技术手段、直播质量等问题，都是今后演艺产业发展要面临的挑战。

（三）演艺场所更加多样化，沉浸式、融合性更强的演艺体验需求更加强烈

文旅部在《关于促进旅游演艺发展的指导意见》中指出：支持各类经营主体利用室外广场、商业综合体、老厂房、产业园区等拓展

---

① 《线上演出成为常态，艺术院团该何去何从？》，澎湃号，https：//www. thepaper. cn/newsDetail_ forward_ 9828579，最后检索时间：2021 年 3 月 29 日。

中小型旅游演艺空间。[①] 未来演艺场所将会更加多样化，这也为国家鼓励发展中小型、主题性、特色类、定制类旅游演艺项目提供了保障和支撑。

除多样化的演艺场所外，沉浸式演出的快速普及也将是旅游演艺未来的一个发展趋势。从实景演出诞生以来，中国的旅游消费就在一定程度上改变了过去"走马观花式"的旅游模式，游客对文化的体验和互动的需求大幅度增加，这些趋势都促使旅游演艺不能再像过去那样只是停留在舞台上，而应该走下舞台，去到观众中间。从国外传入的沉浸式演出模式和我国的演艺相结合，诞生了全新的沉浸式演艺。国内一些城市的旅游项目已经开始将当前的 AR/VR 技术与沉浸式演出相融合，做到了在景区内进行沉浸式旅游，把景区演艺化，反过来推动演艺景区化，景区内设备的利用率也大大提高。而且沉浸式演出的特点之一就是它带给观众的体验是独一无二的，不同观众的不同互动会产生不同的结果，造就千万个不同的内容，能够极大地满足消费者对文化的体验和互动这两大需求，同时也能够满足游客对个性化和定制化的演艺产品的期待。这正好与演艺产品分众化需求日益强化的趋势相契合。沉浸式演出的另一特点就是更加适合中小型旅游演艺产品。中小型的演艺产品在开发成本和技术成本上相比于大型演艺项目较低，而且在互动性上要强于大型旅游演艺产品。因此沉浸式旅游演艺产品在未来会走向中小型化，而这恰好能与未来演艺场所的多样化趋势相配合，开发出更多更好的演艺产品。

---

① 《文化和旅游部关于促进旅游演艺发展的指导意见》，中华人民共和国中央人民政府网，http://www.gov.cn/xinwen/2019 - 04/01/content_ 5378669. htm，最后检索时间：2021 年 3 月 29 日。

四　丽江市演艺产业发展建议

演艺产业在文旅产业高质量可持续发展中起着核心支撑作用。不论是社会效益还是经济效益的创造，演艺产业都占据着较高位置，发挥着不可替代的重要作用。演艺产业是一个切合新发展理念，具有广泛社会性、能源消耗少、可持续性强的绿色业态。迈进新时代，启航新征程，丽江演艺产业发展应"放长眼、抓机遇、补短板、强弱项"，进一步夯实演艺产业在丽江文旅融合发展中的根基，助力丽江高质量发展迈上新台阶。

（一）促进特色文化资源的创造性转化，激活地方文化所具有的内生创意力和吸引力

丽江市有着丰富的民族文化资源，浓郁独特的地方文化是丽江演艺产业发展的基础和灵魂。一些外来演艺企业在对丽江的民族文化资源进行开发的时候，由于本身是外来者，可能会存在对丽江本土民族文化认识不深刻、不到位的问题，或者由于市场经济本身的弱点，以至于某些文化资源的开发是浅层次的。对丽江本土传统文化内涵进行深度挖掘，不仅是对丽江本土民族文化的尊重，也是对优秀文化的有效传承。剧团和演艺公司应当以深入挖掘纳西族文化为主、兼顾其他民族特色文化资源，重点加强对纳西族东巴文化、永胜他留文化、边屯文化、彝族毕摩文化、傈僳文化、摩梭文化、普米韩规文化等文化形态的研究、利用和展示，不断丰富丽江民族文化演艺产品。在现有基础上，进一步加强《印象·丽江》《丽江千古情》《花楼恋歌》《丽水金沙》《纳西古乐》等民族演艺品牌的建设，创新演艺产品盈利模式，强化演艺产品的生命力，不断丰富和完善产品的形式与内容，打造演艺精品。

（二）充分利用丽江本身的品牌价值和文化氛围，有计划地引入现代演艺产品

立足于得天独厚的自然与人文资源优势，丽江在文化体制改革、文化旅游融合中抓好对文化旅游精品的培育和建设，注重把文化与旅游资源优势转化为市场优势，挖掘新的增长点，通过政策引导、政府扶持、项目带动、创新发展等途径，已经开发、引进了"印象系列""千古情系列"等大型旅游演艺品牌，为丽江带来了知名度。此外在文化底蕴的支撑下，丽江演艺产业浸润在浓厚的民族文化氛围中，让游客切身体会到了西南民族地区区别于中原地区的少数民族风情文化。在今后的发展中，丽江演艺产业应当不断提升和充实当前拥有的演艺品牌的质量和内容，保持浓厚的民族文化氛围，逐步引入更多运用现代新兴技术打造的现代性演艺产品，打造"民族＋科技＋现代"的演艺项目。另外，可以恢复"雪山国际音乐节""东巴文化艺术节"等曾经具有较大影响力的节庆文化产业品牌，或是争取成为国内知名品牌音乐节、音乐会的举办场地，用现代节庆品牌带动演艺多项度发展，请流量名人明星作为嘉宾，增加丽江旅游演艺在90后、95后、00后的年轻文化旅游消费群体中的热度。

（三）着重扶持一批文化院落，利用古城、景区景点的有效空间，增加小剧场、小园子演艺形式，提升演艺产业的灵活适应能力

在现有已经保护开发的24个文化院落的基础上，古城管理局可以继续盘活名下公房，在明确文化体验空间用途的前提下对外招商合作，在文化院落内进行民族时装展演、民族歌舞表演秀等，兼顾文化效益与营利性。建设、改造更多精品文化场馆、文化院落，增加文化展示、文化表演、文化活动的空间，供游客参观体验，促进旅游消费逐步偏向品质感与体验性。同时在现有景区规划框架内，开发以民俗文化体验和地方文化展示为主的小型化、特色化的景点演艺项目，增加小剧场、小园子式的演艺形式，形成以古城、玉龙雪山、泸沽湖、老君山为核心，覆盖整个丽江市主要旅游景点的小型特色演出，丰富和提升文化旅游的内容。

有计划地扶持民间团体。丽江不乏一些优秀的民间艺术团体，比如蓝月亮交响乐团、驼峰音乐俱乐部、民间艺人协会等。这些民间艺术团体中集聚了众多热爱文化、热爱艺术，更重要的是热爱家乡的成员。由于缺乏相应的政策和资金上的扶持，以及民间艺人的边缘化、难以"市场化"，一些民间艺术团体难以为继，然而民间艺术团体在旅游演艺的发展中有其独特的"功能"。由于成员大多是本地人，比起外来剧团和演艺企业，对当地的文化更为了解和更加热爱，也更加希望通过演艺作品来传播丽江当地的民族民间文化。丽江市民间艺人协会每月 16 日都会在大研古镇举办歌舞乐的展演；蓝月亮交响乐团编配排练了众多国内外的优秀曲目，也多次受邀到全市各级部门、军队、学校等地组织文艺活动，受到群众广泛的赞誉。加大对民间团体的扶持，不仅可以给游客带来更加本土的观演体验，也能丰富丽江当地居民的文化生活，更能助推民族文化的保护和传承。

（四）充分运用新媒介，创新传播营销方式

国家目前正处于文化和旅游产业、互联网产业大发展的时代，丽江演艺产业的发展应当充分把握时代潮流和行业趋势，加强对互联网的运用以拓宽客源市场。首先，可以充分运用各类大数据平台、软件等分析和掌握目前游客对于旅游演艺产品多层次、个性化、灵活性的消费需求，以此为基础开发、创新和引进新的演艺项目，引导和拉动新消费。其次，丽江在加强与广播、电视、报纸等主流媒体深度合作的同时，要充分运用新媒介，创新营销方式，利用好微博、微信等自媒体平台和抖音、快手等短视频平台，加大事件营销、跨界营销、口

碑营销、网红营销等营销力度，通过大 V、网红等增加对丽江旅游、旅游演艺产品等的宣传包装。建立全媒体信息传播机制，扩大宣传力度。最后，加快构建跨平台、跨区域、跨文化、跨网络、跨终端的旅游项目网络宣传营销体系。推进各演艺项目的线上、线下宣传，在提升知名度的同时积极创造经济效益。①

（五）注重培养和激活本地、周边地区的演艺消费，形成口碑传播

通过构建丽江特色旅游演艺产业群，与省文旅厅在藏羌彝文化产业走廊"形成昆明—楚雄、丽江—大理—迪庆和玉溪—红河—普洱三大特色旅游演艺产业群"的总体规划接轨，以此来带动周边地区的演艺消费。出台鼓励本地和周边地区居民文化演艺消费的政策，比如持规定地区内身份证的居民可以享受演出票购买的优惠等，激活本地和周边居民对旅游演艺的消费欲望，也能在一定程度上满足群众的精神文明需求，营造演艺消费氛围。通过当地居民和周边群众的实际观演体验，形成口碑传播，扩大丽江演艺产品的知名度。

（六）强化演艺产业和旅游、休闲、特色农业、工艺美术、创意设计、数字文化等多业态融合互动发展

适应现代旅游分众化、个性化发展趋势，康养度假、休闲娱乐、研学户外、观光农业等旅游形式越来越多样化。丽江演艺产业的发展也将随着旅游业层次的立体化进一步嵌入不同的业态中，创造出新的产品。丽江在"十四五"期间，拟规划发展文旅融合项目总计 235 个，其中打造传统文化教育工程、文化旅游产业园区、文创商品开

---

① 戴曦霞：《大众旅游时代丽江旅游演艺产业的 SWOT 分析》，《丽江师范高等专科学校报》2018 年第 1 期，第 108~117 页。

发、红色旅游等文旅融合重点项目 28 个；文化艺术繁荣项目类 4 个，推动歌舞剧项目进行商演 5 项；推动文化旅游节事活动 16 个①。演艺业从节目品牌打造、内容形式创新、场所空间布局等各个层面均应强化与度假旅游、休闲娱乐、特色农业、工艺美术业、文化创意业、数字文化产业等新业态融合的互动与呼应。

（七）延长演艺产业链，开发衍生文创产品，塑造演艺 IP

演艺产业是创意、艺术、旅游、文化、营销等多领域联动发展的业态，从丽江演艺产业的发展实践来看，《丽水金沙》《印象·丽江》《丽江千古情》等代表性的演艺产品，与其他剧院、剧团、艺术院校等之间合作、资源共享的广度和深度还不够，存在有机联系不够、缺乏整体合力等问题，阻碍了产业之间的进一步融合。目前丽江旅游演艺的收入来源主要依靠售卖门票，相关衍生品的开发还比较缺乏，上下游产业链融合缺失。这样的演艺产业发展还处于较为单一的阶段，有待进一步延伸产业链②。

衍生品开发是演艺系列产品的组成部分。好的演艺节目往往能给予观众触动心灵的冲击和体验，观众愿意为演出内容中的人物、故事剧情支付感动消费。因此，剧团、演艺公司除了考虑主体的演艺节目的开发之外，还可以针对演艺节目中的人物故事等开发一系列具有特殊意义的衍生产品，比如：演出节目的完整版音像制品、人物公仔、相关角色的盲盒玩偶、主人公的同款衣服和饰品，甚至是与演出故事背景等相关的文化书籍等，都是延展演艺产业链的有效路径。各地的城市文创纪念品也可考虑与演艺形象相结合。

---

① 资料来源：数据由丽江市文化和旅游局提供。

② 李俊蓉、何漫妃：《丽江旅游演艺产品市场研究——以〈丽江千古情〉为例》，《明日风尚》2020 年第 16 期，第 186～188 页。

（八）进一步理顺体制机制，健全完善规划

丽江文旅产业《"十四五"产业发展规划编制专题调研报告》表明，目前的管理体制机制与高速发展的丽江文旅产业不适应。主要表现在面对新情况、新问题、新业态，管理者的思想解放、观念转变力度不够，统筹协调产业发展的体制机制尚未建立健全，主管部门"小马拉大车"的艰难爬坡状态尚未得到完全改善。此外，文化与旅游的融合过程中，体制机制还没有理顺，文旅融合还需要进一步深入。作为文化体制改革的先行者，演艺产业的先发者，丽江具有丰厚的实践经验和基础，这为进一步深化文化体制改革、理顺管理体制机制、紧扣整个文旅产业"十四五"规划、制订统揽演艺产业整体发展规划提供了有利条件。丽江演艺产业发展规划应涉及发展的总体目标、支撑政策、行业监管、服务保障等方面，明确丽江演艺产业的发展定位、资源整合内容、产业链延伸、重点支持的企业项目以及监管服务导向要求等，以"规"求"圆"，循规而行，以推进丽江演艺产业的可持续发展。

B.4
丽江市工艺美术产业发展报告

艾佳　唐九龄　王婧琦*

摘　要： 丽江古城申遗成功，驱动着丽江文化旅游提速发展，让
丽江迅速成为影响力广及国内外的旅游目的地。东巴
画、羊毛披肩、皮革、银饰、东巴纸等类型多样的传统
工艺产品在丽江旅游市场上丰富起来，并延展出设计、
生产、批零销售、服务等工艺美术业态。依托传统工艺
资源的积累与不断审时度势的策略调整，丽江工艺美
术产业快速发展。为丽江文化消费市场展现了坚实的
生产能力的同时，也与演艺、休闲、娱乐等共同构建了
丽江文化旅游的特色名片，并在云南旅游产业发展中
起到了关键性的助力作用。

关键词： 工艺美术　旅游产业　消费　丽江市

丽江市地处藏羌彝走廊的重要节点，也是茶马古道和南方丝绸之
路的沿线重镇。汉族、纳西族、彝族等12个世居民族同胞聚居于此，
共同创造了历史悠久、种类繁多的传统工艺美术文化。这些技艺以家

---

* 艾佳，云南艺术学院艺术管理学院讲师，主要研究方向为民族民间艺术，非物质
文化遗产保护；唐九龄，云南大学民族学与社会学学院在读硕士研究生，主要研
究方向为文化管理和文化产业；王婧琦，云南大学民族学与社会学学院在读硕士
研究生，主要研究方向为民族文化产业。

族、师徒的形式传承，是人们制作生产工具、生活用品、日常服饰的必备技能。过去的工艺生产，主要目的是满足人们日常生产生活的需要，除了在丽江本地销售外，也销往大理、香格里拉等周边区域。

三大世界遗产申报成功后，东巴象形文字、民族服饰、民居建筑等已经成为丽江最显著的文化符号，伴随着文化旅游市场日臻成熟，工艺美术产业快速响应消费需求，通过创新包装设计等方式，将文化符号有机融入产品生产中，一部分传统工艺品直接成为旅游纪念品，突破了以滇西地区民众为主要消费群的传统市场。以此为开端，小而散、自发式的工艺美术业一步步扩大规模，完善业态，向现代产业转型升级。

一　丽江市工艺美术产业发展的现状

云南文化产业的发展，以丰富多元的民族文化为核心资源。丽江的传统工艺美术以需求为引领，整合资源、几度破局，迎势而上，推动丽江发展成为中国西部地区最具规模的现代工艺美术集散地之一。

（一）地方特色鲜明、产业链条稳固、产品品类完整的业态体系

丽江少数民族支系众多，聚集并较为完好地传承了工艺技能。以丽江三大世界遗产陆续申报成功为转折点，与突飞猛进的丽江旅游业相配合，丽江工艺美术业由自给自足为主的小规模生产向着包含设计、生产、销售、服务等完整业态的现代化产业不断行进调整，这个过程经历了三个发展阶段。

1. 2000~2010年：旅游业兴起，本地标志性产品顺势破土

21世纪初，丽江旅游业兴起，急需能够代表丽江、纳西、东巴文化特色的工艺品迎合旅游消费市场的需求，本地传统的披肩、皮具

等应势成为首批填补旅游工艺品市场空白的产品。借助地理区位邻近的优势，大理银铜器制品、剑川木雕制品迅速向丽江市场汇入，国内较成熟的商品集散地如义乌等地，也经由发达便捷的交通网络向丽江输送了充足的旅游商品。这一时期，以游客市场为驱动，本地产品与外来产品，手工制品与机器制品，批量化生产的旅游纪念品与少数个性鲜明的木雕、造纸艺术家作品，形成了杂糅式、多元化的丽江工艺美术品格局，对丽江的经济发展起到基础性作用。

随着文化产业在全国范围内的不断发展与成熟，全民对传统工艺的保护意识迅速提升，特别是2004年中国加入联合国教科文组织《保护非物质文化遗产公约》缔约国之后，从国家层面到各省、市密集出台了相关政策与办法。丽江积极配合各级政府工作的推进，确立了国家、省、市、县四级非物质文化遗产保护体系，对全市传统工艺美术技艺类非遗产品、工艺产品生产和产业发展情况展开全面盘点，并对市场上的工艺美术消费品进行了筛选和扶持，引导一批地方特色鲜明的工艺产品升级。这一阶段，丽江依托工艺美术类非物质文化遗产资源储备，重点推出了一批既能够凸显丽江文化特色，又能够迎合国内外游客需求的工艺产品，包括披肩、皮革制品、银铜器、东巴纸、东巴画、珐琅银器等，形成了类型多样、层次丰富的工艺美术产品体系。

2. 2011~2016年：产业规模扩大，出现市场失序隐患

随着丽江知名度不断提升，旅游市场高速升温，工艺美术产业发展的失序隐患随之暴露出来。旅游商品的同质化现象日趋严重，手鼓、风铃，以及大量质量参差不齐的珠宝、蜜蜡、银器首饰等充斥市场，一些刚展现出创新潜力的工艺美术品类如木雕、造纸、刺绣、皮具等受到外来批量化小商品的冲击，地方特色文化浓度被整体稀释；商家、导购等急于促成交易，导致了购物诚信体系的脆弱化，尚处初期阶段的丽江工艺美术创意产业遭遇了不小冲击，市场整顿迫在眉睫。

3. 2017年至今：借助旅游革命，降速回归良性轨道

历经了十余年的市场磨砺，也遭遇了市场规范不足带来的痛点，伴随《云南省旅游市场秩序整治工作措施》（2017年）的出台，"十三五"期间，丽江对市场管理机制，包括市场标准、诚信体系、服务规范等进行了大刀阔斧地改革与整顿。在旅游市场调整中，丽江鼓励优质、具有鲜明特色、能够弘扬本土优秀文化的工艺美术品扩大生产规模，对同质化严重的旅游商品予以限制甚至引导其逐渐退出市场；通过"一部手机游云南"等平台的运用，建立便捷、高效、以消费者为中心的购物诚信体系；对标国际工艺水平，对工艺美术品的行业门槛与生产结构提出了更高要求。这些举措在丽江工艺美术产业发展遭遇痛点的时期，暂时降缓了产业扩充速度，破解了发展障碍，有效提振了产业发展的信心。

经过整顿、调整后的丽江工艺美术产业逐渐回归良性、健康的行进轨道，主要表现在几个方面。

一是品牌建设方面：由老字号、老艺人、非遗传承人、工艺美术大师、龙头企业等作为引领者，重点充实和提升了一批全国知名的工艺美术品牌，例如"百岁坊"银器、"红谷"皮具、"手道丽江"纳西皮具、"谭记"珐琅银器、东巴纸坊、东巴木雕、彭萍刺绣等。丽江在工艺美术品牌的建设中，强化对老艺人、工艺美术大师、非遗传承人的鼓励扶持，确立了他们在各自工艺品类创作、制作和生产发展中担任的领跑角色，引导了一批工艺人积极地担负起传统工艺美术保护与传承的责任，为培养后继的文化传习者奠定了坚实的基础。

二是企业支持方面：顺应市场化、产业化的需求，丽江着重培育了一批示范企业，例如丽江他留文化发展有限责任公司、丽江永胜瓷业有限责任公司、丽江玉泉文化产业发展有限责任公司、丽江滇绣唐卡文化艺术有限公司、云南百年谭氏珐琅银器文化传播有限公司、丽江百岁坊银器饰品有限公司、丽江宏举非遗文化传承有限公司等。各

企业发挥示范带头作用，助力丽江传统工艺美术由自发性强、小而散的市场格局稳中有进地向高质量、高标准的现代管理方式转型。

三是社会参与方面：截至 2021 年 4 月，丽江市内与工艺美术业相关的社会团体共 32 个，民办非企业单位共 16 家。[①] 行业协会主动承担起行业管理与规范的职责，发挥了行业自身的调节作用，如丽江市工艺美术协会、丽江市雕刻艺术协会、丽江市纳西东巴文化传承协会、古城区文化产业协会等。丽江各工艺行业协会充分发挥社会影响力，组织行业交流，促进企业、个体间的沟通、协作与对话，巩固完善市场监管流程与体系，有效提高了丽江工艺美术行业监管透明度与治理水平。

（二）以古城为中心、乡村旅游线路和文化街区为延展的市场格局

作为国内最早以古镇旅游、民族文化旅游带动社会经济的城市之一，多年来经历了数度工艺美术品市场的动荡与变化，从初步发展到转型升级，再到日渐成熟，丽江目前形成了较为稳定的市场格局。

第一，以古城区为中心，有序推出全域景区，工艺美术品作为旅游产品的补充也顺而外延。古城区是丽江文化旅游产业起步的核心区域之一，但 2010 年之后，随着更多景区的建设，更多精品线路逐渐推出，工艺美术品以古城区为中心的初期市场定位也发生了改变。2005 ~ 2007 年，古城区接待游客总人数为 1124.26 万人次，占丽江市同期接待游客总人数的 80% 左右。[②] 随着丽江市文化旅游产业稳步推进，全市范围内民族、旅游、文化资源被持续挖掘，各地基础设施

---

① 中国社会组织政务服务平台，https：//www.chinanpo.gov.cn/，最后检索时间：2021 年 4 月 15 日。

② 《丽江市古城区国民经济和社会发展统计公报》，中国统计信息网，http：//www.tjcn.org/，最后检索时间：2021 年 4 月 15 日。

快速建成，丽江的精品旅游线路也逐渐从以古城区为中心向各地延伸展开。2010 年，古城区全年接待旅游数量为 582.42 万人次，占丽江市接待游客总人数比例较之前有所下降，约为 64%①。2011～2019 年，古城区接待游客数占全市游客总数比例与 2010 年相比基本保持稳定，没有大的变化，说明丽江旅游市场已经从古城区中心逐渐向其他景区景点延展，古城区已经不是唯一的旅游线路。承担着旅游商品功能的传统工艺美术品，也从集中于古城区的格局，逐渐向全市范围内各个文化旅游市场延伸。

第二，以传统游客市场为基础，特色小镇与新街区被开发，工艺美术品市场形成"多点"分布态势。"十三五"期间，全国文化产业发展水平大幅提升，从政策导向到财政支持，都为工艺美术业提供了更大的发展机遇，同时也对各地的生产能力、消费水平及市场的差异性、特质性提出了更高要求。面对这一时代的机遇与挑战，丽江在原有市场的基础上，结合文化产业、文化消费、传统村落保护、特色小镇建设等方面的远景规划，依托购物商场、专业市场和古城商业街的新建与改造，进一步设计了新商圈、新线路与新地标，将资源优势向全域范围拓展。在 2018 年云南省 105 个特色小镇建设名单中，丽江古城、泸沽湖摩梭小镇、锦绣丽江、永胜清水古镇等 6 个小镇入选。截至 2019 年，全市共有 54 个村落分 5 个批次被列入中国传统村落名录（其中古城区 17 个、玉龙县 24 个、永胜县 9 个、宁蒗县 4 个）。2020 年，结合《云南省人民政府办公厅关于促进夜间经济发展的指导意见》，丽江市人民政府发布实施办法，指出将以丽江祥和商业广场为重点，推动步行街改造提升，打造高品质夜市街区作为本市的夜间经济地标。随着一批文化特色鲜明的旅游休闲村落和街区的成熟，

---

① 《丽江市古城区 2010 年国民经济和社会发展统计公报》，中国统计信息网，http：//www.tjcn.org/，最后检索时间：2021 年 4 月 15 日。

文化产品供给需求自然提升，丽江工艺美术业将与休闲民俗艺术体验、特色农产品零售、精品住宿、非物质文化遗产市集等业态共同形成"多点"分布，推进良好消费商圈的形成，释放游客、市民的消费潜力，提升城市文化形象。

第三，经过 20 年左右的发展，丽江工艺美术的各个品类已经形成较为稳定的市场。根据实地走访统计与估算，目前丽江约有木艺类作坊与门店 50 家；银铜器类作坊与门店 120 家；陶、瓷类工厂与门店 60 家；披肩、刺绣类专营店 60 家；皮具类作坊与门店 50 家；综合类工艺品门店约 60 家（见图 1）。

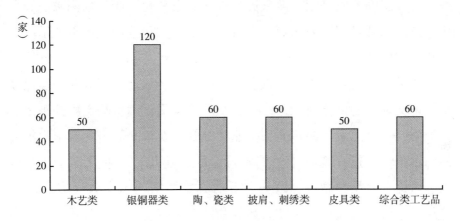

图 1　丽江工艺美术品生产与销售构成情况

资料来源：根据实地走访统计与估算获得。

（三）以示范性企业为引领，带动行业向高标准方向升级

"十三五"期间，以丽江古城为中心，丽江市委、市政府在全市范围内部署了一批与文创园区融合发展的重大项目，稳步拓宽市场边界，稳固产业链的韧性与强劲，进一步助力工艺美术产业向更高标准、更高质量、更高规模的现代工艺美术产业、文化创意产业升级。

第一，示范性企业和品牌在丽江成为全国文化消费试点城市的时机中，勇于担当，强力拉动工艺美术品生产与消费。丽江市委、市政府鼓励各个在前期市场拓展中积累了丰富经验的企业，以传统工艺美术技艺为根基，充分借鉴在旅游产品输出中的市场经验，引领行业与文化创意产品结合，找准与当下消费趋势相符合的生产策略，融入现代消费市场。据《丽江市古城区人民政府关于印发古城区引导城乡居民扩大文化消费试点工作实施方案的通知》（古政发〔2017〕3号），在丽江市古城区文化消费试点示范企业中，与工艺美术相关的共28家，包括丽江瀚墨民族文化产业有限公司、天雨集团、丽江涵蜜金民族服饰有限公司、丽朱民族首饰有限公司、丽江木刻都民族文化旅游产品开发有限公司等，占古城区全部文化消费试点重点示范企业和单位的25%，这些企业的产品涵盖了金、木、土、石、布等各种工艺类型。在文化消费试点工作的推进中，示范性企业有力地保障了工艺美术品的供给与服务，拉近了居民与文化消费品之间的距离。

第二，突出示范村、龙头企业在提升行业水平和市场竞争力等方面的示范性作用，围绕工艺美术行业的产业化、专业化需求，在做强、做优、做精、做特、做全上下功夫。根据《云南省民族民间工艺品示范村、龙头企业、知名品牌和销售示范街区推荐标准》《云南省民族民间工艺品示范村、龙头企业、知名品牌和销售示范街区推荐活动方案》等，由丽江市文产办推荐，云南省文产办审定，命名了一批示范村、龙头企业。例如丽江市玉龙县白沙镇白沙村被推选为民族民间工艺品示范村；丽江他留文化发展有限责任公司、丽江永胜瓷业有限责任公司、丽江玉泉文化产业发展有限责任公司被推选为云南省民族民间工艺品龙头企业；丽江滇绣唐卡文化艺术有限公司、云南百年谭氏珐琅银器文化传播有限公司被推选为云南省民族民间工艺品知名品牌企业。通过推选活动，鼓励其充分发挥创新、创意、生产、研发等方面的能力，不断探索工艺美术品与文旅业、演艺业、文博业等领域深度融合的可能性。

第三，由产业园区整合行业要素，文化、旅游、工艺美术呈"三位一体"格局。与自然、自发分布的生产企业、销售门店相比，产业园区更能发挥资源集聚与优化的效用。截至 2020 年底，金茂丽江创意文化产业园区、丽江益田文创园、束河古镇工匠一条街、丽江红谷坡地艺术区、永胜陶瓷文化产业园、哈里谷文化展示园区等产业园区已分批次推进建设。这类产业园区的规划，既从全市范围内对工艺美术产品的研发、生产、销售、服务等环节进行了更为合理的布局，又将休闲、娱乐、文化消费等业态嵌入其中，向游客提供参观游览服务，拓宽了丽江旅游目的地的范围。

其中，金茂丽江创意文化产业园总投资预计达到 20 亿元，是丽江市 2016 年的重点招商引资项目，也是 2017 年云南省重点文化产业项目。该园区位于丽江市古城区玉泉路西侧，占地面积 218 亩，主要包括"四馆一中心"（即：丽江市博物院新馆、丽江市文化馆、美术馆、非遗馆，丽江广播电视传媒中心）、文博中心、非遗一条街以及相关商业配套设施。园区内有艺术工坊共 72 套，签约金额为 1 亿元，预计 2021 年交付率可达 80%。

丽江束河古镇工匠街于 2018 年 9 月正式投入运营，总面积 4567.65 平方米，共 128 套经营空间。工匠街在开幕之初，便有近百名工匠、艺术家入驻，一些高校文创基地也设立在工匠街，经营项目包括丽江土陶技艺、纳西族传统服饰、刺绣、银器、茶艺等。工匠街开幕仪式上，向匠人、艺人发放了 1100 万元创业贷款，旨在吸引和扶持经营者们汇聚工匠街。项目的实施让创业与创意有效结合，在弘扬工匠精神、保护丽江优秀民族民间技艺的同时，形成了丽江文化旅游的新地标。

另外，永胜陶瓷文化产业园总投资达 2500 万元，整合了永胜窑遗址、永胜传统陶瓷博物馆等资源，规划设计了生产区、创作区、展示区、培训中心、大师区、展销区、观光区等多个功能区域。白沙镇手创文化产业基地总投资 5000 万元，以"金、木、土、石、布"五大产品类型为基础，吸引整合市内外非物质文化遗产传承人、工匠大师等具有行业影响力的人物，通过产品生产、技艺展示、活态传承、技艺交流等方式，集中体现工匠精神，展销本地文创产品，形成特色文创集市。益田文创园、丽江红谷坡地艺术区、哈里谷文化展示园区等也将吸收借鉴发达地区文创产品研发、生产、推广、销售先进经验，吸纳省内外优秀设计师入驻，提高产品开拓创新能力，生产与消费需求相匹配的工艺美术产品，形成规模集聚效益。

伴随着一批重大产业园区的建成，丽江工艺美术业充分汇集社会资本与资源，从以自觉性、自发性为主要特色的初级、中级市场，逐渐往复合性极强的产业生态圈方向发展，既能代表中国西部工艺美术集散地水准，又能将当地历史文化特色融入其中，激发工艺美术产业与文化产业、旅游产业之间的深度融合。

（四）人才内培外引、多方共融，参与工艺美术产业的保护与发展

围绕工艺美术业的发展，丽江市委市政府及相关部门从政策、资金、金融、税收等方面完善机制，制订人才队伍提升与建设方案，为工艺美术、艺术设计人才聚集丽江提供多方保障。

第一，非物质文化遗产传承人评定工作常态化。丽江市和各县（区）文化和旅游部门、非遗中心严格按照国家、云南省关于非物质文化遗产保护与传承的相关要求，建立了完善的四级名录保护体系，对濒临失传的优秀技艺给予高度重视，并积极申报与遴选各级非物质文化遗产传承人，争取资金支持，为非物质文化遗产传承人、工艺美术大师等优秀的文化传承者提供经济保障。丽江市文化和旅游局提供的资料中显示，截至 2019 年 12 月，丽江市与工艺美术相关的国家

级、省级、市级、县（区）级非物质文化遗产传承人共 201 名，占各级非物质文化遗产传承人总数的 27.6%。其中，与工艺美术相关的国家级非物质文化遗产传承人 3 名，占国家级非物质文化遗产人总数的 60%；与工艺美术相关的省级非物质文化遗产传承人 17名，占省级非物质文化遗产传承人总数的 40%；与工艺美术相关的市级非物质文化遗产传承人 43 名，占市级非物质文化遗产传承人总数的 30%；与工艺美术相关的县（区）级非物质文化遗产传承人138 名，占县（区）级非物质文化遗产传承人总数的 25%。丽江市政府从 2011 年开始为市级传承人安排每人每年 3000 元的活动经费，古城区、玉龙县分别对县（区）级传承人安排每人每年 1200 元的补助经费。①

第二，鼓励外来人才融入当地工艺美术创意创业队伍。作为国内首批以文化旅游产业为杠杆精准撬动当地经济发展的文化旅游消费型城市，丽江从 20 世纪 90 年代末起，持续吸引了大批国内外创意、设计、艺术等行业的从业人员到丽江经营业务或生活居住，这些群体也参与筑就了丽江别具一格的创意城市新场景。针对这一情况，丽江发布《丽江市荣誉市民评选办法》，表彰对丽江建设有突出贡献、融入丽江建设的公民，鼓励外来人才加盟丽江的建设和发展。丽江多个县（区）、社区正式将"新丽江人"纳入城市社区营造中，鼓励"新丽江人"自主经营的同时，参与社区事务管理，以此激发优秀人才的"丽江主人翁"意识，推动本地和外来创意阶层挖掘丽江传统、优秀文化，为传统工艺美术资源向现代创意产品转化打造持续稳定的创意人才队伍。

第三，支持本土手艺人回归古城，构建工艺美术传播新场景。丽江旅游产业发展初期，为满足规模化进入丽江游客的需求，各类酒吧、餐厅、客栈数量激增，一些本地居民与手工艺人因为在古城

---

① 资料来源：丽江市文化和旅游局。

的生活与居住空间受到挤压，逐渐选择向外移居。近年来，丽江愈加重视文化浓度与商业化程度之间的平衡，以多种方式鼓励本土居民与手工艺人、民间艺术家回归古城。《丽江古城公房管理办法》中明确规定："经营丽江民族文化特色产品及被授牌为保护门店的直管公房承租人租金可优惠30%。"根据该《办法》，2017年、2018年共计减免169.21万元租金。2019年，《丽江大研古城市场经营项目准入退出管理暂行办法》正式实施，截至2021年初，古城区内已逐步收回一批公房铺面的使用权和经营权，共支持公房铺面28间（24户），在房租减免等优惠条件下，支持知名人士、文化传承人、手工艺人等以此为空间，开馆授艺，弘扬、展示传统文化，经营类型包括造纸、木雕、陶瓷、皮革、服饰、绘画、铜器等。在此基础上，丽江首创"文化院落"形式，将传统文化展示馆嵌入古城旅游线路中。

截至2021年3月，在古城区内改建完成的24个文化院落中，手道丽江民间手工艺术馆、天地院、银文化院落、老木艺术空间、东巴青花瓷器馆等5个文化院落对工艺美术技艺进行展示和传习，占文化院落总数量的20.8%。其中，由工艺师木欣荣成立于1999年的木雕店"东巴作坊"，其木雕作品融合了本地传统木雕技艺与现当代艺术理念，多次作为丽江木雕艺术的代表参加国内外的艺术交流和展览；在东巴青花瓷器馆，东巴青花瓷器结合了东巴文化与瓷器文化，为东巴文化的传承提供了新的载体，生动再现了传统文化的新面目和新形态。东巴青花瓷器馆的建成，也契合了丽江古城保护传统与开拓创新并重的发展理念，为古城的文化保护与弘扬、文化创新发展起到积极的推动作用。

第四，坚持实用人才与理论人才并举的方针，建设产学研平台，构建功能层次清晰的校地共建模式。丽江工艺美术协会等行业协会以及各文化企业提供平台与机会，在省内为云南大学、云南民族大学、云南艺术学院、大理大学、丽江师范高等专科学校等，在省外为上海工艺美术职业学院、常州纺织服装职业技术学院等院校的在校学生提供实习实践岗位，或支持学生开展工艺美术调研及设计活动，加强青年人才传承传统工艺的积极性与责任感，为工艺美术业的发展提供强劲的后备人才。2018年，《云南省传统工艺振兴行动计划》出台，为丽江产学研平台的完善、校企共建等举措的落实提供了机制保障，工艺美术传承人群培训工作得到进一步加强。丽江市依托高校的教育资源，组织非物质文化遗产传承人、传统工艺持有者、从业者等参加培训，提升传承人等群体的技能水平与市场适应能力。

二 丽江市工艺美术产业发展的主要特点

富集的传统工艺美术资源承载和展现着丽江深厚的文化底蕴，也为现代工艺美术产品的转化提供了有力的支持。丽江工艺美术产业经过将近20年的发展，在资源整合利用、体制机制改革和市场拓展方面体现出高度创新性，为工艺美术产业的发展积累了经验、探索了路径。

（一）从传统工艺美术中汲取灵感，以创意为产品赋能

"十三五"期间，丽江市持续推进工艺保护与产品创新，以多元举措探索产业融合与升级，加大产品开发力度，构建多层次、有差异、显特色的产品体系。

非物质文化遗产名录的设立是对非物质文化遗产类型、数量、存在状况进行摸底与跟踪监管的基础，也是开展分级、分层、活态保护与传承的重要手段。丽江市文化与旅游局、非物质文化遗产保护中心等对丽江市非物质文化遗产进行了清晰盘点与分级登记，对其中珍贵的传统技艺进行保护的同时，也探索对其活化利用的方式。截至

2020 年 12 月，丽江市被列入国家级、省级、市级、县（区）级非物质文化遗产保护名录的工艺美术类项目共 129 项。其中，纳西族东巴画已被列入国家级非物质文化遗产保护名录，珐琅银器工艺正积极申报第五批国家级非物质文化遗产。被列入省级非物质文化遗产保护名录的工艺美术项目共 11 项（见表 1），占丽江全部被列入省级非物质文化遗产保护名录项目的 25.58%。① 被列入市级非物质文化遗产保护名录的工艺美术项目共 39 项，包括纳西族七星羊皮披肩制作技艺、永胜瓦猫制作技艺、纳西族东巴纸制作技艺、永胜传统银器制作技艺、摩梭人皮革制作技艺、摩梭人纺织技艺等，占丽江全部被列入市级非物质文化遗产保护名录项目的 33.33%。② 被列入区级非物质文化遗产保护名录的工艺美术项目共 78 项，包括纳西族剪纸、丽江木雕、纳西族壁画、纳西族东巴雕刻、纳西族东巴五福冠制作技艺、纳西族皮革鞣制技艺等，占丽江全部被列入市级非物质文化遗产保护名录项目的 15.11%。③ 非物质文化遗产名录的确立是保护工艺美术技艺的基础和关键。尤其在市级非物质文化遗产名录中，工艺美术技艺类占项目总数的 1/3 左右，可见丽江有待保护与转化的工艺美术技艺资源十分丰富，这为现代的工艺美术产业的发展也提供了参考方向。

表 1　被列入省级非物质文化遗产保护名录的工艺美术项目

序号	名称	种类	民族	申报地区	入选批次
1	彝族（他留人）火草纺织技艺	手工艺	纳西族	永胜县	2009 年
2	纳西族传统服饰	手工艺	纳西族	古城区	2009 年
3	永胜汉族珐琅彩银器工艺	手工艺	纳西族	永胜县	2009 年
4	纳西族民居营造技艺	传统技艺	纳西族	古城区	2013 年

---

① 资料来源：丽江市文化和旅游局。
② 资料来源：丽江市文化和旅游局。
③ 资料来源：丽江市文化和旅游局。

续表

序号	名称	种类	民族	申报地区	入选批次
5	纳西族传统手工造纸	传统技艺	纳西族	玉龙县	2013 年
6	纳西族铜器制作技艺	传统技艺	纳西族	玉龙县	2013 年
7	东巴面偶	传统美术	纳西族	丽江市	2016 年
8	纳西族东巴文书写艺术	传统美术	纳西族	丽江市	2016 年
9	纳西族建筑彩绘	传统美术	纳西族	古城区	2016 年
10	速古笃制作技艺	传统技艺	纳西族	古城区	2016 年
11	扩展项目:毛毡制作技艺	技艺	彝族	宁蒗县	2016 年

丽江市出台政策、营造氛围,引导企业和设计师立足本土优秀传统文化,深入挖掘传统工艺资源,以创意赋能传统工艺,设计研发新文创产品,探索丽江文创产业与工艺美术业融合发展的路径。近年来,丽江涌现了一批从传统中汲取灵感、以创新赋能产品的工艺品牌,如木渣艺术品修复店、六如书院、东巴纸坊、百岁坊等。百岁坊丽江六景套装银包瓷茶具、喜鹊青刺果油纳西土皂在"2018 中国特色旅游商品大赛"上获得铜奖,展现了丽江"守旧逐新"的资源创新能力。

丽江市积极组织工艺美术产业从业者参加文博会等国家级展会,鼓励从业者们与国内外相关行业、企业交流,吸纳各地区、行业发展的经验,了解和学习创新理念,搭建行业交流平台。同时,丽江市也积极通过本地创意赛事、市集、活动的举办,鼓励创意群体从丽江的历史文化、民族文化、民俗风情中汲取灵感,激发新创意。2016 年起,丽江常设"蓝月亮"文化艺术奖,评奖经费由财政给予保障,对非遗传承、优秀人才等给予高度肯定;"丽江古城杯"文创产品设计大赛等活动,对鼓励各个设计类企业关注本土工艺美术产业发展起到了良好作用;"丽江 K2 文创市集""创意云南 2019 文化产业博览会"丽江古城分会场活动等,都为深入挖掘丽江独特的文创产品提供了广阔的平台。

（二）鼓励、引导、退出、监管多管齐下，借旅游革命完善机制

拥有三个世界遗产的丽江市，先后制订了《云南省丽江古城保护条例》《世界文化遗产丽江古城传统商业文化保护管理专项规划》等保护办法，为科学管理丽江的文化遗产提供了依据与保障。面对不断扩大的文化市场与日益激烈的竞争环境，丽江市积极引导、鼓励工艺美术业扎根传统技艺的展示与传承，向文化市场中输送高质量、高标准、特色鲜明的工艺美术产品。随着丽江知名度不断提升，进入丽江市场的经营主体不断增加，市场运行时暴露了商品同质化、低质化、千店一面等问题。2017 年，云南省为治理旅游市场，正式出台《云南省旅游市场秩序整治工作措施》（以下简称《工作措施》），发起"旅游革命"。正处于行业瓶颈期，急需通过市场整治提升城市形象的丽江，为进一步健全旅游市场中的经营行为，积极响应了《工作措施》的管理规定，通过创新改革监管机制，完善工艺美术产业的质量保障和诚信体系，有力推动了工艺美术产业良性升级发展。

首先，规范涉旅行业行为，提升消费者满意度。丽江工艺美术市场发展中的负面评价主要体现在价格透明度低、退换货不畅、导游导购存在强买强卖行为等方面，尤其是珠宝玉石等价格较高的品类，游客易在冲动消费后产生退货诉求，继而引发交易纠纷。针对这些典型问题，丽江市在相关销售区域广泛开展"诚信经营 放心消费"承诺企业（店）和"消费维权服务站"建设，严格规范相关行业的标价制度，有效遏制了强制交易等不规范、不合理行为。2017 年 3 月，丽江市率先挂牌成立了旅游购物退货监理中心，并出台了《丽江市旅游购物退货监理中心退（换）货工作制度》，明确执行办法与流程。监理中心开设专用账户，市政府筹措专项资金 100 万元，用于先行垫付游客的购物退款。该制度的推行畅通了游客的退换货渠道，提

升了服务水平，切实发挥了维护游客合法权益的作用。统计显示，截至2020年9月18日，旅游购物退货监理中心共为游客办理退货2752起，涉及退货金额2336.92万元。其中线上退货1734起，涉及金额1287.09万元；线下退货1018起，涉及金额1049.84万元。这一"刮骨疗伤"的措施在短期内令工艺美术品的销售额有所下降，但从政府部门、旅游服务行业，再到个体经营者，都对此举措的可行性持高度认同的态度，并坚决予以配合执行。阵痛过后，丽江工艺美术市场很大程度得以净化，形成了良好的行业风气，明显提升了消费者满意度与行业水平，维护了丽江的文化旅游形象，构建了丽江工艺美术产业可持续发展的内生动力和广阔前景。

其次，广泛应用智慧技术，提高行业管理效能。2017年，围绕丽江市旅发委确立的"对标一流，争先进位"的目标，借助"一部手机游云南"平台的全面运用，丽江市工艺美术产品质量提升建设进入了数字化、智慧化阶段。截至2018年6月，共33家名、特、优商品零售经营户在"一部手机游云南"平台完成数据上报。"一部手机游云南"平台通过政府、专业、游客三个维度构建科学合理的线上诚信评价体系，对工艺美术产品生产制作、营销管理、体验服务等提供了人性化、特色化和高度便利的平台渠道，也为丽江的工艺美术业转型升级注入了新活力。

最后，鼓励特色品类经营，限制同质化商品准入。在丽江文化旅游快速发展时期，大量旅游纪念品性质的工艺产品急剧涌入市场，产品同质化严重等问题也随之出现。针对这一隐患，政府部门制订、实施了一系列工艺产品限制与准入标准，以保持丽江文化市场的特色。2019年2月，丽江市发布并实施的《丽江大研古城市场经营项目准入退出管理暂行办法》中，对经营项目限入、退出、禁入、监管等方面进行了严格规定，并开出了《丽江古城内经营项目负面清单》《丽江古城内经营项目目录清单》（以下简称《清单》）。在《清单》

中，手鼓、珠宝、玉石、玉器、蜜蜡、琥珀等充斥全国各地旅游市场、缺乏特色、质量难以控制的工艺品均被归入限制准入类，严格控制其经营数量和规模，逐步引导其转项经营。

全国范围内的旅游产业正发展得如火如荼，全力扩大经营的旅游产品市场更是不胜枚举。但是一味扩大经营，缺乏合理规划和布局，将对文化消费市场带来负面影响，特色和亮点的缺乏必然导致市场丧失活力，丽江正是看到了这一态势，从而出台和执行工艺产品类型限制措施，坚定了建立健全产业管理办法的目标。该做法不仅有利于构建丽江旅游产品市场、工艺美术品市场的良好秩序，对全国同类市场监管机制的创新也具有开创性的借鉴意义。

（三）打破服务游客市场的定势思维，激活本地消费市场

在前期发展中，丽江旅游产业极大地拉动了丽江工艺美术业的发展，工艺美术业也为旅游产品和服务充实了内容和吸引力，还解决了大量社会就业，促进了工艺文化的传承创新，提高了文化资源的利用率。旅游产业与工艺美术业之间形成了互补、共生的良性循环关系。随着地区社会、经济和文化的发展，丽江工艺美术业着力打破固有的市场边界，除了稳定游客消费，也同时重视培育本地消费，在旅游目的地的市场营建之外，也强调基于市民生活空间的市场营建。

2016年丽江市成为全国文化消费试点地区后，以"政府补贴，企业让利，居民消费"为原则，以文化消费季系列活动为载体，以文化惠民卡发售为措施，调动文化企业和城市居民参与积极性，为丽江培育规范的本地文化消费市场，引导本地城乡文化消费良性发展。2019年"十一"黄金周期间，通过"文旅丽江"平台，丽江市累计对外发放了5000张电子消费券，领用消费券的

居民均可在购买相关产品时享受惠民补贴，这些电子消费券所涵盖的产品类型中，大量与民族工艺美术相关（见表2）。为配合活动的推进，非遗传承人还向市民、游客书写、赠送了4000余份东巴象形文字，有效提高了群众对本地区、本民族优秀文化的认知与认同。①

表2　2019年国庆期间消费者享受惠民补贴的工艺美术产品*

工艺美术类型	所属地区	享受惠民补贴的产品
东巴象形文字书写	丽江古城	"东巴象形文字体验馆"系列文创产品
	玉水寨景区	"东巴象形文字体验馆"系列产品
陶器制作工艺	丽江古城	"多巴陶缘"店系列文创产品
新文创设计	丽江古城	萌娃IP文创产品
皮革工艺	束河古镇	"龙泉皮革"店产品
珐琅银器	玉河走廊	"云天工生活体验馆"珐琅银器
纺织工艺	白沙古镇	"摩梭传统纺织精品阿七独芝玛专卖店"纺织产品
铜器工艺	白沙古镇	"积善铜艺工作室"铜器产品
刺绣工艺	白沙古镇	"锦绣艺术院"刺绣系列文创产品

* 资料来源：丽江市文化和旅游局。

据丽江市文化和旅游局统计，2017年以来，城乡居民购买文化惠民卡达到7.27万人次，带动全市城乡居民参与文化消费活动110万人次，拉动城乡居民消费规模达3.3亿元，被列入文化消费试点企业（门店）的工艺美术品店共50个。丽江市文化消费试点工作在向更宽领域、更深层次持续推进的积极探索和尝试中，为本地消费市场的培育起到了重要作用，有效延伸了工艺美术产业链条，构建了工艺美术产品内外并举的立体市场体系。

---

① 资料来源：丽江市文化和旅游局。

三 丽江市工艺美术产业发展的趋势

（一）消费动力整体转变

丽江是中国最早规模性聚集"创意阶层"的地区之一，也是全国文化消费试点城市，引领过云南旅游消费变革。距丽江工艺美术市场的兴起已经过去20年左右，新一代消费主体成长起来，全球文创产品市场也在网络、社交媒体的刺激与作用下产生了许多全新的消费习惯与传播模式，例如盲盒经济、粉丝经济、网红经济等。在"十四五"期间，丽江工艺美术产业所面临的是消费动力的整体转变：以往的产品设计思路与营销手法或许在以极快的速度不断迭代；1995年，甚至2000年以后出生的新一代消费者正日益展现着强大的市场影响力；在"老工艺"与"新买家"、"旧符号"与"新样式"之间的磨合不可避免。

（二）数字技术深入渗透

2020年新型冠状肺炎在全球范围内的暴发与蔓延，对各个国家、各个行业造成了巨大的负面影响。但同时，也直接刺激了智慧科技的急速进步和对生活、旅游的深度渗透。数字化、移动化、云端化等技术应用进一步成为社会交往、经济合作、展览展示的基本手段，贯穿于人们生活、工作、休闲、消费等各个行为之中。对工艺美术产业而言，AI智能设计的成熟运用，将对工艺美术师、设计师的创意能力形成巨大挑战；3D数字打印技术在生产环节的应用，将大大提升生产效率，突破传统技艺的局限；大数据能够对消费者的行为习惯进行高效记录与分析，对消费群体的争夺已经进入"算法"时代。丽江市工艺美术产业所面临的，是从创意、研发、生产等产业链前端，到销售、宣传、服务等产业链中后端，全领域无处不在的激烈竞争。

（三）旅游市场持续细分

随着全域旅游的深化推进，丽江旅游产业将继续依托前期行之有效的"旅游革命三部曲"往全方位融合、高质量发展方向迈进。"十四五"期间，以特色小镇、传统村落、非物质文化遗产、自然景观为基础的旅游项目还将不断推陈出新，并持续对旅游人群、旅游目的、旅游服务、旅游线路进行细分，打造更多主题化、差异化、个性化的精品，例如研学科普类、康养休闲类、传统工艺类等，这一趋势为以工艺美术技艺为核心的体验、展示、产品创意与生产创造了新的机遇。

四　丽江市工艺美术产业发展的建议

（一）借助 VR 等智慧技术成熟应用与5G 全面商用的契机，善用传播渠道、协作平台与展示手段，完成工艺美术产业数字化升级

借鉴慕课形式，实现知识共享与协作传承。依托已经发展成熟的公开课平台，发挥网络协作与高开放度的优势，与全民共享数字化时代红利，将皮革、东巴书画、刺绣等工艺美术教学资源记录保存为数字化档案。为现场教学条件尚有不足的群体提供在线教学条件，向社会公众开放知识共享平台，打通协作传承的渠道，为工艺美术的传习拓宽公众参与通道。

依托"四馆一中心"等公共空间，紧抓云南与腾讯等大型企业战略性、深度化合作的机遇，在技术应用方面持续发力，率先打造一批能充分体现 AI、AR、VR、体感、人机互动等技术优势的工艺美术展示示范点，将织绣、珐琅银器、皮具、建筑营建等技艺的历史、故事、流程、代表作品等，以沉浸式、交互式、智慧化的表现手段融入场馆建设，实现丽江工艺美术产业数字化创新。

（二）深挖传统工艺文化价值与当地资源特色，整合要素，创造爆款，加快工艺美术资源向文创产品转化

随着我国社会、经济和文化的快速发展，文化产业已经成为国家战略中明确的国民经济和社会发展主导产业，因此对文化产品创意性、创新性提出了更高要求。丽江工艺美术业也面临着在原有业态与资源的基础上，继续深挖文化内涵、勇于破局的挑战。

首先要整合要素，改良设计，建立爆款思维。丽江可依托独特景观资源、著名演艺节目、知名文物遗址等，深入挖掘文化内涵，整合相关的历史背景与视觉元素，基于消费群体画像和消费偏好分析，通过创意设计放大产品特色，并巧妙运用短视频、自媒体等互联网渠道，带动热点话题讨论，引发社会关注。

其次要紧抓文化遗产保护热潮，贯通产事业链接。继续推行以手工作坊为组织，以订单为导向，以培训强技能的模式，助力乡村地区实现手艺脱贫的同时，打造村（镇）级、县（区）级IP，塑造风格独特、形象鲜明，能起到区域形象代表作用的工艺美术产品。

最后要大力推进人才建设，加强对口培育。补齐工艺美术产业研发、创意、生产、营销等各个环节从业人员不足、创新不够、设计不强等短板，注重人才吸引，高质量促进工艺美术产品的创作与生产，进一步调动各类人才参与的积极性，提升人才供给体系的适配性，形成与文化创意时代相适应的人才储备队伍。

（三）结合旅游景区线路特点，秉持"一线一品"理念，量身定制差异化工艺精品

"十四五"阶段，按照"三廊一圈、一体两翼、一环多区、四化一流"的总格局，丽江势必成为大滇西旅游环线和大香格里拉旅游圈的门户与集散中心。借助全域旅游继续往纵深推进的背景，丽江工艺美术业可结合各个旅游景区的主题与特点，量身定制一批工艺产品与服务项目。

坚定"研学＋体验"模式，将工艺美术教育融入文化旅游体验服务。以束河工匠街、金茂文化创意产业园区、白沙古镇、文化院落等园区、街区、小镇为基础，健全旅游基础设施与服务，加强各区域旅游精品路线和工艺美术教育的整合，针对青少年、艺术家群体规划设计一批以工艺美术历史、文化与技术为主题的研学路线，打造一批适宜沉浸式体验的工艺美术街区，提高乡土教育的品质与效能。

秉持"一线一品"理念，打造差异化工艺品。立足各地特色资源和工艺基础，合理设计、精准找寻产品定位，因地制宜规划与精品旅游线路相匹配的、地方文化标志明显的工艺美术品，在文化和旅游部门、文化企业、行业协会、工匠艺人等通力协作下，持续更新理念，发挥不同的角色作用，为丽江下一阶段文旅融合发展提供不竭的创意来源，为丽江、大理、香格里拉形成的文化旅游圈，甚至藏羌彝文化产业走廊提供个性化、品牌化、地方化的工艺美术文创产品，实现旅游工艺品市场的创新发展。

（四）以产业园区为依托，形成工艺美术资源集聚，向规范化、标准化方向升级

积极推动金茂文化创意产业园区等重大建设项目顺利实施，按照国际视野、一流技术、高端聚合等目标，完善以"四馆一中心"为核心的文化服务与文化产业布局，扩大工艺美术行业产业规模，建立工艺美术业现代化发展格局。

一是完善产业配套体系，实现产供销同步升级。以各个现代化产业园区为前驱，带动全市范围内散点式、小规模、家庭型传统工艺美术经营个体、作坊逐步向规范化、现代化生产环境升级，形成资源集聚。加强对各类工艺美术经营实体有重点、分阶段地扶持，利用已经

建成的工艺传习点，定期组织开办技艺培训班，持续提升产业上、中、下游的协调能力，从产品研发、制造、销售，到物流与服务，全面与现代工艺美术市场接轨，以国际化生产与服务水平为标准，打造在西部甚至全国范围内具有竞争力的工艺美术集散区。

二是建立健全质量监管体系，提升工艺美术产业竞争力。适应当下全国工艺美术行业转向高质量发展的趋势，统筹平衡传统工艺美术技艺的保护与现代化质量管理方式。在保护与传承传统技艺的前提下，鼓励合理的技术革新与产能升级，逐步补齐传统工艺自发性强、随意性强的短板与弱点，在陶瓷、纺织、皮具、珠宝等行业出台必要的质量标准与监管办法，并将国家级、省级优秀工艺师、非物质文化遗产传承人等纳入产业咨询智库，合力维持旅游革命对整顿市场带来的正面效应。总之，通过质量管理体系的建立健全，促进传统工艺技艺的传承创新，构建良好的市场环境，全面提升丽江工艺美术产业的竞争力。

B.5
丽江市休闲产业发展报告

王 莹 李雪韵*

摘 要： 依托得天独厚的闲适文化和地方传统，借势传统旅游产业转型升级，丽江休闲产业顺应消费结构变化和市场需求，通过延展空间布局、提升文化内涵、推动业态融合、升级休闲模式等举措，形成了集传统生活休闲、现代娱乐休闲、品质康养休闲、积极运动休闲为一体的产业发展格局。独具特色的泡吧文化、以雪山音乐节为代表的品牌节庆、人与自然和谐共生的传统理念等，是丽江形成具有浓郁地方特色、兼具传统与现代、地方与国际、流行与时尚的休闲氛围的重要因素。近年来，大健康产业和养老产业迅速发展，丽江凭借优越的自然生态环境和积淀深厚的旅游产业发展成效，在康养休闲、运动休闲、体育休闲等新兴业态展现出强大动能，智慧旅游的推广为数字休闲提供了良好的发展基础，休闲产业将成为未来丽江文化产业发展的重要支撑，丽江也将成为中国西部地区最具发展潜力的休闲胜地。

关键词： 休闲产业 娱乐休闲 文化休闲 康养休闲 丽江市

* 王莹，云南大学国家文化和旅游研究基地助理研究员，西班牙瓦伦西亚大学在职博士，主要研究方向为文化产业理论与实践、文化与地区发展；李雪韵，云南省文化产业研究会文化政策研究中心助理研究员，主要研究方向为文化管理和文化产业。

丽江作为中国西南地区茶马古道上的重要驿站，是民族迁徙的走廊。中原文化和多民族文化在这里汇聚交融，也繁衍了发达的商业文化。多样的生态地貌，雪山、大江、高原湖泊与古城、村落交织辉映，孕育了天人合一、得天独厚的闲适文化，为丽江休闲产业的发展奠定了优厚的文化基础。随着国际性文化旅游消费市场的壮大，结合了现代旅游特征和文化元素的休闲产业也快速发展，与地方休闲文化互为交融，形成了"传统与现代并存"的独特休闲风貌，丽江也先后入选"第三届中国十大休闲城市"和"全国休闲农业和乡村旅游示范县区"。近年来，在文化产业的带动下，丽江作为"文化休闲胜地"和"文化创意休闲之城"的品牌影响力不断提升，休闲产业稳步发展，成为文化产业转型升级、文化与旅游深度融合的重要内容。

一 丽江市休闲产业发展的现状

"十三五"期间，丽江为了推动文化旅游转型升级和高质量发展、满足快速增长的休闲度假市场需求，确立了"休闲丽江"的发展目标，致力于把丽江建设成为中国休闲度假胜地。依托在大滇西旅游环线中的交通区位优势和核心地位，丽江积极推动休闲与文化、旅游、生态的协调发展，推出了一系列以乡村旅游、户外运动、自驾露营、特色民宿、休闲农庄等为主的休闲度假产品，现代休闲产业体系趋于完善，呈现出与文化旅游产业互融互促、创新多元的良好态势。

（一）丽江市休闲产业发展的有利条件

1. 得天独厚的自然生态和人文环境，孕育了天人合一的休闲文化内涵

丽江得天独厚的气候条件和自然环境，是居民日常休闲的基础条件。温和的气候与草甸、湖泊、山林等多样的地貌，为人们走出家门、接近自然，开展野炊、徒步、爬山等日常休闲活动提供了天然、

适宜的环境。纳西文化自古对自然和生态秉承崇拜和尊重的传统，家家户户栽花种草，是极为普遍的生活休闲方式。作为茶马古道上的边陲重镇，丽江以四方街为代表的公共空间，不仅是商贸交流的中心，也是多元文化交融的地点；不仅孕育了开放包容的商业文化，也繁衍出具有浓郁地方特色的市井文化。融合了洞经音乐、皇经音乐、白沙细乐等曲种的纳西古乐，经过现代传承发展之后，由传统的祭祀音乐逐渐演变为当地居民平常活动中演奏的地方曲目。丰富多彩的节庆文化、饮食文化、茶文化等无一不融入普通百姓的日常生活中，共同孕育出丽江源远流长、与众不同的休闲文化传统。

2. 独具一格的生活方式和文化风貌，构成了协调互补的产业空间基础

丽江与众不同的休闲文化传统，与其独具一格的地理空间形态直接相关。古建、街巷、市集、湖泊、水系等在古城内交错分布，互为映衬，不仅是丽江传统休闲生活的主要场所，也构成了现代休闲产业的核心发展空间。传统民居既封闭又开放，为当地居民享受居家休闲和市井休闲提供了便利；民居之间以街巷勾连，所形成的整体建筑风貌成为"休闲丽江"的代表性元素。四方街、木府前广场等公共商贸空间，既是市井文化的诞生地，也是商人休憩、居民闲聊的休闲场所，如今更是游客必到的探访之处。网状的水系结构错综遍布古城，形成了城水相依的生活空间；三眼井不仅满足了妇女们日常生活中洗菜洗衣的需求，也为她们提供了谈笑家常的便利场地；而亲水的天然心理诉求使得茶馆酒肆沿着河道支流分布开来，是人们打发闲暇时光的最佳去处，也是当下丽江多种休闲业态分布最为密集的滨水空间。还有古城之外风景优美的园林、草甸、坝子等，都是人们享受日常休憩时光的可选之处，也是休闲旅游、休闲农业得以发展的重要基础。

3. 提升变化的生活水平和消费需求，形成了多元广阔的产业发展前景

1999 年"黄金周"的实施，被普遍认为是开启我国假日经济的里程碑，直接助推了休闲产业的蓬勃兴起。国民经济的发展使居民生

活水平不断提高，闲暇时间大幅增加，日常休闲消费比重逐步上升，休闲日常化、休闲生活化成为趋势，休闲产业成为新的经济增长点。同时，文化产业快速发展，居民文化消费水平不断提高，休闲消费需求开始转向文化体验和康养度假，各类文创产品和公共文化服务在很大程度上满足了文化休闲的需求，进一步推动了休闲产业的发展。

2013 年，国务院办公厅印发了《国民旅游休闲纲要（2013 ~ 2020 年)》，要求通过保障国民旅游休闲时间、改善国民旅游休闲环境、推进国民旅游休闲基础设施建设、加强国民旅游休闲产品开发与活动组织、完善国民旅游休闲公共服务、提升国民旅游休闲服务质量等主要措施，使职工带薪年假制度基本落实，城乡居民旅游休闲消费水平大幅增长，国民休闲旅游质量显著提高，最终建成与小康社会相适应的现代国民旅游休闲体系。2020 年《中国文化及相关产业统计年鉴》数据显示，我国人均可支配收入从 2015 年的 21966.2 元增加到了 2019 年的 30732.8 元，人均消费支出从 2015 年的 15712.4 元增加到了 2019 年的 21558.9 元，其中，文化娱乐支出从 760.1 元增加到了 848.6 元。① 根据中国社会科学院旅游研究中心发布的《休闲绿皮书：2019 ~ 2020 年中国休闲发展报告》，近 5 年我国城镇居民周末和节假日的平均休闲时间分别达到了 4.79 小时和 5.55 小时，而农村居民在农忙时和农闲时的休闲时间也分别达到了 3.25 小时和 4.39 小时，② 人们的休闲消费需求进一步增加。

旅游产业是休闲产业的核心平台之一，近年来，我国旅游经济增速整体高于 GDP 增速，2019 年，旅游产业对 GDP 的综合贡献为 10.94 万亿元，占 GDP 总量的 11.05%。③ 丽江文化旅游始终保持持

---

① 国家统计局社会科技和文化产业统计司、中宣部文化体制改革和发展办公室编《中国文化及相关产业统计年鉴（2020）》，中国统计出版社，2020。
② 宋瑞主编《2019 ~ 2020 年中国休闲发展报告》，社会科学文献出版社，2020。
③ 中国旅游研究院（文化和旅游部数据中心）：《2019 年旅游市场基本情况》。

续增长态势，"十三五"以来，得益于旅游革命和文化旅游提质升级的深入推进，文旅消费市场活力不减。2015~2019年，丽江市实现旅游总收入3990.85亿元，累计接待游客2.07亿人次，旅游收入和接待游客数量分别增长了1.23倍和76.78%。[1] 伴随着大众旅游的快速和纵深发展，国民休闲充分融入日常生活的趋势已经不可逆转，丽江巨大的文化产业和文化旅游消费市场，将为休闲产业的发展带来崭新的发展机遇。

（二）丽江市休闲产业发展的现状

据统计，2016年，丽江市城镇居民人均文化教育娱乐支出2004元，比上年增长22%，占城镇居民人均生活消费支出的11.9%，其中人均文化娱乐支出877元，增长了42.6%；农村居民人均文化教育娱乐支出1076元，比上年增长19.7%，占农村居民人均消费支出的14.4%；全市人均文化娱乐消费352.2元，其中，城镇人均876.87元，农村人均111.44元，高于全省平均水平。[2] 不断提高的城乡居民人均文化教育娱乐消费水平，拉动了对文化产品和服务的有效需求，促进了文化产业的较快发展。2017年以来，丽江先后评选出353个文化消费试点企业（门店），其中，工艺美术品店50个、文化主题酒店100个、文化休闲酒吧50个、特色餐饮店100个、娱乐企业20个、文化消费试点重点企业33个。2020年，丽江成功入选国家第一批文化和旅游消费试点城市。2014~2019年，丽江市文化及相关产业增加值由15.24亿元增长到28.79亿元，其中，文化服务业由14.16亿元增加到23.35亿元，[3] 文化消费和休闲消费规模呈

---

① 资料来源：《丽江市社会经济发展统计公报》（2015~2019年）。
② 资料来源：丽江市文化和旅游局。
③ 资料来源：丽江市文化和旅游局。

不断扩大的发展态势。

截至 2018 年，丽江市共有歌舞娱乐场所 166 家，演出团体 23 家，网络和游戏经营单位 136 家，出版物零售和印刷企业 1034 家，基本形成了分布广泛、品种多样，汇集娱乐、健身、休闲为一体的地方娱乐休闲产业发展格局。同时，以旅游休闲为核心业态，依托世界遗产、自然生态、民族文化等优势文化资源和较为成熟的文旅消费市场，以建设"休闲度假胜地"为目标，以满足多样化市场需求为导向，丽江不断加强文化创意创新和业态融合联动，不断丰富休闲产业的形式和内容，构建出了度假、休闲、娱乐等多种功能的休闲产品体系，培育了城市生活休闲、生态度假休闲、乡村农业休闲、康体运动休闲、民族文化体验休闲、现代娱乐文化休闲等多元业态，形成了日常生活休闲和旅游消费休闲协同发展的现代休闲产业体系。

1. 传统旅游转型升级推动休闲产业发展，休闲场景从密集到延展，休闲方式日益多样化和低密度化，休闲产业成为文化产业发展新空间

旅游休闲是丽江休闲产业的核心内容，观光度假是日常生活休闲和大众旅游休闲的普遍需求。古城作为丽江的核心旅游景区，依托自然村落以及由石桥、木桥、河水、绿树、古道等元素构成的滨水空间，营造出高原水乡的美学意韵，提供了轻松悠然的休闲氛围；分布于其间的酒吧、咖啡馆、西餐厅、食馆等，补给了必要的消费场所和服务设施，共同构建出独特的古城休闲景观和公共休闲空间。观光度假休闲形成了以大研、束河为中心，以黑龙潭、观音峡、拉市海等周边自然景观为补充的空间布局。

随着旅游线路不断延伸，观光度假的边界不断扩展，丽江休闲产业的空间分布，从以娱乐休闲、旅游工艺品消费休闲为主的古城休闲区，延展到以东巴文化体验休闲为主的白沙文化休闲区，和以民俗生态旅游为主的拉市海、泸沽湖生态休闲区。同时，整合程海、三川

坝、鲁地拉以及周边的优势资源，逐步形成了"三川坝—程海—鲁地拉"生态休闲度假带，三川坝乡村休闲度假体验区、程海环湖休闲度假廊道、鲁地拉民族风情休闲度假体验区等，成为旅游休闲的新区域。在全域旅游深入推进的背景下，丽江的旅游休闲方式呈现多层次化和低密度化发展态势，丰富多样的休闲场景，扩展延伸的休闲区域，也成为文化产业发展的新空间。

2. 快速迭变的旅游消费市场促进休闲、文化、娱乐融合，文化消费成为主流，现代娱乐体系趋于完善，娱乐休闲成为丽江休闲产业的品牌

从国际休闲产业的发展轨迹来看，文化创意产业的崛起是休闲产业发展在新世纪展现出来的最大特征，休闲消费当中有很大一部分内容就是文化消费。在丽江，快速迭变的旅游消费市场促进了文化产业、娱乐产业和休闲产业的加速融合，丰富的文化产品为休闲消费提供了更加多样化的选择，升级了的大众消费需求则推动了文化生产更加注重体验化、个体化、场景化和时尚化。发展已久的民族歌舞演艺、纳西古乐展演、民族手工艺品加工与销售、纳西东巴文化体验等不断提质升级，图书馆、文化馆、公共文化空间、文化院落、主题博物馆等，构成文化产业和休闲产业的重要场所和消费场景。夜间经济繁荣发展，酒吧产业在消费需求的推动下更新迭代，仍然是夜间娱乐休闲的首要选择。大研花巷建成后，成为丽江夜间经济的新生力量，是古城内集观光休闲、消遣娱乐、情境体验、文化消费于一体的综合性旅游休闲目的地。

随着现代文化消费体系的不断建构和完善，万达、中影等院线进入丽江，宽幕、环幕、穹幕、水幕等荧屏建成投入使用，现有影院的数量增加、质量提升；同时，台球室、棋牌室、KTV、酒吧、水吧、咖啡厅、茶艺馆、独立书店等现代休闲娱乐产品和服务持续发展，形成了以酒吧、茶艺、古城夜游、文艺表演等为主要内容的夜间文化娱乐休闲体系，娱乐休闲成为丽江休闲产业的品牌之一。

3. 康养休闲成为投资热点，农业休闲发展迅速，营建了丽江休闲产业多元业态联动发展的良好格局

近年来，丽江依托优质旅游、生态、环境等资源，以打"健康生活目的地牌"为重点，积极推进休闲产业和大健康产业、养老产业融合发展。先后引进国际康养品牌，与曼乐途、康美集团、绿城集团、金杯半山集团等知名企业合作，打造和建设了曼乐途旅居丽江基地、康美健康小镇、程海康养小镇、华坪鲤鱼河国际阳光康养谷等重点康养休闲示范项目；以东巴谷秘境景区为基础，整合汽车旅游营地等资源，建设了东巴谷康养小镇；通过推进健康旅游和康养休闲产品供给侧创新，积极拓展养生保健服务模式。2019 年，丽江大健康产业产值达到 41.65 亿元，其中，康养项目投资 8.59 亿元，[①] 全域康养休闲旅游示范基地建设取得了积极成效。

农业休闲也迅速发展。以提高居民休闲消费、促进农民就业增收、助力乡村振兴和农业提质增效为目标，丽江顺应多元业态融合发展的市场趋势，以生态农业为基础，以农耕文化为核心，以自然环境和乡村风貌为补充，大力发展休闲农业，促进了农业与旅游产业、休闲产业、美丽乡村建设的协同互促和联动发展。据统计，截至 2018 年，古城区、玉龙县建成国家级休闲农业示范县；玉水寨、拉市海湿地公园建成国家级休闲农业示范点。另外，丽江还建成了 5 个省级休闲农业示范点、12 个休闲农庄、714 个农家乐，金沙江绿色经济走廊和休闲农业示范区建设稳步推进，预计在金沙江流域还将建成 100 个美丽村庄示范点。[②]

---

① 《丽江着力推进大健康产业发展》，云南经济新闻网，http：//news. jjrbnet. com/zsxw/2020 – 08 – 17/26553. html，最后检索时间：2021 年 5 月 4 日。
② 《重点发展六大产业，丽江打造世界一流"绿色食品牌"》，云桥网，http：//www. yunnangateway. com/html/2018/guoneixinwen_ 0610/28277. html，最后检索时间：2021 年 5 月 4 日。

二 丽江市休闲产业发展的主要特点

在丽江，外部旅游市场是休闲产业的基础条件和发展优势。崭新的娱乐观念和娱乐技术，对本地居民的闲暇生活方式产生了重要影响，新的娱乐文化与本土休闲文化持续嫁接，使人们开始享受网吧、歌厅、KTV 等流行娱乐形式，也造就了全国响当当的丽江酒吧休闲文化。总体而言，丽江休闲产业表现出与文化旅游深度捆绑的特征，旅游休闲是休闲产业的重要内容，休闲产业是文化产业的重要业态，其中，又形成了酒吧休闲、文艺休闲、慢休闲、康养休闲等主要休闲类别，呈现出"产品多元化、业态融合化、娱乐现代化、康养品质化"的"休闲丽江"整体风貌。

（一）大众娱乐消费需求持续变化，酒吧产业顺应市场迭代升级，夜间娱乐休闲场景彰显"夜色丽江"独特魅力

酒吧，是丽江娱乐休闲产业的代名词。发展初期，热门旅游目的地的名片效应为丽江带来了巨大的人流，具有浓郁丽江文化元素的火塘音乐酒吧迅速风靡，"樱花屋""一米阳光""千里走单骑"等在短时间内成为业界品牌，是游客夜晚必到的休闲场所；"艳遇之都"的名片效应，直接推动了泡吧文化在丽江迅速兴起。这个时期，社交是酒吧休闲的核心内容。作为消费场所，除了提供酒水小食等基本服务外，酒吧成了重要的社交平台，其强大的开放性和交互性，突破了地方小城的物理边界，为人流、信息流的聚集交汇提供了重要的空间场所。之后，大批音乐爱好者、音乐梦想家和独立音乐人纷纷从各地来到丽江，催生了民谣吧和现场音乐吧大量出现；《嘀嗒》等一批优秀的音乐作品、"江湖"等地方乐队从这里诞生，"我在丽江等你"等一批新生代酒吧发展壮大，孕育出集小潮流文化、民谣文化、地方

音乐文化为一体的独特的音乐生态环境，丽江酒吧成为国内小有名气的音乐摇篮，酒吧休闲的内容开始多样化，音乐创作、演出、欣赏占据了相当大的比重。2013 年前后，丽江酒吧产业一度达到顶峰状态。据不完全统计，这个时期，丽江酒吧演出从业人员超过 2000 人，共有 30 多个乐队、近 200 名乐手活跃在夜晚的各个舞台之上，① 音乐休闲也随之成为丽江休闲产业的流行元素之一。2015 年之后，酒吧产业开始进入低迷期。新生代年轻群体成为娱乐和休闲消费的主力军，兴趣与偏好的转移加快了酒吧市场的整体洗牌和结构调整。一方面，许多特色不突出、创新力不足、技术资金实力匮乏的酒吧逐渐退出市场；另一方面，以"夏天播放""班布"为代表的独立音乐酒吧，致力于丽江文化和音乐输出，以其演出文化经纪资质为基础，不断推动本土音乐品牌拓展和音乐厂牌项目打造；以"一米阳光""繁花""Space Club""Muse"等为代表的酒吧集团，则开始探索"场景可视化、氛围沉浸化、娱乐现代化"的转型道路，通过充分运用互联网和现代科技，发挥 OTA、线上交易、网络购物等不同渠道的辐射效应，利用可视化内容进行精准推送和营销，以不断适应市场的新需求。

经过 20 多年的发展，丽江形成了独具特色的酒吧休闲文化。目前，丽江共有大小各类酒吧 128 家，以大研、束河分布最为集中，以民谣、现场演出、慢摇等为主要类型，酒吧产业市场规模可达 4 亿元。② 其中，大研古镇作为娱乐休闲的核心区，酒吧主要集中于新华街（即酒吧街）和五一街，是夜间娱乐休闲密度最高的区域。酒吧产业多元化迭代升级的发展特征，展现出丽江大众娱乐休闲文化的变化过程。从传统的火塘音乐酒吧，到声光电集于同一场景的当代慢摇

---

① 资料来源：丽江市古城区酒吧行业协会。
② 资料来源：丽江市古城区酒吧行业协会。

吧；从纯粹的地方民谣，到先民族后现代的拼贴式文化表演，新的娱乐观念和休闲方式不断融合，展现了"休闲丽江"独特的夜间风景。

（二）品牌节庆推动休闲氛围营造，地方风貌与现代文化艺术碰撞嫁接，时尚流行元素描画"文艺丽江"国际风采

依托极为丰富的地方音乐资源和休闲传统，丽江音乐产业在酒吧文化的带动下快速发展起来。2002年，以打造"中国的伍德斯托克音乐节"为口号，首届雪山音乐节在丽江惊艳亮相。崔健、窦唯、艾薇儿等国内外知名摇滚乐手，以及来自印度、匈牙利、俄罗斯、毛里求斯等国家的著名摇滚乐队，都曾先后在雪山音乐节的舞台上现场演出，大批音乐爱好者和发烧友齐聚玉龙山下。经过十余年的发展，雪山音乐节一度成为具有强大国际知名度的民谣和摇滚现场音乐品牌，荟萃了中国新生代民谣、民粹摇滚、世界音乐、迷幻电子音乐、实验先锋音乐等多种当代流行音乐形式。据业内人士估算，在雪山音乐节的巅峰时期，仅丽江就有30多个不同类型的本土音乐团队活跃在大小演出舞台之上。这里不仅成为地方音乐与世界音乐、传统音乐与现代音乐交流融汇的舞台，更使丽江成为中国新生代民谣的重要孵化地，形成了丽江特有的以音乐艺术为核心特征的文艺休闲氛围。

在雪山音乐节强大的辐射效应下，不同的文化艺术形式在丽江跨界组合，衍生出大批音乐节和文化艺术节，"音乐节艺术展""COART艺术现场""迷笛音乐节""丽江原创音乐节""丽江国际东巴文化艺术节"等，都为丽江文化艺术休闲营造发挥了重要的作用。在这些文化艺术活动举办期间，美术、戏剧、音乐、舞蹈、设计、影像等不同艺术门类百花齐放，先锋艺术与地方文化对话交融，国际潮流与东方传统碰撞嫁接，各个领域内知名的音乐家、艺术家、先锋作家结伴而来，大批文化艺术爱好者闻风而动，巨大的人流、艺术信息流、文化资本流汇集在独具风格的古城内外，为丽江营造出卓

越的文化艺术氛围和文化休闲气息。地方风貌与现代文化艺术的有机交融和创新组合，造就了丽江自由、时尚、艺术、轻奢的强大吸引力，很多人以旅居、长居、定居的方式留在丽江，他们为谋生而发展起来的餐馆、咖啡馆、客栈、画廊、艺术工作室、文创店等，彰显着当代最具时尚感和流行感的文化艺术元素，不断营造着丽江"艺术生活化、生活艺术化"的休闲氛围，使得丽江逐步成为一个兼顾民族传统文化与当代文化艺术的国际性文化艺术生活区。

（三）人与自然和谐共生，现代理念与人文、自然景观有机结合，"慢休闲"一体化服务提升"修养丽江"品质生活

闲暇时间的增多和生活品质的提高，使得休闲日常化趋势日益增强，周末出游、短期出游已经成为当下普遍的生活休闲方式。大众旅游休闲在初期经历过"上车睡觉，下车拍照"的阶段，如今，走马观花式的快节奏方式已经不能满足大众对于休闲的预设和诉求。在身心放松、精神调养成为普遍乃至首要需求后，"慢休闲"得到了普遍推崇。同时，大健康产业和养老产业的巨大市场前景，推动了康养休闲、高品质周末休闲、旅居休闲的快速发展。丽江依托生态壮美的自然景观和浓郁富集的人文风貌，近年来积极推进康养城市建设。2016年，《云南省"十三五"养老服务体系建设规划》正式把丽江列为云南省医养融合改革示范工程的首批试点之一；2018年，丽江入选"2018中国康养城市排行榜50强"，在榜单中位列第12；在《"健康云南2020"规划纲要》中，丽江被纳入"昆大丽香"体育旅游发展带，充分凸显了其在云南休闲产业发展中的重要价值。

"慢休闲"以高质量、慢节奏生活为目标，以高品质休闲设施为基础，以一体化休闲服务为保障，是注重满足精神涵养需求的休闲活动。在"柔软时光"的形象感召下，丽江休闲产业始终坚持提供高品质酒店服务的发展方向，使得"修养丽江"的品牌形象日渐深入

人心。1998 年，官房大酒店作为云南第一家五星级大酒店，正式在丽江建成开业。2003 年，首度进军中国的国际顶尖酒店品牌"悦榕庄"选址丽江开工建设，其 64 栋纳西民居的庞大体量，能常年保持69.4% 的平均入住率，在旅游旺季这一数字达到 85% 以上。[①] 之后，"英迪格""铂尔曼""皇冠假日"等国际国内品牌酒店先后入驻丽江，旅游休闲的服务品质快速提升。近年来，随着休闲消费需求的不断升级，丽江高水准半山酒店和高品质艺术民宿发展迅速，"为了一间房，奔赴一座城"成为当下丽江"慢休闲"的流行写照。"松赞林卡""丽世山房""安缦""金茂濮修""墅家玉庐·雪嵩院"等高端酒店相继建成营业，丽江形成了修养心灵、回归自然的"高品质—慢休闲"文化，一体化服务供给以健康生活方式为理念，通过提供心灵禅修、阅读分享、瑜伽、茶道、科普等多种休闲产品，使消费者足不出"店"，就能在清新、自然的环境中获得最大的身心放松，享受自然闲适、轻松安逸的休闲环境，成为当下慢节奏"修养丽江"的重要特征。

（四）"积极休闲"深入人心，轻极限运动快速发展，户外休闲和体育休闲呈现"运动丽江"无限未来

随着大众生活品质的不断提高，休闲被视为提升幸福感和生活满意度的核心要素，成为促进个人身心健康、家庭关系和谐融洽的日常生活方式。近年来，"积极休闲"的理念不断深入人心，在进行大众业余休闲娱乐的同时，人们越来越倾向于走出家门，通过参加具有较高能动性、创造性的休闲活动，达到锻炼身体、涵养心灵的目的，是个人繁重生活重要的调节方式。丽江多样的地质地貌、天然适宜的气

---

① 《品牌酒店缘何爱丽江　纷纷密集入驻?》，迈点网，https：//www. meadin. com/jd/102545. html，最后检索时间：2021 年 5 月 4 日。

候条件，为发展体育运动、探险活动、极限运动等户外休闲提供了得天独厚的条件，以户外运动为核心的"积极休闲"在旅游产业的带动下迅速发展，既拓展了旅游线路、开发了衍生旅游产品，又为本地居民和外来游客提供了绝佳的户外休闲运动项目，成为丽江休闲产业的一个重要业态。

在发展初期，丽江户外休闲以虎跳峡徒步、尼汝探险、玉龙登山等为主要内容。随着全域旅游的深入推进，以及"轻极限"运动在国内的快速推广，丽江户外运动基础设施建设不断提升改善，户外运动俱乐部、户外运动旅行社发展壮大，户外产品开发供给能力和服务能力明显提升，涌现出"天域""路途""茶马古道""阳光曼沙""云易游"等品牌服务商，推出了石鼓漂流、老君山攀岩、观音峡栈道、宋城高原游乐场、束河户外沙滩车、文海长板速降、龙蟠滑翔伞、茶马古道徒步挑战、滇西大小环线自驾等户外休闲线路和产品，提供囊括产品定制、线路规划、后勤保障、安全维修等在内的全方位、一体化、连锁化、品质化的户外休闲服务。目前，丽江规划依托龙开口良好的自然生态环境和气候条件，以生态为引领，以水上娱乐为核心，建设龙开口水上运动休闲度假基地，并为本地居民和外来游客提供"一站式"休闲服务。玉龙滑翔伞基地在现有体育休闲产品基础上，还将积极拓展其他"轻极限"类旅游休闲项目，选址永胜作为航空小镇的主要建设基地，以极力探险、低空旅游等为主要内容，配合悬崖酒店和其他基础服务设施建设，探索航空体育旅游休闲的新发展。

三 丽江市休闲产业发展面临的趋势

随着国民休闲纲要的出台和国家对幸福产业的整体推进，以文化、旅游、体育、康体、养老等为核心领域的休闲产业在新的历史时期，将释放出巨大的发展潜能。丽江作为世界文化遗产旅游胜地，依托得天独厚的自然环境和文化氛围，休闲产业不断发展，在与文化产业和旅游产业协同并进的进程中，也将迎来崭新的发展机遇。

（一）后疫情时代服务消费潜力巨大，促进消费提质扩容将形成强大的国内休闲市场，丽江休闲产业前景广阔

2020年，国家先后出台《关于促进消费扩容提质加快形成强大国内市场的实施意见》和《关于2020年国民经济和社会发展计划执行情况与2021年国民经济和社会发展计划草案的报告》，明确提出要出台实施国民休闲纲要，激发国内消费潜力，发展健康、文化、旅游、体育等服务消费。尤其在新冠肺炎疫情发生后，休闲消费必将出现振兴式反弹。丽江作为三大世界遗产所在地和国际知名旅游目的地，依托底蕴深厚的文化旅游消费市场，将在国家宏观政策红利下迎来休闲产业的广阔前景。大众休闲需求日益多样化，丽江休闲产业与其他产业融合发展成为必然趋势。伴随着文化、旅游、休闲消费转型升级持续推进，休闲市场将进一步开放，多年来积累的文化旅游深度融合的有效经验，将有助于丽江推动休闲产业与多元业态的跨界融合和创新发展。

（二）"健康中国"成为国家战略，云南积极打造"健康生活目的地"，丽江康养休闲、运动休闲、旅居休闲迎来重大发展机遇

在我国近期颁布的《体育强国建设纲要》《"健康中国2030"规划纲要》《关于加快发展健身休闲产业的指导意见》等纲领性文件中，"健康中国"已经正式上升为国家战略，明确提出要大力发展区域健身休闲文化产业，不断满足群众日益增长的对健康生活、

高品质休闲的需求。云南省以建设世界一流"健康生活目的地"为目标，不断打造健身休闲产业链条和产业体系；《云南省人民政府办公厅关于加快发展健身休闲产业的实施意见》提出，计划到2025年，要实现创建3个以上国家级体育（户外运动）产业园区，建设20个国家运动休闲小镇或特色体育小镇，打造50个国际国内知名的健身休闲和体育旅游品牌项目，力争云南省健身休闲产业总规模达到600亿元，形成高质量、高效益的产业新兴力量。丽江作为云南的文化休闲胜地，凭借其在大滇西旅游环线和大香格里拉生态旅游区中的核心位置，必将紧密围绕国家、云南省的宏观战略，紧抓休闲产业重大发展机遇，结合产业发展趋势，依托自然景观、气候条件、人文环境等资源优势，大力发展康养休闲、运动休闲、旅居休闲等业态，"休闲丽江"的品牌价值和辐射力将不断加固和提升。

（三）休闲经济助力城市发展和乡村振兴，城市休闲和乡村休闲协同并进，丽江休闲空间持续延展

国家和云南持续推动文旅深度融合，休闲旅游市场持续升温。国家强调积极培育世界级旅游景区和度假区、国家级休闲城市、休闲街区，制定系列休闲标准，为科学规划城市建设、完善现代化休闲设施、提升城市休闲功能、发展城市休闲产业提供了进一步的发展空间。强调积极推动乡村旅游和休闲农业的发展，大力促进农村一、二、三产业融合发展，助力乡村振兴战略全面深入实施，进一步激发了乡村休闲旅游、休闲观光农业等业态的发展活力。丽江休闲产业在现有以古城为中心、以其他市县和村落为辐射的空间布局下，休闲空间和休闲场景将进一步延展，大研、束河、白沙等古城区和古镇区，文化体验休闲和现代娱乐休闲品质将进一步提升；玉龙雪山、老君山、拉市海等传统优质景区旅游休闲、运动休闲将快

速发展；休闲旅游、休闲农业将成为全面落实乡村振兴战略的重要抓手，农村产业与休闲产业将进一步深入融合，丽江现代休闲产业将呈现出"特色突出、层次多样、功能齐全、覆盖全域"的发展态势。

（四）在线文娱快速增长，"科技＋休闲"成为休闲产业发展新趋势，丽江线上休闲供给侧创新有待推进

新冠肺炎疫情在很大程度上推动了"科技＋"模式在文化产业、旅游产业、休闲产业等多个行业门类中迅速发展，互联网5G时代下休闲新业态、新产品将不断引领新型休闲消费，开启了线上文旅服务、线上文化休闲服务的新篇章。"云逛展""云旅游""云演出""云购物"等在线娱乐休闲模式推广迅速，流量优势收益转化率持续上升，促使线下休闲产品和服务将开启数字化探索之路。互联网休闲将进一步提高国民休闲普及度，由替代型休闲消费转变为主流休闲消费。丽江依托"一部手机游云南"大数据平台和"智慧旅游"建设成效，数字休闲消费具有较大市场空间，但线上休闲供给侧创新仍然有待继续探索和推进。如何调动并发挥新媒体、自媒体、网络社群的在线推广力和影响力，讲好丽江故事，推动休闲产业智慧营销，开发互动"走心"的在线文化休闲产品，促进参与式休闲消遣与互联网媒介的创新融合，将成为下一步需要探索的问题。

四　丽江市休闲产业发展的对策建议

顺应市场发展规律和休闲消费需求，抓住新冠肺炎疫情常态化背景下休闲产业发展的新机遇，凝聚各方共创丽江休闲产业发展的新动能，探索休闲产业促进人民群众美好生活的新路径。

（一）加快推进休闲供给侧结构性改革，建构完善的休闲产品体系，满足不同层次的休闲需要，促进休闲价值与个体价值的和谐统一

休闲是个体获得幸福感的重要途径，也是个体调整心理状态、构建心理价值的有效方法。随着服务型消费在居民消费中的比例日渐增大，休闲消费成为具有"人本价值"的消费行为，是现代社会人们满足较高精神需求的主要途径之一。要以满足人民群众不同层次的休闲需要为目标，构建较为完整的休闲产业供给体系，创造更加丰富的产品与服务，充实和提高人们的休闲生活质量。要以休闲需求为引领，推动不同业态间的互动融合，以文化、旅游、体育、养老等休闲领域为重点，以"互联网＋"的现代休闲娱乐形态为方向，加大休闲产品创新和研发力度，着力提升休闲产品的体验性和参与性，把丽江打造成线下"文化休闲胜地"和线上"云端心灵栖息地"。

（二）加大社会公共休闲产品和服务供给，促进公共文化服务与休闲服务融合发展，推动休闲产业社会功能不断提升

丽江休闲产业与文化产业、旅游产业多年来协同互促，构建了良性的产业发展环境和良好的多向度循环关联，成为当前主要的休闲产品和休闲服务的供给来源。作为对商业领域休闲产品的重要补充，要进一步加大社会公共文化休闲产品供给和公共文化休闲服务建设，结合丽江居民的现实文化休闲需求，重视少数民族的不同休闲传统，促进居民休闲消费持续扩大，繁荣群众文化休闲活动，推动丽江的各类基层文化活动中心、文博单位、文化院落等成为重要的文化休闲场所，促进文化惠民与大众休闲协同发展。要积极引导休闲产业发挥社会功能，通过高质量健身和娱乐等休闲活动的开展、国际性体育节会和品牌赛事的举办、开放性文化交流活动与文旅平台的建设，积极发

挥现代休闲产业的教育功能、文化创意功能、社会整合功能，助力丽江解决文化民生、社会公共治安、城市卫生治理、乡村振兴与发展等社会问题。

（三）结合国家休闲产业发展重点和丽江资源优势，大力发展康养休闲和农业休闲，促进多元休闲业态健康发展

丽江所处的"滇西北'昆大丽香'体育旅游发展带"，是云南全力打造"健康生活目的地"规划中四个健身休闲产业集聚区之一。要紧密围绕国家和省级战略，依托现有的重点项目，以华坪县、永胜县全域康养旅游为重点，积极布局丽江康养生态休闲旅游圈，打造康体、康疗、康乐等多元康养休闲业态。着重加强现代康养休闲服务设施建设，积极拓展与国内外先进医疗服务品牌的全方位合作，显著提升丽江休闲产业的康养服务条件和医疗条件。要大力发展农业休闲，以"一县一业"的特色农业布局为依托，以发展乡村旅游和新型创意农业为契机，推动农、文、商、旅有效融合的田园综合体建设。通过打造多元业态融合、多层次产品服务供给的现代休闲产业，全力提升丽江在西部地区的城市价值，引领西部地区开创康养休闲发展的新阶段，助力大香格里拉和大滇西环线全域康养休闲旅游示范基地建设，加快推动丽江绿色转型和跨越式发展。

（四）把控产业投资与地区权益的平衡互利，切实提升人民群众休闲品质，营造丽江现代休闲产业可持续发展投资环境

休闲经济时代全面到来，休闲产业开始进入产业红利期，产业投资规模迅速扩大，投资项目不断增加。丽江半山酒店、特色小镇、康养基地、综合性文旅新区等项目，成为休闲产业投资热点。日益密集的城乡对流推动了城乡文明的交流与互融，为乡村振兴提供了产业突破的良好机遇。但投资逐利的商业特质也对地区的生态、文化权益产

生了重要影响。丽江休闲产业的发展要兼顾旅游消费者和本地居民二者不同的休闲需求，要尊重地区的生态权益、文化权益和居民的生活权益；要重视居民休闲设施、场所的建设和日常休闲产品与服务的供给，构建"区域经济增长—生态环境保护—地方文化传承—居民权益保证"的现代休闲经济良性循环系统，切实满足居民的休闲诉求和游客的休闲需要，坚决把控产业投资的文化红线和生态红线，为丽江休闲产业可持续发展营造优良的投资环境。

B.6
丽江市文博服务业发展报告

艾佳 唐九龄*

摘　要：　文博服务业是支撑丽江文化和旅游发展的重要业态之一，与公共文化服务相互渗透，与文化旅游、工艺美术、演艺等其他文化产业业态融合发展。丽江是文博资源高度富集的地方，包括世界文化遗产、记忆遗产在内的众多文物古建、非遗资源，构成了丽江文博服务业发展的坚实基础和优渥条件。在推动文博服务业发展的过程中，丽江将文博资源调查、建档工作常态化，在市、区（县）、乡镇（街道）范围内开展网格化普查，摸清文博家底；以普查和建档工作为核心，建立层层相扣的资源管理体系；通过组织文博主题的文化参与体验活动，全面提升公共文化服务的供给能力。目前，已通过游客、居民共同保护文博资源，创立了共享、共建的新模式，延长了文博资源的生命力与活力。

关键词：　文物　非物质文化遗产　丽江市

---

* 艾佳，云南艺术学院艺术管理学院讲师，主要研究为民族民间艺术，非物质文化遗产保护；唐九龄，云南大学民族学与社会学学院在读硕士研究生，主要研究方向为文化管理和文化产业。

丽江是茶马古道和南方丝绸之路上的重镇，积淀了深厚的历史文化、多元的民族文化和别具一格的地域文化。丽江古城、纳西东巴古籍文献、三江并流自然景观先后被列入世界遗产名录，此外市内还集聚着大量待挖掘、待展示的文物古建与非物质文化遗产。丽江是国内较早受到联合国教科文组织深入指导文化遗产保护工作的城市，这为丽江后期的文博保护与活化运用的良性发展打下了坚实基础。

丽江市以博物馆（院）、文化馆等公共文化场馆为空间载体，广泛开展文化活动，在全市范围内建立了多个民族文化传承点，并定期开展教学活动，向本地群众推出了丰富多彩的公共文化参与项目，提升公众对民族文化的认知、认同，引导本土群众树立和坚定文化自信。根据丽江市文化和旅游局所提供的统计数据，目前全市6个公益性博物馆、纪念馆中，除白沙壁画博物馆外已全部实现免费开放，累计接待观众已突破1000万人次。其中，2015年至2020年8月，全市共举办书画艺术和博物交流展览218场，接待观众约429万人次。"十三五"期间，丽江申报并推进一批重点项目、重大项目实施，将高端的数字化手段充分、全面运用于文博资源的保护与监管工作，也为国内其他地方提供了丰富的经验。配合国家实施大力支持各地文博资源向文化创意产品转化的战略，丽江内培外引，培育了一批能够体现丽江历史文化、民族文化、地域文化的文博衍生产品，并借助丽江被列为全国文化消费试点城市这一契机，设立专项资金，结合"文化惠民"活动，探索了文博资源进入大众消费市场的路径。丽江的文博服务业从各方面进行了一系列有益的实践，以保护为引领，以合理利用为创新驱动，在文博保护、博物馆建设、活态传承传播非物质文化遗产等方面形成了一条特色鲜明的"丽江路径"。

一 丽江市文博服务业发展的现状

丽江的文物古建资源丰富，非物质文化遗产类目繁多。市委、市政府对文化遗产保护工作高度重视，自 20 世纪 80 年代开始，在国家、云南省关于文物、传统文化、非物质文化遗产等相关政策指导下，丽江市积极建立和完善文化遗产、文博资源的普查、认定和评级办法，"十三五"期间，已经全面掌握了本地文博资源要素的存量、维护情况、珍稀程度等，并利用数字化技术进行音、影、形、人等方面的信息归档整理。

（一）强化文博资源普查和建档机制，规范化实施资源保护和利用

文物是不可再生的珍贵资源，保护历史文物对于正处于城市化、现代化快速发展进程中的丽江，也是一项任重而道远的长久事业。

在文物保护工作的持续开展方面，丽江积极推动文物保护工作，加强对全市范围内的各类文物实施动态管理。各级文物管理保护单位将文物普查、调查、建档工作常态化，保持文物数据的及时更新；通过编制维修保护方案等细化重点文物古建的具体工作。1989 年起，丽江积极配合国家第一批民间美术、音乐、舞蹈艺人文化普查工程，云南省民族民间传统文化保护工程等，多次开展对文博资源的普查，对重点区域反复开展调查、建档工作，为建立完善的文博保护体系打下了坚实的基础。截至 2020 年 9 月，全市有各级政府公布的文物保护单位 194 处，包括国家级重点文物保护单位 11 处、省级文物保护单位 14 处、市级文物保护单位 56 处、县（区）级文物保护单位 113 处（见图 1）。①

---

① 资料来源：丽江市文化和旅游局。

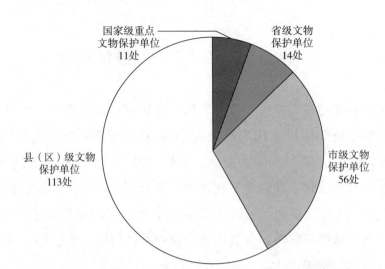

图1　丽江市文物保护单位统计

丽江市自2013年11月开始全面启动首次全国可移动文物普查工作以来，截至2020年底，已完成对1805个国有单位的普查，共登录上报文物藏品9629件（套），含珍贵文物499件（套），藏品报送进度达100%。其中，丽江市博物院共收藏各类文物12000余件，国家级文物共423件（见图2），馆藏东巴文化文物近3000件，是该门类收藏数量最大、门类最齐全的博物馆。

2021年1月，云南省文物局发布通知，"丽江市共计24项文物保护单位入选云南省第一批不可移动革命文物名录，包括省级文物保护单位2项，州（市）级文物保护单位7项，县（市、区）级文物保护单位7项，一般不可移动文物8项"[①]。"十三五"期间，丽江对古城内37处文物保护单位的保护范围进行认定与公布，进一步细化了保护工作，编制了大觉宫、大宝积宫与琉璃殿、龙泉三圣宫、玉龙县北岳庙、古城文庙武庙等文物保护单位的维修保护方案并通过评

---

① 《云南省认定公布第一批不可移动革命文物名录》，云南省旅游和文化厅，http://dct.yn.gov.cn/xwjj/14331.jhtml，最后检索时间：2021年4月30日。

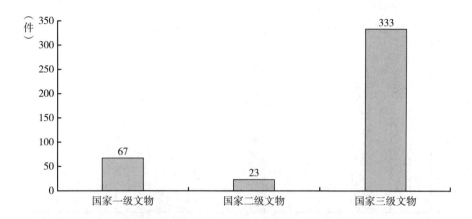

图2 丽江市博物院收藏国家级文物数量分布统计

资料来源：丽江市博物院。

审，逐步开始实施保护修缮工程。

总之，丽江以国家政策与云南省级政策为导向，持续在市、区（县）、乡（镇）范围内开展网格化文博资源普查，建立了层层相扣的资源管理体系，摸清文博家底，为后续的文博保护与活用打下了坚实基础。

在非物质文化遗产保护工作方面，丽江市非遗保护中心自成立以来对全市的非物质文化遗产资源存续情况进行了系统、全面的盘点与记录，有序推进非物质文化遗产保护工作。"十三五"期间，丽江在全市范围内建设了10个非遗文化传习中心。根据已经公布的统计数据，截至2019年底，丽江市共有309项非遗代表作被列入国家、省、市、县（区）四级保护名录（其中非遗代表作保护项目283项、文化生态保护区26个），代表性传承人458人（见图3）。截至2019年6月，丽江市已顺利举办9期非物质文化遗产传承人培训班。

在非遗中心和各级机关的努力下，丽江市充分发挥政府、研究机构、行业协会等角色的作用，健全民族民间文化遗产抢救机制，提升文化遗产保护工作效能。"十三五"期间，丽江对民族文化遗

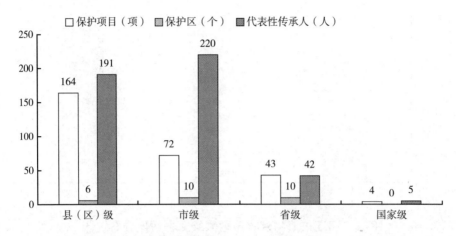

图 3　丽江市各级非物质文化遗产保护项目与传承人统计

资料来源：丽江市非物质文化遗产保护中心。

产开展了整理、翻译、传抄、编著出版等工作，目前已整理翻译897 种东巴经，传抄 115 部普米族民间经书，整理出版《纳西东巴古籍译注全集》100 卷、《常用东巴仪式规程及经典》4 卷、《丽江市非遗名录》、《纳西族东巴画》、《黑白战争》、《普米族民间音乐集》，以及多部傈僳族、彝族、纳西族的民间故事、民歌、民间传承医药集等。在 2018 年完成"祭署"习俗抢救保护工作的基础上，于 2019 年形成《纳西族祭署习俗合集》《纳西族祭署习俗图册》两部内部出版物。

　　在资金支持方面，丽江市贯彻落实《中华人民共和国文物保护法》《中华人民共和国非物质义化遗产法》《中共云南省委办公厅、云南省人民政府办公厅印发〈关于加快构建现代公共文化服务体系的实施意见〉的通知》（云办发〔2015〕36 号）等有关规定，设立公共文化事业发展专项资金用于文化遗产保护工作。2016 年，丽江市出台《丽江市加强文化遗产保护利用工作实施意见》，推动文博资源保护工作由公益性、事业性，向专业化、职业化方向迈进。丽江市先后争取国家重点文物保护专项资金 7000 多万元、省级文物保护单位保护资金 1600 万元，先后争取国家、省级和市级投入非遗保护经费 647 万元，发放各级非遗传承人补助经费 290 多万元。积极向文化和旅游部非遗司申报国家级非物质文化遗产纳西族东巴画保护工作专项资金，为文物与非遗保护提供了稳定的资金保障。丽江市政府从 2011 年开始为市级传承人以每人每年 3000 元为标准，古城区、玉龙县分别对县（区）级传承人以每人每年 1200 元为标准安排活动经费。①

在民族文化传习方面，积极设立文化传承点，编辑出版乡土艺术教材，开展本土文化传承活动。"2016 年至 2020 年，丽江市累计投入扶持资金 771 万元，共计实施民族文化保护传承和'双百'工程项目 51 个。"② 设立与白沙细乐、洞经音乐、东巴文化相关的传承点 33 个，先后开办了东巴、达巴、摩梭、普米等文化传习学校，在大研中心完小、永胜县六德乡他留山小学等学校定点传承非物质文化遗产项目，并编辑出版地方艺术教材，与院校合作培养非遗传承人 500 多人次。丽江玉水寨景区定期举办东巴法会、东巴书画大赛、东巴文化夏令营等，充分发挥了民间力量在非遗传承中的作用。

（二）完善公共文化服务设施，促进文博事业产业融合发展

博物馆、文化馆是各级政府向社会提供基础公共文化服务的主要场所，它们担负着保存、修缮文化遗产，传承、传播和研究文化遗产的重要功能。"十三五"期间，丽江市积极支持世居少数民族博物馆的陈设布置，完成市、县博物馆达标建设。截至 2020 年 12 月，丽江

---

① 资料来源：丽江市文化和旅游局。

② 《云南丽江：以民族文化发展引领民族团结进步》，新华网，http：//www.yn.xinhuanet.com/nets/2021-03/05/c_139786612.htm，最后检索时间：2021 年 4 月 30 日。

市共计建设博物馆、纪念馆 16 个，涵盖历史、民族文化、茶文化、东巴文化、边屯文化、摩梭文化等多个主题（见表 1）。①

表1　丽江市博物馆、纪念馆统计

序号	名称	博物馆性质
1	丽江市博物院	事业性
2	红军长征过丽江纪念馆	事业性
3	玉龙县白沙壁画博物馆	事业性
4	永胜县边屯文化博物馆	事业性
5	华坪县博物馆	事业性
6	宁蒗县博物馆	事业性
7	玉龙雪山冰川博物馆	民营性
8	世界记忆遗产东巴古籍博物馆	民营性
9	茶马古道博物馆	民营性
10	东巴文化史博物馆	民营性
11	摩梭民俗博物馆	民营性
12	唐卡博物馆	民营性
13	摩梭非遗博物馆	民营性
14	杨二车娜姆艺术博物馆	民营性
15	他留民俗博物馆	民营性
16	丽江纳西东巴祭署博物馆	民营性

为进一步推动文化事业与文化产业互补互融，满足不断增长的群众文化需求，有效提升公共文化服务的供给能力，"十三五"期间，丽江市启动实施了一批高规格、高标准的综合性园区建设项目，以达到有效引入社会资本、丰富群体文化生活、为文化旅游产业的发展提供有力支撑的目的。

---

① 资料来源：根据丽江市文化和旅游局所公布的博物馆、纪念馆名录，以及实地走访统计整理，http://whlyj. lijiang. gov. cn/ljwlj/c100573/202102/18068b72cd cd4298bf5436c668d4be36. shtml，最后检索时间：2021 年 1 月 30 日。

首先，以"四馆一中心"为主体，建设一批文博重大项目。由丽江市人民政府投资，中国金茂控股集团有限公司负责建设的金茂丽江创意文化产业园，其核心区由丽江市博物馆新馆、丽江市文化馆、非遗馆、美术馆、丽江市广播电视传媒中心构成。预计到2021年底园区完全建成后，将成为丽江的文化地标式建筑，仅博物馆就可满足每年500万人次以上游客的参观需求。金茂丽江创意文化产业园园区建筑总面积达15万平方米，投资总额超过20亿元，有效整合周边高等院校、中学、高端品牌酒店资源，发挥紧邻国家5A级景区玉龙雪山、束河古镇等著名旅游地的区位优势，成为丽江文博事业和文博产业融合发展的代表性项目，是"十三五"期间丽江重点推进的文化项目，更是"十四五"期间丽江推动城市更新与产业升级发展的重大建设任务。红谷坡地艺术园区由原丽江市委党校旧有建筑改造而成，于2019年7月开园。该园区是丽江首个集公共艺术、手工创意、音乐创作、制作与表演于一体的文创园区，也是云南省特色小镇丽江大研古城产业转型升级的重要项目。园区内配套了录音棚、排练室等，致力于打造民族音乐传播、传承与演艺的综合性空间。中国纳西文化传承基地于2015年被文化部列为国家藏羌彝文化走廊重点项目，总投资超过1亿元。永胜边屯文化博览园由永胜县文广局打造实施，总投资概算为30亿元。

文博保护展示的公共设施与产业园区的互嵌，能够充分整合丽江市文化、艺术资源与设施，统筹文博资源的价值保护与价值流动。为加快构建丽江市以公益性博物馆为主体、文博事业和文博产业相互促进的新发展格局，实现文化遗产由全社会共享的理念，各个重大项目的推进在打造丽江文博旅游名片的同时，对加强城乡居民精神文明建设也产生了切实作用。

其次，社会团体积极参与公共文化服务。截至2021年4月，丽江市内与传统文化、民族文化传承传播等相关的社会团体共38

个，民办非企业单位共 21 家。① 丽江市大力支持文化社团的组织与运营，提供相关业务指导，鼓励各类团体、组织、机构开展"丽江讲坛""纳西歌会""唱响丽江"等文化活动，积极指导举办书画展览、歌舞乐展演比赛、民族文化传承培训等。丽江文化研究会成立以来，不断组织田野调查、学术研讨等，加强了对三多节等传统节庆、"祭署""祭天"等祭祀活动、"白沙细乐""洞经音乐"等民间音乐，以及摩梭、毕摩、白族本主等文化的保护传承和宣传。各类社会文化团体、机构的广泛参与，既提高了行业自律与自治，也发挥了社会组织的资源优势，为丽江文博事业和产业的发展提供了丰富内容和专业人才。

（三）重大科研、技术项目牵引，驱动文博服务创新发展

丽江市在推动文博事业和文博产业发展的过程中，积极引入数字化手段实施民族文化抢救性保护工作，推进地方、民族珍贵的历史文献典籍资源数字化，建立了少数民族文化资源数据库与网络协作平台，健全了文物和非物质文化遗产管理办法与机制。

第一，国家级科研项目发挥指引作用，探索了通过数字化与网络技术，对经典文物古籍进行全球协作式保护与传承的路径，为其他地区也提供了极具价值的经验。2013 年，由北京信息科技大学、北京东巴文化艺术发展促进会、丽江市东巴文化研究院（云南省社会科学院丽江分院）、迪庆纳西学会（纳罕文化传研中心、国家级非物质文化纳西造纸技艺传承点）等共同承担的国家社会科学基金重大项目"世界记忆遗产东巴经典传承体系数字化国际共享平台建设研究"正式立项，历经 5 年的研究，于 2018 年结项。该项目进行了广泛的

---

① 全国社会组织信用信息公示平台，https：//datasearch. chinanpo. gov. cn/gsxt/newList，最后检索时间：2021 年 4 月 20 日。

田野调查，采集、归纳了大量东巴经典信息，并邀请东巴祭词释读，建立了数字化档案库。据项目组公布的数据统计："收集国外 11 家、国内 10 家收藏机构的东巴古籍文献数字版共计 3378 册，发掘和数字化采集了大量东巴古籍研究的珍贵历史文献（10 余部，4 万余页）。拍摄了大量反映东巴人文现状的视频和图片，编辑制作了纪录片与资料片，其中影视人类学纪录片《回归的东巴经卷》《纳西族传统造纸术与其传承的文化》荣获第十届巴黎中国电影节最佳人文纪录片奖，申请及授权国内外发明专利、软件著作权等知识产权 22 项。"① 该项目具有开创性的意义，着眼于全球东巴典籍的采集、整理与共享，构建了国家间博物馆、图书馆、高等院校、研究机构等平台的合作途径；基于数字化与网络技术，建立了全面的信息检索与统计等条目管理系统；同时，在异地、远程、协作型学术研究与互动交流的技术方面提供了支撑。

第二，文博资源数字化档案库建设成效显著。国家科技支撑计划"丽江古城世遗数字化与文化旅游综合服务示范"项目和"智慧丽江"项目运行，两个项目发挥互联网优势、利用数字化手段对文物、文化遗产本体实施安全监测和保护。目前，丽江古城内已有 141 个保护院落完成信息采集，为遗产保护、监测和维修加强了技术保障。"十三五"期间，丽江还启动了"丽江市民族文化资源记忆工程"，拟订《丽江民族文化资源记忆工程——宣科纳西古乐数据化保护项目拍摄方案》，纳西古乐数据化保护有序开展。2019 年 4 月，启动纳西族东巴画抢救性保护数据库项目一期工程，通过高清拍照、二维扫描、三维扫描等方式，采集目前丽江市范围内已知被相关机构、组织

① 《世界记忆遗产——中国东巴经典文化的传承》，中国艺术频道，http：// www.cnyspd.com/lvyou/fengqing/2018 – 03 – 12/175171.html，最后检索时间：2021 年 4 月 25 日。

和个人收藏的纳西族东巴画高清图片数据。同时，相关部门还积极向国家文物局和省文物局争取资金，组织实施白沙壁画、扎美寺壁画数字化项目。

第三，文博景区实现"智慧展览"。丽江通过"一部手机游云南"平台的运用，实现了对文博景区的日常监管，并为游客提供景点直播及观展智能语音讲解等"智慧服务"。丽江古城历史文化展示馆采用"实景+虚拟"互动技术、全息投影技术、体感技术等，演绎纳西古乐、纳西族饮食等传统民族文化，在文博旅游景区建设方面做出创新与实践。

丽江创世纪文化体验中心于2018年1月正式开幕，该中心总投资近亿元，充分利用科技手段，深度融合了"文化+旅游+科技"的理念，用VR技术展示演绎纳西族长篇创世史诗《创世纪》，并打造了长100米、高3米的国内首个百米数字长卷，展现明朝时期丽江的民俗风情。该中心还争取了省级文化产业专项转移支付资金，正计划推进虚拟动感《东巴神路图》等项目建设。

正在建设中的丽江市博物院新馆、数字非遗馆等，借助数字化、智慧化设备，对丽江非物质文化遗产保护传承情况，以及代表作、传承人详细情况，尤其是国家级项目与传承人情况进行展示与宣传。数字非遗馆将以LED显示屏、电子阅读机、展板、图引等方式展示各保护区概况。目前对玉湖纳西族保护区、瓦拉别摩梭人保护区、拉伯普米族保护区、六德他留人保护区、西川乡沙力河村彝族毕摩文化保护区等区域的村景及历史文化进行了模拟还原。

第四，文博管理工作网络办公常态化。在日常事务处理方面，丽江市文化和旅游局将文物认定与保存管理、文物保护单位监管、文物使（借）用管理等方面的工作全面纳入在线办理范围，为文博资源的常态化管理提供了极大的便利性（见表2）。

表 2　丽江市文化和旅游局网上办理的文物保护工作[*]

事务类别	事务描述	设定依据
文物认定与保存管理	博物馆处理不够入藏标准、无保存价值的文物或标本审批	《中华人民共和国文物保护法》第三十六条
	博物馆文物藏品账目及档案备案	《中华人民共和国文物保护法》第三十六条
	文物认定	《文物认定管理暂行办法》（文化部令第 46 号）第二条；《中华人民共和国文物保护法》第二条
文物使（借）用管理	非国有不可移动文物转让、抵押或者改变用途备案	《中华人民共和国文物保护法》第二十五条
	非国有文物收藏单位和其他单位借用国有文物收藏单位馆藏文物审批	《中华人民共和国文物保护法》第四十条
文物保护单位监管	文物保护单位建设控制地带内建设工程设计方案审核	《中华人民共和国文物保护法》第二十五条
	文物保护单位原址保护措施审批	《中华人民共和国文物保护法》第二十条
	在文物保护单位的保护范围内进行其他建设工程或者爆破、钻探、挖掘等作业审批	《中华人民共和国文物保护法》第十七条
	文物保护单位及未核定为文物保护单位的不可移动文物修缮许可	《中华人民共和国文物保护法》第二十一条
	核定为文物保护单位的属于国家所有的纪念建筑物或者古建筑改变用途审批	《中华人民共和国文物保护法》第二十三条

[*] 丽江市文化和旅游局政务服务窗口，https：//zwfw. yn. gov. cn/portal/#/work - service/department - matters？ orgCode = 530700000000_ 115332000015272906R，最后检索时间：2021 年 4 月 20 日。

（四）创意提升产品和服务，有效延展文博服务产业链

在贯彻落实《云南省政府办公厅转发省文化厅等部门关于推动

文化文物单位文化创意产品开发若干意见的通知》的过程中，丽江市发布了《关于推动文化文物单位文化创意产品开发的实施意见》，建立了市级非遗专家库，积极探索"让非遗走进现代生活"的形式和路径，鼓励文博单位以委托、合作等方式设计生产一批优秀的文化创意产品。

第一，围绕博物馆馆藏文化元素，结合丽江丰富的文化资源，创新衍生品设计，同时提升丽江文博旅游板块的活力与文化消费热点。丽江通过研究和挖掘市博物院馆藏的东巴文物、民俗文物、青铜器、书画、唐卡、陶瓷器等11000件文物的价值内涵，特别是以近3000件纳西东巴文物为创意元素，自主开发了一系列文化创意产品，激发文博资源价值与设计活力。全国首家地质类文博衍生品品牌"钰龙圣山"于2017年入驻玉龙雪山冰川博物馆，所有销售的文创产品均由品牌合作方之一——北京一彩空间工程技术有限公司原创设计，产品文化符号和设计理念主要来源于玉龙雪山和丽江瓦猫。通过对玉龙雪山和瓦猫形态、文化、精神的提炼，公司对丽江文博服务的衍生产品进行了富于创意的设计和包装，充实了丽江文博服务的产品内容。丽江创世纪民族文化体验中心面向游客开放东巴象形文字书写、东巴造纸技艺等非物质文化遗产项目的体验活动，并提供相关文创衍生品的销售。

第二，园区、街区等为非遗类文创产品设计提供空间服务，打造良好文创产品体验与消费氛围。"十三五"期间，丽江建设了金茂丽江创意文化产业园、束河古镇工匠一条街、益田文创园区、红谷艺术坡地等文创产品研发基地及集散地。依托原有的文化品牌优势和良好的文化旅游服务设施，丽江相关部门引导企业把大研古城的"大研花巷"、束河古镇的"哈里谷"等打造成为以文化创意、民族民间文化、休闲旅游等业态为主的文旅融合综合区。一批街区、园区的集聚与成熟，为非遗类文创产品提供了活态展示空间。

丽江古城保护和管理局逐步收回一批公房，支持工匠、艺人群体回归古城，以文化院落的形式开展民族民间创意产品设计、生产、展示、传习等活动。目前大研古镇已正式开放的文化院落共24个，纳西象形文字绘画体验馆、手道丽江民间手工艺术馆、银文化院落、天青阁东巴青花瓷器馆、老木艺术空间等均立足于当地传统艺术，设计研发了自有的文创产品。其中，手道丽江民间手工艺术馆中集合了造纸、陶艺、皮革、铜器、木雕等多项传统技艺，既是传统手工艺文化的展陈体验空间，又具有销售工艺品的功能。文化院落的建立，让文物古建的功能复合化，从而使得文博产品和服务的内容更多样、层次也更立体。访客们不仅能够参观文物、文化遗产，更能够通过参与文化活动、体验工艺制作等，对文物、遗产的价值建立更深层的了解和认知，由此让"固态"的文物和遗产真正地"活"起来。

第三，为非遗传承人搭建交流平台。文化和旅游部门鼓励非遗传承人积极参与文博会等大型展会，先后选派非遗传承人参加在北京、深圳、昆明、上海等地的民族服装、民族文化展演展示活动，开办丽江民族赛装节。抓住各电商平台在"中国文化和自然遗产日"等节日期间举办"非遗购物节"的时机，鼓励非遗传承人参加展示宣传活动，树立新思维，了解新市场，学习在变局中开新局，促进非遗资源有效进入市场，逐渐实现非遗资源合理的、科学的生产化、商品化过程。在文化赛事方面设立"蓝月亮"文化艺术综合奖，并对非遗传承人、优秀人才等设置奖项，以评奖、比赛等文化活动的举办促进文博行业交流，提升设计水平，为孵化优质文博衍生品提供平台。

（五）开展交流活动，提升文博行业在国内外的影响力

丽江注重对外树立文博品牌形象，除了着力打造与文博相关的景区景点、旅游线路以吸引世界各地的游客外，还通过与国内外各文博机构的交流、合作，将丽江最具民族特色与历史文化价值的文物、非

物质文化遗产代表作等传播到世界各地。

第一，展览活动"走出去"和"请进来"，一方面丰富本地居民的文化生活，另一方面提高文博资源的影响力。2013 年以来，丽江市博物院每年都安排到 5~6 个外地博物馆举办展览，同时，积极联系和引进省外 5~6 个博物馆到丽江举办展览。2017 年，市博物院到省外举办展览 7 次，并多次引进上海、内蒙古、广东，以及省内曲靖、大理等地的文化展览。

2015 年 5 月，"纳西族东巴文化展"在国家博物馆举办，现场共展出古籍文献、美术作品、法器等珍贵文物 190 件，引起了国内外文博业的极大关注与肯定。2015 年 6 月，丽江市委、市政府正式启动了《云南丽江纳西族百卷东巴经手抄本（中国国家博物馆收藏版）》编写项目，组织了 35 名东巴文化专家，历时 29 个月，完成了 900 册东巴经籍抄写。2017 年 12 月，该经书手抄版被中国国家博物馆正式收藏，为丽江纳西族传统文化的传播、文博服务业的发展树立了新的里程碑。此外，"寻珍觅宝·典藏丽江——丽江市首次全国可移动文物普查成果展""长空飞虎——飞虎队文物展""草原古韵·塞外风情——内蒙古包头博物馆馆藏文物精品展""非遗传承人墨羽文创雕刻艺术作品巡回展""传承文明·和谐共存——丽江三项世界遗产展""锁之韵——三明市博物馆馆藏锁具展"，以及线上展览"馆藏历代丽江书画展"等，也引起了业界与市民的普遍关注。

第二，文博展览项目持续申获基金资助，为文化宣传加强资金保障。目前丽江市获得国家艺术基金资助的项目共 3 项，分别是 2015 年立项的《黑白战争》连环画、2016 年立项的"纳西族东巴画艺术百年展"，以及 2019 年立项的"白沙壁画临摹精品展"。《黑白战争》连环画作品在原有的纳西族史诗文学作品中糅合了东巴古籍文献、东巴象形文字、东巴画、东巴造纸技艺等优秀传统艺术，通过线描画、汉语文字、东巴象形文字三大表现形式，将气势恢宏、跌宕起伏的纳西族故事生动呈现出来。该展览已到法国巴黎，以及国内成都、杭州、上海、北京、昆明等地展出，均获得高度认可与评价。

第三，配合节日庆典开展主题活动，培育了本地居民看展习惯，营造本土文化传播氛围。每年春节、寒暑假等节假日，以及国际博物馆日、中国自然和文化遗产日期间，博物馆、文化馆、非物质文化遗产中心等均面向公众组织开展文博主题活动，包括东巴文化传承班、小小讲解员培训、寻宝游戏、书画展等，有效助力丽江文博服务氛围的营造、文博消费习惯的养成。古城区定期举办大东热美文化艺术节、金山民俗文化艺术节、金江民俗文化艺术节、和乐祥和文化节、和美大研文化节等节庆活动，拉近群众与优秀传统文化的距离。古城区非遗中心在2019年"文化和自然遗产日"承办"非遗进校园"活动，开阔青少年学生的文化视野，坚定了居民的文化自觉和文化自信，起到了以优秀的历史文化聚民心、育新人、展形象的作用。

二 丽江市文博服务业发展的主要特点

与国内区位、类型相当的城市相比，丽江文博资源在存量与级别方面都拥有得天独厚的优势，丽江也是国内最早对文博资源的保护与活化利用进行探索的城市之一，在推进文博服务业发展的过程中，积累了诸多具有参考价值的经验。

（一）文博类创意产品与体验项目走入大众消费市场

2016年丽江被列为全国文化消费试点城市，丽江市紧抓这一机遇，拨出资金，制定策略，着力引导和培育城乡居民文化消费，将政府输送的文化内容与群众的文化需求精准匹配。

作为古城区文化消费试点单位，古城区非物质文化遗产保护管理中心、丽江古城博物院主要负责监督各部门对民族文化、历史、音乐等各方面的研究、传承、收集等工作；管理院内文物，并进行研究、保护和展示；收集、整理、分类、编目古城区非物质文化遗产，对外宣传展示古城区各民族优秀传统文化和保护发展成果。一批立足于丽江文博与非物质文化遗产资源的品牌、门店积极配合此项举措的推行，丽江涵蜜金民族服饰有限公司、丽江纳西文化产业开发有限公司、欣荣木雕店（老木艺术空间）、多巴陶艺店等 36 家被列入古城区文化消费示范名单的工艺美术类企业将地方特色文化融入创意设计理念，精准突出"金、木、土、石、布"等产品种类的表现要素，开发了一系列具有鲜明地方特色和民族特色的文创产品，包括纺织制品、木雕工艺品、纸品、皮革制品、银器、烙画、陶瓷等，在推行文化消费试点的措施中实现了品质、设计的进一步提升，更好地培育了当地群众市场。

由市文化消费试点办公室补贴部分金额，纳西创世纪文化体验中心作为文化消费试点合作公司，2018 年共向市民发售 10000 张惠民卡，其中 5000 张用以面向市内中、小学生提供民族文化体验和科普教育等方面的免费活动，另 5000 张以 30 元/张的单价面向本地常住居民发售。

在这一系列强有力举措的拉动下，居民走进历史文化体验场馆的概率有所增加，文化消费意识也被大大激活，文化消费市场活力得到提振，文博行业的从业者、设计师从中探索了文博类文创产品、体验项目与大众文化消费市场相适应的路径，有效提升了对文博资源的保护、传承与灵活利用的意识，为文博资源向文创产品的转化注入了活力。

（二）打通社会力量参与文博保护和利用的通道

世界三大遗产申报成功之后，丽江市文化和旅游发展也进入新阶段。大量游客涌入，文博资源的保护和利用面临着新的挑战。按照

"全面保护，重点维修"的原则，丽江市有计划、有重点、分期分批地完成各级文物资源的保护修缮工作，保障不可移动文物本体及周边环境的完整性，加强文博资源安全体系建设。在旅游业发展的20余年中，丽江做出了诸多大胆的实践与探索。

具有珍贵文化历史价值的文物保护单位如黑龙潭古建筑群、金龙桥等被开放为旅游景区景点，切实推动文博资源"来之于民，用之于民"，实现文博资源全民共享。据统计，"黑龙潭日均游客量约为6000人次/天"①。对于丽江很多不可移动文物，如白沙壁画、金沙江岩画等，相关部门通过图片、可移动的纪念物等方式展览宣传，在省内各地，以及上海、广东等地巡回展出，展示丽江作为云南通往川藏的要道、古代茶马古道贸易重镇的民族特色文化和自然生态景观，宣传丽江文化遗产保护成果。古城内的民居建筑群落被改造为客栈、商铺、酒吧、文化院落等，游客在参观与使用中激活了文化遗产可持续使用的价值。"十三五"期间，丽江逐渐收回了古城内的一批公房，并将其改造为"文化院落"，展示与传习的内容包括银器、瓷器、木雕、歌舞表演、东巴象形文字等。24家"文化院落"嵌入古城的各类商铺、民宅、客栈、餐厅等建筑中，构成了古城旅游景点的特色内容，游客在参观的同时，也参与了传统民居建筑以及建筑空间内展示的非物质文化遗产的活态传承与保护。依托大研古城等业已成熟、知名度高的旅游景区，纳西族热美蹉、洞经古乐、打跳等非物质文化遗产代表作进行常态化演出，展现丽江市传统文化，将非物质文化遗产渗入社区居民的日常生活，也对需要传承与保护的非物质文化遗产项目与其文化生态环境、自然环境进行整体性保护。

总之，丽江积极促进文博资源的社会共享，通过持续挖掘文博资

---

① 《日均接待游客2000人左右，黑龙潭景区人气逐渐恢复!》，搜狐网，https：//www. sohu. com/a/383863761_ 244701，最后检索时间：2021年4月25日。

源的价值内涵，鼓励和引导本地群众、外来游客参与文博资源的保护和合理利用，开创了"主客参与"文博资源保护、传承与开发的"丽江模式"。

（三）引入高端技术、理念与人才服务于文博行业的发展

区别于一般的文化资源、旅游资源，文博资源有其珍稀性、不可替代性与脆弱性。丽江地处中国西部地区，人才、交通、经济等方面与东中部发达城市相比还有一定差距。但在文博服务业发展方面，由20世纪申报世界遗产起，丽江持续引入高端技术、理念与人才，在云南乃至整个西部同类型地区都具有示范意义。

首先，丽江市运用数字技术对大量文博资源进行了信息采集、建档与管理，极大提升了文博资源数据库的信息存量与使用效率，在此基础上对各类文物资源制定可行有效的保护方案与措施。"世界记忆遗产——东巴经典传承体系数字化国际共享平台建设研究"这一国家艺术基金重大项目中提出东巴文字机器识别技术，识别率达90%以上，突破了过去东巴古籍翻译的困难和限制。通过数字手段对文博景区内环境、安全、人流量、不文明行为等实施全面监管，一定程度上降低了文博资源遭受人为破坏的概率。同时，丽江使用数字技术丰富文博资源的展现手法，增加文博展览展示的观赏性、参与性和趣味性，如建立东巴古籍数据库、释读的规则库与知识库，实现对东巴文字、音像、图形等海量信息进行智能管理，并支持多种检索。

其次，三大世界遗产的成功申报，与丽江重视学习借鉴国内外先进的文博保护经验直接相关。延续这一理念与思想，近年来丽江持续组织举办"丽江生态文明与乡村振兴的探索与实践暨纳西文化的传承与创新""欧亚世界遗产城市国际会议""丽江古城申遗成功20周年暨遗产保护与旅游可持续发展研讨会""'一带一路'文化遗产合

作交流国际研讨会暨丽江国际民间艺术展览会"等具有国际影响力的学术会议，不断吸取外部经验，用于丽江文博资源的保护与传承实践中。

最后，重视文博人才的内培外引。近年来，丽江市在人才队伍建设方面实施"打造人才高地十条""零门槛落户""人才绿卡"等政策，遴选"百名工匠人才""荣誉市民"等，大力引进院士专家、文化名家、艺术大师等入驻丽江，着力建设国际艺术中心、实训基地、研学基地与名师工作室，为丽江高质量发展提供人才支撑，也为丽江文博资源的保护与活用提供了智库储备。

三 丽江市文博服务业发展面临的趋势

丽江的文博资源极为丰富，此前已经针对资源的盘点、分级、保护等开展了大量基础工作，并通过文博+旅游、文博+科技、文博+创意等方式，在文博资源活用方面展开了探索与实践。习近平总书记在中央政治局第二十三次集体学习时强调："我们要加强考古工作和历史研究，让收藏在博物馆里的文物、陈列在广阔大地上的遗产、书写在古籍里的文字都活起来，丰富全社会历史文化滋养。"[①] 当中便清楚地点明了文博行业所面临的发展趋势与使命。

（一）文博行业将持续发挥对公共文化服务体系的作用

以博物馆为代表的文博服务机构，承担着为全社会收藏、保存、展示、传承文化遗产的功能，也担负着引导价值取向、培育审美水平

---

① 王春法：《让文物活起来》，人民日报网站，https：//baijiahao.baidu.com/s？id=1687573244206582078&wfr=spider&for=pc，最后检索时间：2021 年 4 月10 日。

等公共教育职责。《中华人民共和国国民经济和社会发展第十四个五年规划和 2035 年远景目标纲要》中明确提到"社会文明程度得到新提高"等意见，并进一步提出了"扩大优质文化产品供给""推动文化和旅游融合发展""公共文化服务体系和文化产业体系更加健全"等指导思想。"十四五"阶段，丽江文博行业将顺应国家不断提高公共文化服务水平的导向，向群众输出高质量文化，为群众培育正确的历史观与文化价值观，促进文博事业和文博产业互为补充、繁荣发展。

（二）数字化水平继续助力博物馆合作平台的构建

2017 年，国家文物局印发了《关于推进第一次全国可移动文物普查数据公开共享的通知》，鼓励各省文物收藏单位积极利用现代信息技术，全面深入推进可移动文物信息与数据多样化、多维度共享，促进文物信息资源的创造性转化和创新性发展。[①] 通知发布后，获得各地的积极参与，以加强文物资源在全社会的共享与活用。丽江也在"十三五"期间，通过国家重大项目的立项与研究，探索了在全球范围内协同收集、共享东巴文献资源的技术路径。显然，运用大数据、云计算、人工智能等先进技术，扩大文博服务的参与范围与群体，打破行业、区域、馆际的限制，已经成为全球趋势。而丽江则面临着技术不断升级，以融入全球化文博行业协同发展平台的挑战。

（三）文创产品将越发成为文博产业链的关键因素

2016 年，北京故宫博物院、台北故宫博物院、南京博物院等文

[①] 《国家文物局公布 346 万件全国馆藏文物信息》，国家文物局网站，http://www.ncha.gov.cn/art/2017/12/28/art_722_146143.html，最后检索时间：2021 年 4 月 15 日。

博机构率先大胆"跨界",创意设计了一批成功的博物馆衍生品,如纸胶带、春节压岁包、彩妆等,并在大众消费市场中大获成功。目前,主题文创产品已经成为各个博物馆不可或缺的形象代表。"全国已有超过 2500 家博物馆、美术馆围绕自己的馆藏进行 IP 开发。"①文博衍生品在展示其引发社会关注度的同时,也展示了巨大的产业价值。"2019 年实际购买过博物馆文创产品的消费者数量已近 900 万,相比 2017 年增长超 3 倍。"② 显然,文创产品的丰富程度、大众认知度、销售数据等已经成为社会各界对文博机构进行评价的重要内容,既是吸引观众走进文博场所的重要吸引点,也是延伸文博产业链、激活文博资源经济价值的一根杠杆。在这一趋势下,丽江必须进一步提升对文博资源内涵的挖掘能力与对馆藏珍品视觉元素的提取能力,加深对大众消费市场的了解,在文博资源向文创产品转化的过程中,平衡产品文化属性与经济属性之间的关系。

四 丽江市文博服务业发展的建议

(一)延伸文博创意产业的产业链,设计文博体验新场景,打造一批具有独特文化符号的文博创意品牌

第一,开展本土品牌创建行动,融入全球文博消费领域。以世界记忆遗产东巴象形文字等具有影响力的文博资源为基础,孵化一批以文物保护单位、博物馆为支撑的,具有较高传播力和影响力的文博衍

---

① 李婷:《超过 2500 家文博场馆忙于 IP 开发,关于博物馆文创产品,我们还能做些什么》,文汇报,http://www.whb.cn/zhuzhan/2019qglh/20190315/249982.html,最后检索时间:2021 年 4 月 10 日。

② 《1 亿 90 后沉迷博物馆,传统文化 IP 的"消费"复兴》,https://www.sohu.com/a/357133275_603687?scm = 1002.46005d.16b016f01a2.PC_ ARTICLE_ REC_ OPT,最后检索时间:2021 年 4 月 10 日。

生品品牌；与国内外具有高知名度的企业、艺术家、博物馆、美术馆合作，运用自主开发、联名开发等方式，加快文创产品的研发，提高生产效率；主动融入国家鼓励文博资源向文创产品转化的战略，在本土培育一批能够反映丽江文化符号、融入全球消费市场的文创品牌。

第二，吸纳社会资本，引导多方力量参与发展文博服务业。借鉴国外文化产业发展较好地区和城市的经验，充分调动社会力量参与文博产业发展的积极性与责任感。如支持企业投资运营主题美术馆并配套开发文创产品，支持企业成立基金会，针对性地向文博行业提供资助，支持企业赞助文创产品比赛与评奖等，激活社会资本支持文博产业发展的潜力和动力。

（二）繁荣文博事业，升级文博产业，促进公共文化服务体系与文博服务业融合发展

第一，继续完善博物馆建设。在以"四馆一中心"为依托的金茂文化产业园区建设完成后，继续推进全市博物馆建设。力争每个县（区）都能建成一座功能完备的博物馆，或对现有的县级博物馆进行提升改造，提高博物馆的公共文化教育质量。鼓励具备条件的县（区）建设多形式、多主题、不同规模的民营博物馆、社区博物馆，增加数量的同时，体现行业特性与区域特点，向群众提供丰富多元的文博服务渠道。

第二，大力发展文博产事业，满足不同群众的文化需求。在《博物馆条例》等政策的指导下，提高博物馆服务水平，改善博物馆陈列条件，完善服务标准，提升基本陈列质量和藏品利用率；积极发挥社会教育与文化传播职能，推动优秀传统文化创造性转化、创新性发展，积极引进和举办高水平的艺术、科普展览，不断提高服务与社会需求的匹配度，促进博物馆公共文化服务标准化、均等化；丰富博物馆的类型、功能与作用，在传统的市级博物馆之外，支持能够弘扬

东巴文化、纳西文化、丽江文化的各种特色博物馆的建成与发展，为丽江的文化旅游产业增添文博色彩。

第三，构建"文博＋"的发展模式，与各个行业相融合，延展文博资源价值。以有利于文物保护为前提，以文博资源价值回馈社会为目的，以彰显丽江文物历史价值为导向，合理、适度、科学利用文物资源，推进文物普查成果转化，通过"文博＋旅游"路线的规划、"文博＋研学"模式的实践、"文博＋体验"服务的输送，充分拉近民众与文博资源的距离，发挥文物在历史、艺术、科学等方面的活用价值，凸显丽江在急速城市化、现代化的进程中，文博资源的宣传与展示对文化、经济、社会起到的综合调节作用。

（三）丰富文博传习方式，促进文博服务与教育、社区建设融合发展

以前期有序开展的民族文化传习与宣传活动、非遗进校园活动、文化惠民活动为基础，加大文博服务业对文化、旅游、教育、社区等领域的服务供给，对城乡居民全面开展与文博相关的社会教育，加强文博资源对社会的正面影响力。

第一，打造研学项目。依托丽江丰富的文博资源存量，面向以学生、教师、科研人员、艺术家为主的研学消费群体，打造一批文博类精品研学基地、深度游学线路与体验项目，同其他休闲度假旅游项目相结合，构建富于地方、民族文化特色的研学旅游产业链。与高等院校、中小学校合作，举办研学夏令营、工作营等，持续开展"非遗进校园"活动，组织师生到博物馆、非物质文化遗产传承点等进行实地学习和参观体验。

第二，注重社区传承。充分发挥丽江现阶段相对成熟的社区管理模式与组织能力的优势，鼓励"新丽江人"不断融入老居民群体，以社区为单位，培育居住者的主人翁意识。在国际博物馆日、文化遗

产日、"我们的节日"以及三朵节等时间节点，积极开办相关活动，向居民提供文博知识的讲座、培训、宣传、体验等服务，并向社会吸纳志愿者群体，加大社区参与度，提升居民对本地文博资源的认知与文化自信。

第三，完善非遗传承条件。依据《中华人民共和国非物质文化遗产法》《丽江古城内经营项目目录清单》《丽江大研古城市场经营项目准入退出管理暂行办法》等，持续拓展大研古城内的文化院落空间，为各级、各门类非物质文化遗产传承人开展传习活动提供场所与设施，延续、完善、提升对传承人的补贴机制，不断优化开展授徒传艺、教学、交流等活动的社会条件，并与文化旅游、文化教育等领域实现深度融合。

丽江市民宿客栈业发展报告

王 佳 王慧园*

摘 要： 丽江是我国民宿客栈产生并形成产业的发源地之一，在丽江的文化和旅游发展中，民宿客栈业创造了大部分的消费收入。在丽江文化和旅游发展初期，民宿客栈只是向小众游客提供单一的住宿、餐饮服务；随着文化和旅游热度不断升温，丽江很多民宿客栈逐步拓展转型成为满足吃住行游购娱多类型、多层次消费需求的，兼具文化艺术展示、沉浸式体验、个性化定制服务等复合功能的文化旅游产品和载体。"十三五"以来，丽江民宿客栈业在旅游市场波动、激烈竞争带来的冲击和影响下不断调适，通过营造和突出文化主题、创意设计赋能、智慧旅游加持等路径谋求创新升级，形成了类型丰富、主题多样、层次立体的民俗客栈产品和服务，在全国具有代表性和引领性。

关键词： 民宿客栈业 文化主题 文化旅游 丽江市

---

* 王佳，云南大学民族学与社会学学院副教授，主要研究方向为民族文化产业、少数民族艺术；王慧园，云南大学民族学与社会学学院在读硕士研究生，主要研究方向为文化管理、文化产业。

民宿客栈是丽江文化和旅游业发展的重要支撑内容，也是蜚声世界的文化和旅游品牌。丽江的民宿客栈业在全国旅游业的发展中都具有引领性、里程碑式的作用，民宿客栈构成了丽江文化和旅游发展的核心内容之一，也是丽江文化、丽江体验、丽江故事最生动的凝结空间。

民宿最早发源于欧洲，后传入日本。在20世纪60年代初期，英国一些人口稀少的乡村地区，出现了为增加收入而开设的民宿，由主人自行招待提供食宿服务，这是英国的早期民宿。我国旅游行业标准《旅游民宿基本要求与评价》（LB/T 065－2019）明确规定了旅游民宿的定义，即利用当地民居等相关闲置资源，经营用客房不超过4层、建筑面积不超过800平方米，主人参与接待，为游客提供体验当地自然、文化与生产生活方式的小型住宿设施。

丽江市内各个古镇是我国民宿客栈的重要发源地。优越的自然生态环境、闲适自得的生活环境、丰厚的民族文化资源、保存完整的传统建筑群落、人与自然和谐一体的传统生活方式让丽江大大小小的古镇成为民宿客栈的最佳选址地。十几年来，丽江旅游业规模不断扩大，旅游经济不断发展，作为"食住行游购娱"旅游要素之一的"住宿"也越来越朝着满足游客多样化、个性化体验需求的方向发展，各类星级酒店、文化主题客栈、连锁民居住宿如雨后春笋般建设起来。丽江民宿客栈集历史文化、传统文化、民族文化、地域文化于一体，经过20多年的发展，已经形成独特的风格特点，得到越来越多国内外游客的认可与喜爱。

民宿客栈是丽江文化、丽江体验、丽江故事最集中的承载空间，在丽江从"单一观光"旅游向"文化体验、休闲娱乐、康养度假"复合型文化旅游拓展的过程中，民族客栈不仅构成了文化和旅游消费的重要内容，还是驱动丽江文化和旅游转型升级的重要载体。民宿客栈业的兴盛和波动，直接反映了丽江文化和旅游发展的特点与规律；民宿客栈业的形成、壮大和转型发展是丽江文化和旅游繁荣、创新与可持续发展的核心内容。丽江民宿客栈的出现对深入挖掘活化文化资源、优化旅游资源发挥了重要作用，丰富了旅游产品形态和内容，促进了城市、乡村环境的改善和文化治理，带动了城乡剩余劳动力就业。①

一 丽江市民宿客栈业发展的阶段和现状

1995 年，丽江开办第一家客栈，2008 年发展至几百家。2012 年以后，国内旅游度假需求迅猛上涨，旅游者对个性化、差异化文化主题的民宿客栈需求增加，丽江民宿客栈产业迎来了蓬勃发展。2017年，丽江民宿客栈已达 3247 家，位居全国榜首。截至 2019 年底，丽江民宿客栈已达到 6000 多家，集中分布在丽江城区、大研古城、束河古镇及宁蒗泸沽湖等旅游资源核心区，并向周边延伸分布。在近30 年的发展进程中，丽江民宿客栈业历经了四个阶段，探索了特色鲜明的发展路径，对全国民宿客栈业的发展贡献了"丽江能量"。

（一）发展阶段

丽江民宿客栈产业的发展与旅游市场的变动息息相关，同时受政策调整、市场竞争、OTA 平台入驻、疫情等各方面因素的影响，丽江的民宿客栈产业经历了萌芽期、蓬勃发展期、品质提升期、疫后冷静期四个阶段。

1. 萌芽阶段：维持基本生计、满足基本需求（1995～2011年）

最初丽江的民宿客栈性质很简单，只是作为满足早期到丽江观

---

① 《依托特色浓厚民族文化　推进云南丽江民宿产业优质化发展》，新浪云南，http://vn.sina.com.cn/vpin/productnews/2018 - 12 - 04/detail - ihprknvs9643067.shtml，最后检索时间：2021 年 4 月 25 日。

光、探险，且消费水平有限的一批个性化、小众化游客的住宿需求而出现的服务形式。丽江古城内第一家提供客栈住宿服务的民居开业于1995年，到1998年底，古城也只有11家民居客栈，总客房数不过175间。① 20世纪90年代末，是丽江旅游业的初步发展期，民宿客栈数量也屈指可数。2000年之后，随着三大世界遗产的命名，《纳西古乐》的品牌传播，丽江的旅游业开始升温，民宿客栈的数量也开始成倍增长，2008年达到465家，2010年客栈总量达到770家。这一阶段的客栈大多是物业自持，由居民自主开发，古城内的民居主人将家里空闲的房间布置之后，提供基本的住宿服务；也有少数客栈主人是为了逃遁喧嚣，在经济条件允许的情况下进入丽江，租住传统院落、民居的同时，开设民宿客栈，以维持生计；此外，也有一些文艺爱好者，为追求理想的生活方式、结交志同道合的朋友，以开民宿客栈的方式在丽江生活，并不完全以开设客栈为盈利手段。

2. 蓬勃发展阶段：掘金白热化、迎合大众消费市场（2012~2015年）

随着丽江旅游业进入高热化时期，民宿客栈业也蓬勃发展，越来越多的外地经营者带着先进的管理经验入驻丽江，丽江传统类民宿客栈向文化主题类民宿客栈转型，进入资本化开发阶段。这一阶段是丽江旅游业发展的黄金时期，游客过夜量逐渐上涨，民宿客栈房间与床位长期处于供不应求的状态，大量本地民居出租、出让给外来经营者，民宿客栈成为投资丽江的热点。2012年，丽江民宿客栈总量突破1000家，2015年达到3000家，如表1所示。2012~2015年间，丽江民宿客栈总量快速增长。2012年丽江民宿客栈市场火热之时，"花间堂""云端"等精品连锁客栈为了开拓市场从大研古镇开始发展，选址于古城四方街与狮子山等核心观景地带，经营儒医馆、赵公馆等文

---

① 《国内客栈简史》，搜狐网，http://caiyangeac.blog.sohu.com/322761448.html，最后检索时间：2021年4月25日。

化主题客栈。2013 年，政府部门开始鼓励客栈的文化主题式经营，建立公众投票平台，从文化主题、建筑主题、视觉空间和人文气氛主题等方面评选出 28 家"最具文化主题客栈"，推动民宿客栈业发展。[①] 2015 年初，旅行故事连锁客栈在丽江古城落地生根，并连续将十家在地客栈收购进行文化主题升级，企业资本开始大规模介入文化客栈发展市场。

表1　2012～2015 年丽江市民宿数量汇总

单位：家

年份	2012	2013	2014	2015
民宿客栈数量	1001	1237	2843	3002

资料来源：根据古城管理委员会调研数据与丽江市旅游发展委员会官方网站数据整理。

3. 品质提升阶段：重塑生活理念、适应调性追求（2016～2019年）

丽江文化主题客栈自 2016 年开始出现爆发式增长，类型多元且分众化倾向明显，覆盖范围从高度集中在大研古镇，扩大至束河古镇、白沙古镇，以及玉龙雪山等远离城镇的重要景区景点和乡村区域。同年，由于激烈的市场竞争、整体旅游市场形势的下滑，也有近 500 家客栈经营不善纷纷倒闭。此后，差异化、个性化的文化主题民宿客栈成为市场的"宠儿"，存活的经营者纷纷瞄向市场需求开始改造更具有吸引力的文化主题民宿客栈。在这一阶段，丽江民宿客栈呈现出精品化、品牌化、高端化的发展趋势，在政府政策支持、互联网平台入驻、"民宿群落"发展理念出现等背景下，丽江民宿客栈的品质转型不断加速。2017～2019 年，因文化主题赋能、创意设计加持和智慧旅游驱动，丽江民宿客栈数量恢复直线增长态势。这一时期文

---

① 陈雪：《丽江古城文化主题客栈研究》，云南大学硕士学位论文，2019，第 16 页。

化主题民宿客栈在空间上突破了过去主要集中在大研古镇和束河古镇的分布格局，大量新的民宿客栈向白沙古镇和景区周边、生态良好的乡村区域拓展。民宿客栈的类型也更加多元化，除在地性文化类民宿客栈外，还增加了一些设计师民宿、艺术品收藏、异国文化风格的连锁精品民宿客栈，这类民宿提供的文化艺术体验活动也更具有参与感，更符合现代人文化艺术消费、品茶交友、康体养生的需求。一些中小型，但以特色设计风格和个性化服务为品牌的酒店民宿企业，携带资本与人才在短时间内迅速入驻丽江，如"花筑""云栖""久栖"等，纷纷扎根大研古镇、束河古镇、玉湖村等地方，用专业的设计与管理方式打造文化主题客栈。这一时期，中高端、品牌连锁文化主题民宿客栈在丽江遍地开花。[①]

表2　2016～2019年丽江市民宿数量

单位：家

年份	2016	2017	2018	2019
民宿客栈数量	2517	3247	3294	6000

资料来源：根据古城管理委员会调研数据与丽江市旅游发展委员会官方网站数据整理所得。

4. 疫后冷静阶段：调整经营模式、创新营销方式（2020年至今）

2020年1月新冠肺炎疫情暴发，丽江市住宿业自2020年1月24日起陆续停业，2月末3月初，极少数住宿服务开放营业，大部分民宿客栈由于规模小、安全措施不到位等，只能保持关停状态。7月云南开放跨省游后，全市住宿业陆续复工，民宿客栈才开始逐步营业。2020年全年，丽江市接待游客2625.1万人次，同比下降51.41%；旅游业总收入510.41亿元，同比下降52.61%。2020年1~8月，全市住

---

① 陈雪：《丽江古城文化主题客栈研究》，云南大学硕士学位论文，2019，第17页。

宿业累计营业额 12.16 亿元，累计增速 -37.3%，其中 162 户限额以上单位累计营业额 2.55 亿元，累计增速 -51.7%，限额以下单位累计营业额 9.61 亿元，累计增速 -31.9%，限额以上单位营业额负增长进一步加剧全市住宿业营业额负增长态势。① 由于旅客数量断崖式减少，入住率、平均房价下滑，丽江民宿客栈总收入大幅减少，高额的租金压力，长期入不敷出的局面导致很多民宿客栈商户不得不退出丽江市场。

此外，丽江民宿客栈星罗棋布，民宿市场长期供大于求，在丽江旅游淡季矛盾更加突出。一些民宿经营户为争取有限客源以降价方式竞争，同时，物价、人力成本的逐年增加使经营户收益更少，直接导致一些民宿客栈维护经营投入不足、设施设备陈旧、服务质量降低；软硬件条件差的民宿客栈在市场上无法吸引消费，然后导致又一轮的降价竞争，恶性循环导致了民宿客栈业自身严重内耗。同时，一些大酒店也因为市场竞争和疫情影响降低房价，丽江和府洲际酒店 2009 年建成开业时平均每天房价 1300 元，随着同档次的铂尔曼酒店、金茂臻选酒店等国际品牌酒店陆续建成开业，2020 年的平均房价仅为每天 800 元；丽江官房大酒店也因投入不足、设施陈旧老化，房价逐年下降，目前平均房价不足每天 300 元。在疫情期间，大酒店的安全措施明显较一般民宿客栈更受信任，因此大酒店也成为民宿客栈的竞争对手。

但值得注意的是，新冠肺炎疫情在给丽江民宿客栈业带来致命冲击的同时，也促使民宿客栈市场进行了大洗盘。一些在旅游高热状态下进入丽江市场、以获取巨大经济效益为目的的资本，在这一轮冲击中出现资金链断裂、无以为继的状况，很多投资商不得不选择退出；能够坚持下来的，大多是资本雄厚的中高端设计师酒店民宿、连锁品牌民宿；还有更重要的一部分，是较早进入丽江，以在丽江营造"向

---

① 资料来源：丽江市文化和旅游局。

往生活"的一类民宿投建和经营者，这类民宿客栈的"主人"到丽江生活的时间甚至早于丽江成为世界旅游目的地，他们经营民宿客栈的主要目的是能够长期地生活在丽江，完全将自己的生活与丽江的发展融为一体。他们经营民宿客栈，不仅仅是向游客提供吃住。依托几十年在丽江生活的丰富经验和对丽江的熟悉程度，这类民宿客栈经营者可以为游客量身定制文化和旅游产品，提供全方位的个性化、精致化的文化和旅游服务，在这个过程中，民宿客栈经营者和消费者往往建立朋友、熟人关系，通过口碑传播，于是此类民宿客栈获得了持续稳定的客源群体，一定程度上能更好地应对市场竞争和波动，能在 2020 年旅游大停滞这种特殊状况中"活"下来。经过"旅游革命"、疫情导致的旅游大停滞等波折，这类民宿客栈仍沉淀在丽江，并且因热爱丽江、热爱这种生活方式，树立了与丽江"共克时艰"的理念，经营者们通过新媒体平台，自己做主播、拍摄短视频等讲述自己和丽江的故事，宣传丽江、展示在丽江的生活状态等，受众可以通过视频链接、直播平台、社交通道直接与经营者咨询问题、求助旅游攻略、预订房间、购买产品、获取服务和交朋友等，有效地创新了民宿客栈的营销方式。

（二）发展现状

丽江市作为享誉世界的旅游度假目的地，境内有玉龙雪山、丽江古城等闻名世界的风景区，每年吸引着数以万计的国内外游客，大流量客源推动了丽江民宿业的快速发展。1995 年，丽江开办第一家民宿客栈；截至 2019 年 9 月底，丽江市境内各档次民宿客栈超过 6000家，占全省 15000 家民宿总数的 39%，居中国单体城市民宿数量第一位。① 经过 20 多年的发展，丽江民宿客栈不断创新升级，纵观当下

---

① 《复游城落地丽江，推动在地旅游产业升级换代》，搜狐网，https：//www.sohu.com/a/422786417　467197，最后检索时间：2021 年 4 月 25 日。

丽江民宿客栈市场，产品类型多样、层次丰富。民宿客栈构成了丽江文化和旅游发展中满足游客吃住要求的必然要素，更充实和拓展了消费内容，对民宿客栈的体验是丽江文化和旅游消费中的重要内容之一。其发展经营模式在全国具有引领性和里程碑意义，丽江纳西特色客栈、摩梭风情客栈、高山草甸帐篷等民宿已经成为集传统文化、历史文化、地域文化、民族文化于一身的优质旅游品牌。目前，丽江游客对民宿客栈的满意度不断提升、停留时间不断增加，旅游拉动消费能力不断凸显，真正体现了"民宿不只是住宿、更是优质旅游产品"的发展理念。[①] 尤其是后期发展起来的文化主题客栈，既是文化体验空间，也是丽江旅游市场上的一种新型文化商品与住宿形态，包括客栈里面提供的多元文化产品与服务，除了满足消费者的精神需求外，还实现了文化附加值的转化和产业链条的延伸。

丽江民宿客栈发端于大研古镇，时至今日，民宿客栈最为集中的区域还是丽江古城。丽江民宿客栈业的发展和世界文化遗产丽江古城的保护利用密不可分，在很大程度上相互制约又相互促进。针对这一特殊性，丽江市通过各种政策措施的出台强化对民宿客栈市场的引导和监管。随着文化遗产保护力度的加强，丽江市不断严格规范古城客栈的市场准入机制。2018 年 5 月，丽江市政府出台《大研古城客栈经营规范》，规定了大研古城客栈经营条件、环境和设施、服务、安全管理等要求，并提出束河古镇、白沙古镇等范围内的客栈可参考执行。2019 年 5 月，客栈协会发布《中国客栈民宿发展丽江宣言》《丽江民宿客栈行业自律服务标准（试行）》《丽江民宿客栈评级标准（试行）》《行业自律诚信指导价》等文件，用政策规范丽江民宿市场、实现行业自律，依托世界遗产和民族文化，突出文化内涵，增强

---

① 《乡村民宿市场，方兴未艾，大有可为》，腾讯网，https：//xw.qq.com/cmsid/2019032AO EY8Y/20190324AOEY8Y00，最后检索时间：2021 年 4 月 25 日。

地方特色，提升核心竞争力。此外，《云南省丽江古城保护条例》《云南省东巴文化保护条例》等各种规章制度从建筑风格、历史风貌等方面保留丽江古城传统文化，规制外来风格客栈的准入。

二 丽江市民宿客栈业发展的主要特点

丽江市民宿客栈业经历了近 30 年的发展，积累了丰富的经验，也体现出自身的特点。在经营上，丽江民宿客栈采用"民宿＋"的多元方式；在适应市场转变的过程中，民宿产品从规模化、大众化向精品化、小众化转变；在功能上，民宿客栈从单一的旅游服务向复合文化空间转变。

（一）"民宿＋"的多元经营方式

丽江传统民宿客栈单靠客房收入，获得的收益不高。大部分民宿通过 OTA 平台进行宣传营销，但又为平台所垄断，近 40% 的利润被用来换取佣金。在此背景下，丽江文化主题民宿客栈以"民宿＋"的模式实现与其他业态的融合创新，发展多元化主题类型，通过"民宿＋旅行社""民宿＋艺术家工作室入驻""民宿＋校企活动策划""民宿＋俱乐部联盟"等方式寻找生产创新的合作人才或组织。民宿客栈承载"民宿＋"功能在无形中达到宣传与营销的效果，针对性地在大众市场中吸引到目标客户群体，增加了收入来源。

1. "民宿＋旅行社"

"客栈＋旅行社""酒店＋旅行社"是住宿市场上常见的经营方式，但是丽江文化主题客栈合作的旅行社并非以大众团体游为主的平价旅行社，而是专走小众路线、提供中高端定制游的精品旅行社，如中青旅遨游旅行社、白鹿国际旅行社等。民宿和旅行社的联盟与合作主要有两种形式：一种是按季度或者年度直接签订客源推荐合约，合约详细标明客栈根据淡季与旺季、散客与团体的不同，给予旅行社不同折扣的优惠价格；另一种是在此基础上，客栈制定阶梯式的激励政策或是返点制度，来进一步鼓励旅行社为其输送优质客源，带动其他文化产品与服务的消费。民宿客栈与旅行社达成联盟关系以后，旅行社会在线上线下的各类线路产品中直接将合作的文化主题客栈作为住宿必选或是首推给游客；或是在其官网首页与旅行社实体店内发布文化主题客栈的广告与特色优惠信息，以此增加客栈的曝光率与知名度，帮助客栈进行营销宣传。

2. "民宿+艺术家工作室"

丽江文化主题客栈尤其是艺文体验类的客栈大部分都会与艺术家合作经营，其艺术类型包含雕塑、摄影、建筑设计、电影等诸多方面。其合作经营的方式主要有两种，一种是将艺术作品用作装饰或展览直接进行售卖，客栈免费取用艺术作品来进行空间装饰布置，丰富客栈的艺术品展览品类。消费者发生购买行为所产生的利润都归艺术品的创作者。艺术家所创作的物质形态的艺术作品比如绘画、书法、摄影、雕塑等，可以用作客栈公共空间或者主题房间的装饰，通过"可见即可买"的方式，比如湘派画作吴云星的人物水彩、东巴字书法家木琛的东巴书法、苏国胜的摄影作品都摆进各自合作的客栈，增添了客栈空间的文化氛围，这也决定了这类客栈房价高于普通客栈。第二种是艺术家工作室入驻，直接在客栈单独开辟区域作为艺术家创作与会客的空间，艺术家可以不定期地出面与好友、住客以及客栈的其他消费者进行文化交流与艺术探讨，不定期地联合举办艺术展览活动。艺术家的一切活动都会因其品牌效应与知名度自动为客栈带来客源，形成强大的圈层营销效力，直接为客栈带来经济收入。这种方式适用于客栈房间数较多的中大型客栈，比如束河古镇的"一杯茶"客栈。"客栈+艺术家工作室"的经营方式，一方面利用艺术作品营造了民宿客栈空间的艺术氛围，体现了"主人"的文化艺术品牌；另一方面，艺术家的名气也能为民宿客栈的宣传营销发挥品牌效应。同时，艺术家们在同圈层内拥的众多好友与仰慕者也都直接构成了稳定的消费客群，这种经营方式通过优先导入高修养、高黏度、高净值、高消费能力的客流，再自然延展至不同阶层的消费群体，逐渐提升客栈品牌的影响力。

3. "民宿 + 校企活动策划"

在"民宿 + 校企活动策划"的经营方式中，丽江民宿客栈的合作经营对象主要是学校与企业。各地的艺术院校、艺术研究机构，以及知名院校中的美术系、民乐系、摄影系等，会与特定客栈达成合作协议，客栈以 7 折、8 折等低于市场价的折扣提供住房，民宿客栈由此成为老师、学生或者是校友会的实训创作基地，师生小团体每年在固定的时间段入驻民宿客栈。在此期间，客栈采用打包收费或按项目收费的方式，向师生提供住宿、餐食、创作材料等。在接待美术系的师生时，客栈为其推荐周边写生采风的地方，有条件的客栈还会配备在地画家作为文化导师领队。束河古镇的"一杯茶"客栈，是古城画院的写生创作基地；"迟留雪山之吻"艺术客栈，是四川师范大学美术学院的采风基地。

文化主题客栈与企业的合作经营中，客栈作为企业年会、公司团建基地提供配套的产品与服务，或者将客栈住宿服务、度假产品作为企业答谢重要客户的礼物。近年来，租赁酒店大厅、组织员工吃饭看节目的企业年会或团建形式越来越少，企业团建也尝试走出城市、远离喧嚣，寻找环境优美且服务配套的地方举行。企业做团建计划时一般是按照人数、时间与娱乐休闲、餐食住宿的具体要求在 OTA 平台进行定制，但入住客栈后，文化主题客栈会视公司企业的规模与工作内容，尽力将其转变为直接客户甚至黏性用户。丽江文化主题客栈中有很多中大型的、精品连锁文化主题客栈都可以提供专门的活动策划服务，企业之间、部门和子公司之间会相互推荐，由此采用这类经营方式的民宿客栈也能够拥有较为稳定的营销传播渠道和收益。

4. "民宿＋俱乐部联盟"

"民宿＋俱乐部服务联盟"是最常见的个性体验类经营方式，也是客栈平台集"游、购、娱"功能于一体，提供专业化旅游产品与服务比较早、较为成熟的一种经营方式。这类客栈提供的各类文化服务一部分是自营组织的，另一部分由联盟俱乐部与旅行社提供。与民宿客栈联盟经营的俱乐部包括旅游线路纯玩俱乐部、探险赛事俱乐部、小众运动俱乐部等，这些俱乐部有全国连锁的大型俱乐部，有丽江本土和周边旅游地区的各类旅游、户外俱乐部。一家民宿客栈可以专门联盟一类俱乐部，提供针对性的娱乐服务，也可以联盟多家不同类型的俱乐部为住客提供多种体验活动。比如"奇士机车"客栈专门为热爱机车文化的消费者提供机车旅拍、越野、比赛的活动体验，就只与"铭舰机车俱乐部""奇士机车俱乐部"等同类型俱乐部合作；"赵公府邸"客栈既与"阿拉丁户外俱乐部"合作，提供泸沽湖风景游、尼汝探险、哈巴雪山登顶等户外运动、旅游路线服务，也与马术俱乐部合作，提供正规马术学习与民族马术体验产品。民宿客栈和俱乐部的经营合作往往会以联盟协议或是自由推送客源的形式进行。俱乐部承接客栈推荐来的游客，负责执行私人定制游、探险运动、潮流赛事的组织与策划以获取收益，无论是用全国会员的品牌俱乐部还是当地的小众俱乐部，他们的自带客源都会被安排进合作客栈住宿，为文化主题客栈创造稳定的客流。

（二）从大众化、规模化向精品化、小众化转型

2017年6月12日，国家旅游局印发《全域旅游示范区创建工作导则》的通知，指出要丰富品牌旅游产品，增强要素型旅游产品吸引力，深入挖掘民间传统小吃，建设特色餐饮街区，进一步提

升星级饭店和绿色旅游饭店品质，发展精品饭店、文化主题饭店、经济型和度假型酒店、旅游民宿、露营、帐篷酒店等新型住宿业态，打造特色品牌。丽江文化主题客栈积极适应转型需求，从大众化的数量增长阶段转向精品化、小众化的品质提升阶段。

面对游客消费需求日益小众化、分众化，住客的体验诉求也愈加个性化、差异化的趋势，丽江民宿客栈迎合了消费市场需求，在不违背整体建筑风格的基础上，由经营管理者根据自己的生活爱好、个人品位来设计。客栈主人在经营中扮演着生产者的角色，其身份包括艺术家、作家、音乐人、建筑师、设计师、教授、企业人才等各类创造新产品、新服务、新理念的创意人才，能够将自己不同于当地居民的生活方式、兴趣爱好以及对理想生活的期待投射到在地的客栈空间中。此外，客栈在风格设计过程中重视美学、创意与艺术的运用，将高雅的生活方式与艺术气息融入客栈空间。比如由郭准带领海岸设计团队倾心打造的"丽江漫随"客栈，以马帮文化为背景，展现茶马古道的热情与奔放，用木、石、铁艺、玻璃等归本主义元素，在丽江古城打造了归本主义的新中式风格的客栈。"漫随"二字取自"闲看庭前花开花落，漫随天外云卷云舒"，意在表达、传递一种处事不惊、闲庭信步、恬淡低调、自由自在、随性随心的生活态度和方式。①

（三）从旅游基础要素向复合功能的文化空间转变

丽江民宿客栈在早期发展时，主要提供住宿餐饮服务，后期向休闲、体验功能转型；为适应不断变化的文化消费趋势，丽江民宿客栈还不断探索向文化艺术空间升级的路径方式。丽江民宿客栈经历了从

---

① 《漫随丽江客栈设计——笑看茶马古道里的风雨飘摇》，搜狐网，https：//www.sohu.com/a/278496560_120024093，最后检索时间：2021年4月25日。

传统型向文化主题型转型的历程，随着游客消费需求日益多样化，越来越多的客栈民宿主人依托良好的自然生态环境，浓厚质朴的传统文化、民族文化、在地文化，将民宿客栈打造成集文化艺术氛围、创意设计、修养身心、个性体验于一体的文化空间。根据文化主题风格带来的不同体验，民宿客栈可大致分为民俗体验类、个性体验类、艺文体验类三种类型，[①] 民俗体验类主要是依托丽江当地的历史资源、传统文化资源而设计打造的民宿类型，如花间堂·编织院、赵公府邸等客栈；个性体验类客栈以满足游客的猎奇心理为主，采用主客相约的方式开展一系列竞技类的冒险运动，主要包括骑射、球类、马拉松、旅拍等参与性极强的活动；艺文体验类民宿客栈以绘画艺术、诗词文学、音乐创作为创作资源，开展具有艺术气息的交流体验活动，如束河三月天画廊客栈等。

三 丽江市民宿客栈业发展面临的趋势

随着世界遗产保护力度的加大，全球经济和旅游产业波动，丽江民宿客栈的发展也将面对更为复杂的前景。生态环境保护力度的加大、疫情在全世界的控制，以及丽江周边民宿客栈业合围竞争的态势，都给丽江民宿客栈业的发展带来挑战。

（一）遗产、生态保护规约性增强，民宿客栈业持续发展压力提升

目前，丽江民宿客栈相对集中分布在丽江城区、大研古城、束河古镇及宁蒗泸沽湖等旅游资源核心区，给古建筑群落、文化遗产、自

[①] 陈雪：《丽江古城文化主题客栈研究》，云南大学硕士学位论文，2019，第 32 页。

然生态环境的保护带来压力。随着文化遗产、自然生态保护力度的不断加强，民宿客栈的发展将进一步受到约束和影响。随着大量外来投资商经营的民宿客栈的入驻，古城内出现越来越多的欧式、苏州园林式、徽派等多种风格的建筑，消解了丽江纳西族传统建筑的风格特点，与丽江历经千年形成的古城文化氛围格格不入，不仅破坏了古城原有空间的完整性，更是将一种普适性空间消费形式引入世界文化遗产中，浓厚的商业化气息大大降低了丽江古城的独特韵味，给古建筑群落、文化遗产和整体环境的保护带来压力。随着古城保护力度的提升，民宿客栈的设计要求和准入杠杆也会日益提高，这对民宿客栈的质量、功能、内容和服务等都将提出更高诉求。

（二）全球旅游市场波动，周边民宿客栈业合围竞争

2020 年全球新冠肺炎疫情暴发，对旅游业、民宿客栈业产生了巨大的冲击，丽江民宿客栈业要恢复到疫情前的水平，还需要一段较长的时期。疫情之后，人们对出行住宿、饮食方面的安全性关注度将大幅度提升，民宿客栈和经济型酒店、中端酒店之间的竞争会更加激烈。

此外，随着自驾游的兴起、旅游地之间交通条件不断改善，丽江文化主题民宿客栈还与丽江周边地区的民宿客栈形成了竞争。据《中国旅游民宿发展报告（2019）》统计，云南现有民宿客栈 15368 家，丽江、大理的滇西地区仍然是云南省内民宿占有量最高的地区，占总量的 70%；包含西双版纳、红河、保山、文山的滇南地区排在第二梯队，占总量的 16%；滇中地区的省会昆明、玉溪拥有的民宿客栈各占总量的 6%、2%；其他几个地州的总体数量占到云南省总量的 6%。[①] 2019 年，丽江民宿

---

① 过聚荣主编《民宿蓝皮书：中国旅游民宿发展报告（2019）》，社会科学文献出版社，2020，第 88 页。

客栈总量达到 6000 家，占据云南民宿客栈总量的 39%；大理古镇也是国内民宿发源地之一，大理州民宿客栈数量已经达到 4586 家，占据云南民宿客栈总量的 30%，仅次于丽江，居云南省第二位。丽江、大理地缘相近，又都属于集自然景观、在地生活景观于一体的旅游目的地，同样满足游客逃离写字楼、体验原生态自然情境与异域文化的消费心理，大理民宿客栈很大程度上与丽江民宿客栈形成了同质竞争局面。2013 年 12 月，大丽高速开通，从丽江自驾一个多小时的车程便可以到达大理，"三小时经济圈" 自驾游的便利性会使客源在丽江和大理之间分流。

（三）市场分众化趋势日益突出，对民宿客栈产品质量和服务水平提出更高要求

在大众旅游时代，旅游已经成为人们幸福生活的必需品，人民群众对文化和旅游的需求已经从 "有没有，缺不缺" 到了 "好不好，精不精" 的发展阶段。为适应这种文化和旅游供给矛盾的变化，民宿客栈的发展要从追求数量转到提升质量和品质上来。丽江古城过去为少数民族群居地，以纳西族人民为主，其建筑多为纳西族土木结构院落民居，三坊一照壁、四合五天井、前后院、一进两院等是主要形式。在外围建筑风格类似的情况下，室内装修设计显得格外重要。由于民宿由经营者自发经营和自主设计，在缺乏统筹的情况下，经营者的盲目投入会导致民宿客栈开发无序，缺乏前瞻性、整体性，个体发展后劲不足。内外风格类似、经营模式和服务内容雷同的民宿客栈比比皆是，主题不鲜明、特色不突出、人文特征和民族文化要素缺失。此外，丽江文化主题客栈凭借文化底蕴吸引消费者、维持客源，但很多民宿客栈因缺乏专业平台的运营管理，大多依靠 OTA 平台进行线上销售，而国内美团、携程、去哪儿、飞猪等平台主要依靠价格在平台竞争，导致游客缺乏对民宿客栈文化内蕴的了解。为适应平台的营

销模式，丽江很多民宿客栈陷入商业套路，将民宿客栈营建的重心放到价格、点评数据和打造同质化的"网红"打卡场景方面，导致文化创意要素、个性精致的品质调性在民宿客栈中被淡化。而这些情况同未来文化和旅游消费市场的分众化趋势明显背道而驰。随着经济全球化、文化交流的日益加速，建立文化多样性格局成为人类共同的理念和使命，相应的，人们在精神文化层面的需求、文化消费方面的偏好也将更加多样化、层次化、分众化，单一风格、内容和营销形式的民宿客栈将很快为分众化市场所放弃，而新的个性化的消费趋势对民俗客栈的产品质量和服务水平将提出更高的要求。

四 丽江市民宿客栈业发展的建议

丽江民宿客栈业发展迅速，经历过高峰，也经历过低谷和调整。面对更为复杂的竞争态势，丽江民宿客栈业还可进一步优化空间布局，突出文化主题特色，构建层次、类型、功能更加多元化的产品和服务体系。

（一）优化民宿客栈的空间布局、突出自然生态和文化生态在民宿客栈发展中的决定性作用

丽江宜人的自然条件与古镇的文化旅游资源共同建构起丽江民宿客栈的外部环境。保存完好的巷道景观、街道布局、古城风貌、建筑形态以及水系的延伸都作为客栈的空间背景而存在，加上原汁原味的民族生产生活方式，丽江成为投资民宿客栈的热土，也是丽江民宿客栈业得以长期发展的重要外部条件。

推动丽江民宿客栈可持续发展，首先需要强化统一规划布局：客栈集中分布在丽江城区、大研古城、束河古镇、白沙古镇及宁蒗泸沽湖等旅游资源核心区，古镇过多的民宿集中，其风格设计受到古城整

体风貌的限制，导致主题同质化现象严重。政府部门：一要做好土地规划，在空间布局上引导形成"中心带动外围"的局面，带动玉龙县、拉市海、老君山、永胜县等地民宿客栈产业的发展。二要引导客栈建设注重融入所在地民族文化风情，打造不同民族、地区独特风格的文化主题民宿客栈，如开发山林野宿类、非遗保护类、拓展山地野营类、旅游康养小镇等。在民宿客栈的经营管理方面：一是丽江文化主题客栈作为被生产与消费的空间，要依托古城的文化底蕴与民族特色，外部融合所在景区的文化资源景观，内部凭借自身建筑风格与装潢设计，建造出休闲舒适的实体空间。二是客栈经营者要深入丽江当地生活，为住客打造具有真实生活场景和质朴生活气息的住宿场景，使消费者体验到地方的生活景况，创意包装出住客所言的"民族的、古色古香的、风俗淳朴的、惬意的"文化氛围。同时，开发者要坚持可持续发展理念，注重保护丽江自然生态与文化生态，增强丽江民宿客栈发展的核心竞争力。

（二）丰富民宿客栈的主题特色、突出丽江文化内核和创意设计在民宿客栈发展中的驱动作用

不同的主题特色是民宿客栈产业差异化竞争的核心，丽江文化主题民宿客栈在 20 多年的发展过程中，形成了包含"闲适安逸、悠闲自在、高雅艺术、本土特色、异域体验、个性体验"在内的多元化主题。在后续发展中：一要继续发挥政府政策引导的效能，用文化浓度稀释商业密度，在控制过度商业化的同时，文化传承人、手工艺人开馆授艺等弘扬、展示特色传统文化的民宿客栈应得到充分鼓励，可以提供减免房租、项目补贴等一系列优惠政策。二要充分让东巴纸、木雕、滇绣等文化主题深度融入民宿客栈的包装设计和传播营销形象中。通过设立"最具历史感""最具人文情怀""最具艺术气息"等多主题民宿客栈创意设计奖项和相关活动，激发"创意人才""艺术

家""收藏家"等利用知识涵养、文化艺术品味、创新创意性思维丰富客栈的主题特色的动力，营造更多面向中高端消费圈层的文化艺术主题民宿客栈空间，以适应分层化日益明显的旅游群体的消费需求。三要继续强化中介组织的作用。2018 年 3 月，丽江成立"丽江古城客栈协会"，免费为会员提供维权、培训、金融支持、客栈文化宣传等服务，助力丽江客栈行业发展。[①] 充分利用客栈协会制定的一系列切实可行的行业自律标准，建立与 OTA 平台交流对话机制，营造公平公正公开的市场环境，避免恶性竞争和扰乱市场规律等现象的发生。四要督促客栈行业提高服务质量，以服务客人为准则，提升游客满意度，打造诚信经营的氛围，树立丽江客栈业良好的品牌形象。

（三）促进民宿客栈的类型层次立体化，突出分众市场对丽江民宿客栈发展的引领作用

积极推动民宿客栈主体化、类型化、层次化发展，加速分众市场成长。通过本地文化与外来文化元素的融合，为不同年龄层次和个性化需求的消费者营造在地性消费场景，创造艺术鉴赏、休闲运动、美食拼游等体验，从而满足各消费群体的诉求迭代。一是依托特色旅游小镇、旅游营地、旅游景点打造民俗风情、养生主题、文化主题、山林野宿、乡村文化、研学、非遗等多种类型的民宿。比如：康养类民宿客栈，针对每位住客提供单独的疗愈服务并配以药膳汤食，使消费者每住一天酒店就体验一天私人订制的健康生活方式。二是提高客栈民宿服务的专业化水平，拓展集创意文化、时尚文化、体育探险文化等文化氛围浓厚的特色产品与服务。鼓励私人订制化高端项目的创新，在特定的节气、假日推出限定主题，如"避暑旅游""情人节限

---

① 《丽江古城成立客栈协会》，华夏经纬网，http://www.huaxia.com/ly/lyzx/2018/03/5675 272. html，最后检索时间：2021 年 4 月 25 日。

定""亲子游"等。三是支持马术、机车环行、密室逃脱、热烈轰趴、桌游与桌球、剧本杀、旅拍等多种类型的特色文化产品与服务项目的发展，满足青年群体时尚潮流、刺激冒险的游玩需求，提升顾客的旅游满意度。

专 题 篇

B.8
丽江市文化体制改革发展报告

陈 瑞　柯尊清*

摘　要：　丽江市文化体制改革自2003年启动以来，由试点到推
广，从全面展开到持续深化，为"民族文化和经济对
接"的"丽江现象"和"世界遗产带动旅游发展"的
"丽江模式"提供了体制机制保障。党的十八届三中全
会提出国家治理体系和治理能力现代化以来，特别是
"十三五"时期，丽江市文化体制在政府文化职能转
变、公共文化服务体系建构、文化产业和文化市场体系
培育、网络舆情引导、媒体融合发展等方面取得了明显
成绩，积累了丰富经验。展望"十四五"，丽江市文化
体制改革需要：坚持以人民为中心的根本遵循和改革

* 陈瑞，云南中医药大学实习研究员，主要研究方向为公共文化管理；柯尊清，云
南大学民族学与社会学学院、文化发展研究院、国家文化和旅游研究基地助理研
究员，主要研究方向为公共文化管理。

方向，遵循文化发展规律的科学性，进一步完善文化管理体制，构建现代公共文化服务体系，健全现代文化产业体系和市场体系，完善文化融合发展的体制机制。

关键词： 文化体制　文化体制改革　丽江市

文化体制改革是推动文化事业和文化产业繁荣发展的体制机制保障。2003 年，时任中央政治局常委的李长春同志视察丽江，充分肯定丽江市文化体制改革取得的成绩，随即丽江被确定为全国文化体制改革综合试点城市。以此为起点，丽江市文化体制改革走过了"政府主导—市场赋能—多方参与"的发展历程，实现了从"先行先试"到"先行示范"、从"以点带面"到"聚力拓展"、从"全面展开"到"持续深化"，形成了文化体制改革的"丽江现象"和"丽江模式"。新时代下，全面深化改革进入新阶段，社会主要矛盾发生转变，对丽江市文化体制改革的演进脉络、基本经验、面临挑战进行梳理和总结，提出"十四五"时期改革发展建议，具有现实必要性。

一　丽江市文化体制改革的演进脉络

与全国文化体制改革大致同步，2003 年以来丽江市文化体制改革，经历了试点改革阶段、全面展开阶段和持续深化阶段，改革的聚焦点由文化事业与文化产业二分、文化单位市场化改革向文化管理体制机制完善、现代公共文化服务体系构建、文化市场体系完善转变。

（一）试点改革阶段（2003 ~ 2004 年）

20 世纪 80 年代以来，随着丽江市旅游业的发展和市场需求日益增长，一些民营文化企业应运而生并不断发展，这对现行文化体制提出了新要求。2003年5月前丽江市进行了一些自发性的文化体制改革探索。李长春同志于2003年4月到丽江视察，充分肯定了丽江市文化体制改革和文化产业发展取得的成绩，随后丽江被列为全国文化体制改革综合试点城市。丽江市也因此成为中西部地区唯一的全国文化体制综合试点改革的地级市试点。2003年5月，丽江市选择丽江电视台、丽江日报、丽江市民族歌舞团、木府等七家市直文化单位进行了改革试点，试点改革重点聚焦性质如何定、资产怎样划、人员如何分、今后如何发展四个核心问题，按照经营性文化产业和非经营性文化事业的不同特点，分批次将七家文化单位逐步推向市场。① 在总结前期实践经验的基础上，为了更好地推进文化体制改革，丽江市于2004年8月出台了《关于促进文化事业繁荣和加快文化产业发展的意见》《关于全面开展文化体制改革工作的实施意见》。2004年12月，改革试点通过了云南省文化体制改革领导小组的验收。

（二）全面展开阶段（2005～2012年）

在总结七家市直文化单位改革试点成功经验的基础上，丽江市自2005年开始对市县31个文化事业单位进行改革，改革聚焦文化管理机构组织结构以及职能调整。2005年11月，丽江市在云南省率先成立文化产业协会，协会下设七个分会。2006年，丽江市委提出建设文化旅游名市，确立文化立市战略，先后出台和实施一系列关于文化事业和产业的政策，有力地推动了丽江文化产业发展。② 经过一系列

---

① 《文化旅游双拳出击 古城丽江文化体制改革新气象》，http：//news. sohu. com/2004/04/15/35/news219843520. shtml，最后检索时间：2021年4月16日。

② 李世碧：《改革使文化发展进入了新境界——丽江市文化体制改革与文化产业发展综述》，《文化的新突破——丽江文化体制改革与文化产业发展资料汇编》，2007年6月。

改革，文化企业管理体制机制进一步理顺，并着手推动文化产业迅速发展。2006 年全市文化产业增加值比 2001 年增加 4.25 亿元，2006年文化产业增加值占 GDP 的 9.8%，同期实现税利从 2900 万元提高到 8000 万元。[①] 2010～2012 年，丽江市连续三年被授予"全国文化体制改革先进地区"称号。

（三）持续深化阶段（2013～2020年）

丽江市根据国家政策要求，逐步完善文化改革体制机制，落实改革任务。2016 年 3 月，丽江市印发了《丽江市深化文化体制改革实施方案》，确定了重要改革举措 13 个方面共 44 项具体任务。2016 年5 月，印发了《关于贯彻落实全市深化文化体制改革工作分工的通知》，改革任务进一步细化，各项改革措施有力推进。出台《丽江市"十三五"文化发展专项规划》，分领域推动文化事业和文化产业繁荣发展。

以文化企事业单位机构改革为抓手，不断推进机构改革，推动政府文化职能转变。2015 年，丽江市将非物质文化遗产保护中心单列，文化和新闻出版广电行政部门与其直属企事业单位管办分离。按照事业单位分类改革的要求，2017 年丽江市文化事业单位完成分类改革，市文化市场综合执法支队为参公管理公益一类事业单位，市博物院、文化馆、图书馆、艺研所、农村电影管理站、非遗中心、安播中心为公益一类事业单位，市广播电视台为公益二类事业单位。[②] 2017 年 11 月，市广播电视台整体划转市委宣传部管理。2018年出台《关于深入推进丽江市公共文化机构法人治理结构改革的实

[①] 李世碧：《改革使文化发展进入了新境界——丽江市文化体制改革与文化产业发展综述》，《文化的新突破——丽江文化体制改革与文化产业发展资料汇编》，2007 年 6 月。

[②] 《丽江市文化体制改革工作 2017 年总结及 2018 年计划》，2017 年 12 月。

施方案》，实施部门权责清单改革，明确各类文化事业单位的职能和权责，推动公共文化机构法人治理结构改革，完善绩效考核机制，激发发展活力。深化公益文化事业单位内部人事制度、收入分配制度、社会保障制度的改革，有效激活单位活力，调动人员积极性。市文化广电新闻出版行业严格按照有关规定实行管办分离、法人治理，广播电视台实行企业化管理，全面深化全员聘用制，实行竞争上岗的劳动制度，执行按岗定薪的分配制度，全面推进机制创制工作。出台《关于推动国有文化企业把社会效益放在首位、实现社会效益和经济效益相统一的实施意见》，推进"双效合一"。

完善公共文化政策体系，全面推进公共文化服务领域改革。一是推进公共文化服务体系标准化均等化改革。出台推动构建现代公共文化服务体系、基层综合性文化服务中心建设、政府购买公共文化服务的意见和方案，进一步健全丽江市公共文化服务协调机制，重点推进公共文化服务领域重点改革任务，推进市县两级公共文化机构法人治理结构改革工作，指导各县（区）制定相关基本公共文化服务标准化建设文件，推进县级公共文化机构总分馆制改革，加强基层综合性文化服务中心建设。二是大力推进文艺工作。出台《中共丽江市委关于加强文艺工作的实施意见》《关于全市性文艺评奖制度改革的实施意见》《丽江民族文化艺术基金章程》。建立健全多元化、社会化文化艺术资助体系，参照国家艺术基金的办法，由市财政注资设立"丽江民族文化艺术基金"，采用政府主导、专家评审、面向社会的公益性基金模式，重点围绕创作生产、宣传推广、征集收藏和人才培养四大方向进行资助。三是强化文化资源和文化遗产保护与传承。推动修订《云南省纳西族东巴文化保护条例》，并于 2020 年 5 月正式实施。出台《关于加强文化遗产保护利用工作的实施意见》《丽江市文化遗产保护传承工作三年行动计划（2018～2020 年）》《丽江市加强革命历史类纪念设施、遗址和爱国主义教育基地工作实施意见》

《关于进一步加强文物工作的实施意见》《关于推动文化文物单位文化创意产品开展的实施方案》。加强文化遗产保护管理，深入开展文物消防安全检查、文物违法督查等保护管理工作；建立健全非遗传承人补助经费保障机制，积极鼓励社会文化组织和个人参与非遗保护；积极参与国家统一组织开展的中华文化传承工程、文化典籍编纂出版重大工程、历史文化纪录片创作工程规划，编制丽江市传统村落和农耕文化保护规划。四是加强文化社会组织规范化改革。取消民间文化社团设立的前置审批，直接由民政部门登记，文化部门的主要职责是做好对文化社团的指导和服务工作。出台《丽江市文联深化改革方案》《丽江市作协深化改革方案》《丽江市社科联系统深化改革实施方案》《丽江市记协深化改革实施方案》，推进文化社会组织改革。出台《关于开展文化领域行业组织专项治理工作的通知》《丽江市开展文化类"山寨社团"清理整顿的工作方案》，加强文化社会组织监管。

完善文化产业政策体系，健全文化产业和文化市场体系。丽江市出台了一系列文化产业政策，致力于推动文化产业与旅游产业深度融合，发展文化演艺等四大特色产业。丽江市先后出台《藏羌彝文化产业走廊丽江展示窗口建设方案》，推动区域文化产业带发展；出台《丽江市促进影视产业发展若干政策措施》，推进影视产业发展；制定和实施《丽江市引导城乡居民扩大文化消费试点工作实施方案》，申报和创建首批国家文化消费试点城市，并于 2016 年成功入选；申报和创建首批国家文化和旅游消费试点城市，并于 2021 年入选。丽江市不断强化文化市场管理，制定和出台文化市场综合执法改革的实施方案，明确全市文化市场综合执法改革的指导思想、总体目标、重点任务、保障措施，健全和完善文化法制；在全省率先完成文化执法改革，按照"同城一支队伍""同城一个标准"要求，组建丽江市文化市场综合行政执法支队，实现市级文化执法力量下沉到基层，强化组织领导，健全文化市场综合执法工作机制，推动文化市场综合执法与综治、治安、旅游等部门的有效衔接和联动执法，开展滇闽文化市场综合执法合作，稳步推进文化市场平安建设和"扫黄""梅里"专项行动。

建立网络舆情预警体系，健全网络舆情引导工作机制。出台《丽江市重大网络舆情联动处置办法》《丽江市网络安全事件应急预案》《丽江市关于进一步规范对市级新闻单位舆论调控的规定》。加强新闻从业资格制度建设，推进应急信息发布平台和综合传播网络建设，建立健全网络突发事件处置机制。对政治谣言、有害信息等进行专项整治，严肃查处低俗信息，治理商业网站违规行为，加大对新闻作品的版权保护力度；同时完善重大突发事件和敏感热点问题网络舆情快速妥善处置工作机制，加强对单位官网、微信、微博等平台的管理，维护网络意识形态安全。

以丽江市全媒体中心和一区四县融媒体中心建设为抓手，积极推进媒体深度融合发展。出台《关于推动传统媒体与新兴媒体融合发展的实施方案》，制定"三定方案"，通过机构与平台融合，推进融媒体中心建设。2016 年，广播电视局制定媒体融合方案，成立全媒体新闻中心，负责新媒体拓展及传统媒体与新媒体融合工作。2018年，古城区、玉龙县、华坪县入选云南省县级融媒首批试点单位，2019 年宁蒗县、永胜县融媒体中心完成挂牌工作。至此，全市一区四县全部建成融媒体中心。

二　丽江市文化体制改革的经验

丽江市的文化体制改革顺势而为，积极对接和融入国家和省级文化体制改革，走出了一条"从先行先试到先行示范—从以点带面到聚力拓展—从全面展开到扶持深化"的主动作为、积极改革之路，为文化产业发展的"丽江现象"和"丽江模式"①提供了体制机制保障。

（一）从"先行先试"到"先行示范"

丽江市文化体制改革，在起跑阶段主动对接国家文化体制改革，在先行先试的探索中积极推进"民族文化和文化经济对接"，形成了文化产业发展的"丽江现象"，在云南省发挥了"先行示范"的引领带动作用。自 2003 年以来，丽江市紧盯国家文化体制改革动态，抓住国家文化体制改革政策机遇期，积极推动文化体制改革融入全国文化体制改革大潮，在全省乃至全国具有一定的引领示范作用。2002年，党的十六大提出要将文化事业和文化产业区分开来，推进文化体制改革，以法制建设、组建国有文化企业为主要举措的全国文化体制改革拉开帷幕。以 2003 年之前丽江市自主探索的文化体制改革经验积累为基础，2003 年 4 月丽江市被列为中西部地区唯一进入全国文化体制改革综合试点城市名录的地级市。2016 年，丽江市成功入选首批全国文化消费试点城市，2021 年成功入选首批国家文化和旅游消费试点城市。

（二）从"以点带面"到"聚力拓展"

基于市直文化单位试点经验，按照文化事业和文化产业属性，丽江市凝聚改革合力，在全市范围对文化单位进行转企改制、文艺团队改革，推动"丽江现象"向"丽江模式"跃升。在 2003 年全国文化体制改革综合试点城市改革中，丽江市有七家市直文化单位进行试点改革，在文化单位向文化企业转变中的市场主体地位重新确立、国有资产划转、人员分流、未来发展方向确定等方面积累了有益经验。一

---

① 和良辉：《从"丽江现象"到"丽江模式"》，《理论前沿》2005 年第 3 期。

是始终保持市场化改革导向，通过文化市场主体培育和文化产业品牌打造，文化产业发展持续释放活力。丽江电视台剥离经营性资产，成立丽江广电传媒有限责任公司，2003年仅广告业务收入就达500多万元。2004年，丽江日报主动对接市场，通过改变新闻宣传的形式和内容，使报纸更易阅读，当年广告收入在2003年160万元的基础上翻一番。丽江市电影公司将公益性和经营性职能分离，丽江市电影有限公司成立于2003年，年票房收入在2004年突破百万元大关，在云南省市州级影院排名第二位。①《丽江千古情》《印象丽江》《丽水金沙》等节目成为全国知名品牌，2019年全市共有演艺节目6场，座位数9100余个，演出场次达4049场，观看人数达792万人次，营业收入累计达6.13亿元。2018年的全市文化产业增加值达到26.16亿元，占GDP的6.2%，连续12年位居全省第一。截至2020年，全市共有4600余家文化经营户，1444家文化产业法人单位，规模以上文化企业有26家，从业人员2万余人，营业收入上亿元的文化企业3家。② 二是通过深化文化管理体制改革，聚力推进文化场馆设施建设、文化服务供给，文化事业不断取得新进展。2016年，全市文化行政审批事项已全部下放到县区；丽江市广播电视安全播出管理中心设立；同年，完成事业单位分类改革、部门权责清单清理等工作；设立丽江市"蓝月亮"文化艺术综合奖，设置歌舞乐、美术书法摄影、曲艺戏剧、广播影视、非遗传承、优秀人才6个类别，每两年开展一次评奖活动。③ 2018年，全市共放映公益电影5085场，观众超过30

---

① 《文化旅游双拳出击 古城丽江文化体制改革新气象》，搜狐网，http：//news. sohu. com/2004/04/15/35/news219843520. shtml，最后检索时间：2021年4月16日。

② 中共丽江市委宣传部：《丽江市文化产业发展工作情况报告》，2020年5月28日。

③ 丽江市文化广电新闻出版局：《关于2016年深化文化体制改革工作总结及2017年工作要点的报告》，2016年11月17日。

万人次。截至 2018 年底，全市已建成 440 个村级综合文化活动中心，建设了一批文化体育活动广场，配发农村优秀业余文艺演出队音响设备 327 套。截至 2020 年，全市公共文化设施"四馆一中心"建设有序推进，已完成投资 1.7 亿元。①

（三）从"全面展开"到"持续深化"

以 2003 年被列为全国文化体制改革综合试点城市为起点，丽江市的文化行政管理体制、文化市场行政执法管理体制、经营性文化事业单位转企改制、国有文艺院团体制改革取得了明显成效。以党的十八届三中全会提出推进国家治理体系和治理能力现代化为契机，丽江市文化体制改革进入新阶段，这得益于精准有力、多方协同的改革举措。一是文化政策创新向系统化发展，文化政策的密集度、精细度和体系化日益增强。在前期改革的基础上，按照《云南省深化文化体制改革实施方案》要求，丽江市出台《丽江市深化文化体制改革实施方案》，确定了文化管理体制、文化事业单位分类改革、公共文化服务、文化产业发展、文化市场培育、民族文化资源传承保护 6 个方面的总体目标，提出重要改革举措 13 个方面共 44 项具体任务，并印发通知对具体改革任务进行切分。以《丽江市深化文化体制改革实施方案》全面展开和持续深化改革为总纲，丽江先后在公共文化体制机制法人治理结构与国家文化企业推进"双效合一"、现代公共文化服务体系、政府向社会力量购买公共文化服务、影视产业、文化消费、文化市场综合执法、文艺工作、文化遗产保护传承、媒体融合、文化社会组织等方面出台了专门的政策文件，为文化体制改革的全面展开和持续深化提供了制度保障和政策支持。二是整合党委政府各部门力量，培育

---

① 中共丽江市委宣传部：《丽江市文化产业发展工作情况报告》，2020 年 5 月 28 日。

和激活市场和社会力量，凝聚发展合力。丽江市不断整合党委、政府职能部门、国有文化企业多方力量，形成齐抓共管工作格局。推进公共图书馆、文化馆总馆制和法人治理结构改革，推进基层综合性文化服务中心建设，充分调动公共文化机构积极性。完善社会组织登记、年检、监督和服务机制，充分发挥行业协会服务会员、行业自律作用，鼓励和支持文化社会组织参与公共文化服务供给、民族民间文化传承发展。

三 丽江市文化体制改革面临的新形势

"十四五"时期，丽江市文化体制改革进入新阶段，立足新坐标、新定位、新起点，丽江市文化体制改革应该顺应改革趋势，明确不足之处，坚持以问题为导向的改革思路。

（一）以人民为中心的根本遵循和改革方向

"以人为本"的发展理念要求文化体制改革坚持社会主义性质和方向，使人民成为文化发展的参与者、监督者和受益者。不论是繁荣文化事业，还是发展文化产业，其基本价值取向都是更好地满足人民对美好生活的需要。推动文化事业和文化产业繁荣发展，离不开人民的广泛参与。丽江市作为一个外向型消费拉动的旅游目的地城市，社会主要矛盾转变已经成为不可逆转的趋势，不论是游客还是本地居民的文化需求都将处于持续迭代升级过程中，文化产品和服务供需关系的主要矛盾已经从"有没有"向"好不好"转变。进一步推进文化体制改革，一方面需要坚持社会效益为主、社会效益与经济效益相结合，不断扩大优质文化产品和服务的供给，另一方面要充分调动人民群众广泛参与文化事业和文化产业的积极性，促进文化人才、文化创意、文化志愿服务迸发活力。

（二）体制机制完善与政策举措的系统性

作为"五位一体"之"一体"，文化与政治、经济、社会、生态相互交织、相互影响。推进文化体制改革，必须立足"五位一体"总体布局，与政治体制、经济体制、社会体制和生态体制改革相衔接、相协同。① 党的十九届四中全会专题聚焦国家治理体系和治理能力现代化，从根本制度、社会主义核心价值观引领、人民文化权益保障、舆论引导以及文化创作生产体制机制五个方面为文化体制改革立起了"四梁八柱"。经过近 20 年的改革，丽江市文化事业和文化产业由边缘走向中心，文化体制改革由点到面、由粗创走向精细。要进一步破解深层次的问题，需要主动融入和对接国家和省级层面的改革大局，将文化体制改革纳入丽江市全面深化改革总体布局中，协调好文化体制改革和其他领域改革举措的关系，提高体制机制完善与政策举措的系统性。

（三）遵循文化发展规律的科学性

文化发展有其客观规律，文化体制改革就是要在遵循客观规律的基础上，发现新问题、解决新问题，破除体制机制障碍。文化所具有的意识形态属性、经济属性、公益属性决定了不同的文化产品和服务供给有其自身的规律。文化体制改革就是要在遵循文化发展规律的基础上，通过制定和执行文化政策，"把握文化产业发展特点规律和资源要素条件，促进形成文化产业发展新格局"②。文化的意识形态属

---

① 苏泽宇：《新时代文化体制改革的内涵与特点》，《华南师范大学学报》（社会科学版）2020 年第 3 期，第 55 页。

② 《习近平：在教育文化卫生体育领域专家代表座谈会上的讲话》，中国政府网，http：//www. gov. cn/xinwen/2020－09/22/content_ 5546157. htm，最后检索时间：2021 年 4 月 27 日。

性及其规律，要求文化体制改革坚持马克思主义在文化领域的指导地位，用社会主义核心价值观引领文化改革发展。文化的经济属性，要求文化产业政策立足市场经济，充分发挥市场在资源配置中的决定性作用，按照自由竞争和自身交换来配置资源，培育文化产业产品和要素市场。文化的公益属性，要求现代公共文化服务供给建设要按照公共产品属性来完善公共文化产品的生产和供给机制。

（四）协同创新与融合发展并重

随着5G、大数据、人工智能等新技术不断发展，从供给端看，这推动了不同产业的相互交叉、相互渗透和融合发展，在文化领域催生了新产品、新业态和新模式，文化产业边界也因此变得模糊；从需求端看，文化和科技的融合能够让文化产品和服务满足群众多样化、多层次的文化需求，文化生产和文化消费在一定程度上跨越时空限制。丽江市文化体制改革需要整合各方资源，适应"文化＋科技""文化＋旅游""文化＋体育""文化＋康养""文化＋研学"等文化新经济形态，更加注重创意设计的融入，回应文化产业协同创新和融合发展的趋势。

四　丽江市进一步深化文化体制改革的对策建议

当前丽江市文化体制改革仍然存在阻碍文化事业和文化产业高质量发展的体制机制问题，一是将以人民为中心的发展理念融入文化发展改革，推进文化事业和文化产业发展的政策体系不完善；二是文化发展与"五位一体"在体制层面的协同性以及文化政策与其他领域政策的衔接性不强，遵循文化发展规律与发挥文体政策引导作用的协调性不强；三是适应"文化＋科技""文化＋旅游""文化＋体育""文化＋康养""文化＋研学"等融合发展趋势的体制机制不完善。基于丽江市文化体制发展的"丽江现象"和"丽江模式",立足文化体制发展改革的现状,正视当前存在的问题,丽江市文化体制改革应该进一步完善文化管理体制,构建现代公共文化服务体系,健全现代文化产业体系和市场体系,构建文化融合发展新格局。

(一)进一步完善文化管理体制

加强文化体制的统筹协调和整体设计,协同推进文化政策衔接、标准制定和组织实施。加强资金保障,构建人才梯队,完善落实机制,调动各方力量参与文化体制改革工作,形成齐抓共管、各方参与的发展新格局。一是加强意识形态领域管理,确保文化事业和文化产业发展的正确方向。严格落实《党委(党组)意识形态工作责任制实施办法》和丽江市实施细则,健全考核考评、督查检查、执纪问责制度,建立意识形态领域重大问题处置机制,牢牢掌握意识形态工作领导权。建立健全网络意识形态工作机制,维护意识形态安全。提升文化安全预警监测、技术保障、队伍保障等能力,积极妥善应对突发和复杂的民族文化问题。二是以转变政府文化职能为抓手,优化政府与文化企业、政府与社会组织的关系。进一步转变政府职能,推动政府由"办文化"向"管文化"转变。统筹"放"和"管"的关系,市级文化行政审批事项全部下放至县区,减少审批审核环节,逐步向市场、社会放权。降低政府对微观事务的干预程度,将非行政许可审批事项通过购买服务和招标等方式交给社会团体、中介机构和院团。赋予企事业单位更多的法人自主权,实现政企分开、政事分开、管办分离。三是深化文化事业单位改革,完善公共文化机构内部治理结构。推动公共图书馆、文化馆、博物馆等进一步完善事业单位法人治理结构,完善内部竞争机制和绩效考核机制。四是完善"双效合一"体制机制,提高国有文化企业坚持将社会效益放在首位的意识,坚持经济效益服从于社会效益，实现社会效益和经济效益相统一，提供符合人民需要的高品质的文化产品和服务。

（二）完善现代公共文化服务体系

公共文化服务是文化体制改革的重要领域，事关丽江市进一步深化文化体制改革的成效。丽江市需要从公共文化服务设施网络、供给运行机制和服务手段等方面完善公共文化服务体系。推进丽江市公共文化设施网络提档升级，立足实际，注重实效，加强公共文化设施网络的规划建设。坚持"以人民为中心"的现代公共文化服务理念，统筹公共文化设施网络和文化惠民工程，构建标准化与特色化互补的符合丽江实际的公共文化服务体系。推动公共文化资源向基层倾斜，加强基层综合性文化服务中心建设，打通公共文化服务"最后一公里"。完善鼓励社会力量参与公共文化设施网络建设和运营的体制机制。合理利用古城、少数民族村落、特色民居等开展公共文化活动。加大和改进财政投入，探索实施公共文化服务政府采购机制，适度引入市场机制、竞争机制，促进公共文化服务体系建设。鼓励采取专款资助、政策倾斜、文化基金等形式，引导社会力量、社会资本参与公共文化服务体系建设，推动公共文化服务社会化供给。广泛开展文化志愿服务，充分发挥志愿者在公共文化设施日常管理和服务提供中的积极作用，推动文化志愿服务工作制度化、常态化。

（三）构建现代文化产业体系和市场体系

完善的现代文化产业体系和市场体系是发展文化产业新产品、新业态，激发文化消费活力和培育多元市场主体的根本保障。为此，丽江市应该加强文化产品交易市场建设，发展基于互联网的新型文化市场业态，推动"互联网＋"文化创意特色产品开发工作，引导文化企业在增强形象、商标品牌、知识产权和营销等方面的意识，创新营销方式，拓展营销渠道，培育多层次文化产品和要素市场，打造演艺演出、民族工艺、文化旅游等特色文化产品。推动民营文化企业发展，培育壮大中小文化企业，打造一批"线上＋线下"融合发展的文化消费综合体，培育多元市场主体。鼓励非公有制文化企业发展，降低社会资本进入门槛，允许以控股形式参与文艺院团改制经营等。鼓励和支持文化企业通过联合、兼并重组等方式整合资源、优势互补。鼓励各县（区）、乡镇（街道）依托地方文化资源、区位优势，发展布局合理、优势互补、各具特色、相得益彰、充满活力的节庆活动。

（四）完善文化融合发展的体制机制

文化与科技、文化与旅游、文化产业与其他产业等的深度融合发展是一个不可逆转的趋势，丽江市文化体制改革需要回应文化融合发展需求，以完善文化和旅游、文化和科技深度融合发展为抓手，破解体制机制障碍，推动文化融合发展。一是创新体制机制，推动文化和旅游融合发展。丽江市文化体制改革需要在机构融合、场所融合、产业融合、产品融合方面回应文化和旅游融合发展需求。在人事、财务、管理、业务培训等方面协同发力，明确职责、权限以及合作关系，推动文化和旅游的机构融合。依托丽江古城、玉龙雪山等景区景点和公共文化服务体系，将公共文化机构、公共文化空间作为重要的旅游目的地嵌入文化旅游产业发展，推动场所融合。将文化融入旅游产业的"吃住行游购娱厕导智"，以业态融合推动文化产业和旅游产业融合。依托丽江市文化资源优势，培育系列文化旅游产品，推动产品融合。依托云南省建设大滇西旅游环线的战略布局，丽江市文化体制改革需要加强政策沟通，协调好与交通、财政、公安、人社等部门之间的关系，通过部门协同、齐抓共管，在交通设施连通、文化旅游线路连接、文化资源保护与利用、文化消费市场培育等方面主动对接与融入，推动丽江市文化旅游产业融入全省文化旅游总体布局。二是推进文化和科技融合，提高公共文化服务智慧化水平。坚持以机制创新为动力、人才队伍为基础、高新技术为依托、项目建设为抓手、平台终端共享为重点，进一步推动文化和科技融合，构建数字文化综合服务平台，深化媒体融合，提高智慧化水平。依托"一部手机游云南"、云南公共文化、文化云南云等云平台，丰富和拓展文化服务云平台服务功能，推动基于新技术应用的智慧化场景建设，推进公共文化数字化、网络化和智能化。加强通过微信、微博、短视频等新媒体开展宣传思想工作、舆情引导、公共文化服务的能力建设。

丽江市文化和旅游消费发展报告

任潇湘 于良楠 侯丽萍 *

摘　要： 丽江认真贯彻落实国家和云南省促进文化和旅游消费
的相关政策和要求，在国家文化消费试点城市建设的
基础上，不断推动全市文化和旅游消费试点工作向宽
领域、深层次开展，坚持"以民族特色文化为引领——
实现文化和旅游深度融合发展"的示范模式，按照
"主客共享"的思路从供需两端发力，探索激发文化
和旅游消费潜力的长效机制，培育壮大文化和旅游消
费新产品新业态，推动文化和旅游产业深度融合和高
质量发展，不断增强文化和旅游消费对国民经济增长
的带动作用，探索形成了引导扩大文化和旅游消费的
"丽江经验"。

关键词： 文化和旅游消费　文旅融合　主客共享　丽江经验

丽江在国家文化消费试点城市创建中取得了显著成效，文化和旅

* 任潇湘，云南大学民族学与社会学学院在读硕士研究生，主要研究方向为文化管
理和文化产业；于良楠，云南大学政府管理学院在读博士，云南省文化产业研究
会常务副秘书长、特约研究员，主要研究方向为政府文化管理、公共文化和文旅
产业；侯丽萍，云南大学马克思主义学院副教授，主要研究方向为形势与政策、
文化政策。

游消费机制逐步完善，政策保障体系不断健全，现代文化和旅游消费产品和服务不断丰富，文化和旅游消费环境不断优化，居民和游客消费满意度明显提升，民族文化得到更好保护传承和创新发展，有效带动和促进就业，文化和旅游消费拉动地方经济社会发展作用更加显著，探索形成了引导促进文化和旅游消费的"丽江经验"。第一，"以人民为中心"的思路，围绕丽江本土人口少、外来游客多的现实，以"主客共享"的思路强化和推动公共文化、文化产业和旅游产业融合发展，促进本土文化消费和外来旅游消费互补互促发展，积极探索丽江文化和旅游"内外双循环"相互促进发展的新方式；第二，以"供给侧结构性改革"为主线，针对丽江旅游市场分众化、个性化、定制化和年轻化的发展态势，强化文化与科技、文化与旅游的融合创新发展，不断创新丽江的文化旅游产品、服务，调整优化文化和旅游产业结构，拓展文化旅游的市场半径、空间，探索以文化和旅游消费促进丽江文化和旅游融合发展、高质量发展的新途径；第三，以"守正创新"为动力，顺应文化和旅游消费提质转型升级新趋势，通过民族文化、历史文化、地方文化的"创造性转化、创新性利用"，推动文化保护传承与旅游产业融合发展，大力发展红色旅游、民族文化体验旅游、研学旅游和乡村旅游，带动民族地区、乡村地区经济社会发展。

一 丽江市文化和旅游消费试点工作主要举措

自 2016 年 6 月入选第一批国家文化消费试点城市名单（第一次）以来，丽江认真贯彻落实《文化部 财政部关于开展引导城乡居民扩大文化消费试点工作的通知》（文产发〔2016〕6 号）、《国务院办公厅关于进一步激发文化和旅游消费潜力的意见》（国办发〔2019〕41 号）、《文化和旅游部 国家发展改革委 财政部关于开展文化和旅游消费试点示范工作的通知》（文旅产业发〔2020〕71号）等政策，结合自身经济发展水平和要素禀赋实际，因地施策、积极作为，采取具有自身特色、符合丽江实际的促进措施，在制度设计、模式创新、内容建设、引导培育和社会参与等方面取得了较大进展，有效地促进了全市文化和旅游消费。

（一）以顶层设计为先导，推进文化和旅游消费试点工作协调有序进行

丽江市高度重视文化和旅游消费试点工作，坚持制度设计优先，强化组织领导和系统布局，建立了由市领导牵头任组长，市委宣传部部长和主管副市长为副组长，市文广局、财政局、发改委、旅游局等20多个部门为成员的试点工作领导小组，领导小组办公室设在原丽江市文化广电新闻出版局，形成了由其为主导的日常运行协调机制。

按照国家促进文化和旅游消费的相关要求，结合丽江实际情况，丽江相关部门积极制定出台了《丽江市引导城乡居民扩大文化消费试点工作实施方案》《丽江市加快推进旅游产业转型升级实施方案》《丽江市旅游特色商品培育方案（建议)》等相关文件，古城区、玉龙县根据文件要求制定了引导城乡居民扩大文化消费试点工作的具体方案，形成了相对完善的引导促进文化和旅游消费的顶层设计，强化系统布局，有序推进文化和旅游消费试点工作。

（二）以文化市场主体培育为动力，夯实文化和旅游消费基础

丽江市通过简政放权、做好服务，激发和培育市场主体活力，扩大和丰富文化产品的有效供给，引导社会资本进入文化产业，引导文化企业创新文化产品和服务，满足人民群众日益增长的多样化、个性化文化消费需求。

第一，积极引导文化旅游企业参与试点工作。2016年丽江市首批评选了353个文化和旅游消费试点企业，其中33家是重点试点企业，评选出一批文化主题客栈、特色餐饮店、工艺美术店等，借助文化和旅游市场主体推进试点工作①。宋城旅游区、玉水寨等文化旅游景区，在春节、纳西族"三多节"、端午节、教师节等重要节假日，对本地居民实行减免或优惠门票；东巴谷民族文化景区、观音峡景区、九色玫瑰小镇文化旅游景区等对本地居民实行免门票。全市文化和旅游企业通过一系列措施积极参与文化和旅游消费试点工作，其主体作用明显增强，这些措施的有效开展不仅满足了群众个性化的文化需求，而且对文化消费品质的提升有积极的促进作用，为文化和旅游消费试点工作的有序开展营造了良好的社会环境。

第二，拓展文化和旅游消费空间。丽江古城、束河古镇、东巴谷、玉水寨等重要景区（点）创新增设文化消费项目，培育打造了大研花巷、祥和纳西风情商业步行街等集民族工艺、非遗传承、创意商品等多种旅游体验于一体、满足游客全方位需求的文化商业街区，丰富和拓展了文化旅游的形式和内容及文化旅游发展的空间。金茂丽江创意文化产业园区、永胜县文化教育园区等园区的社会效益和经济效益显著，发展特色鲜明，文化内涵突出，实现了特色发展、融合发展、创新发展。

专栏1　举办系列文化惠民活动

1. 开展《云南的响声》《宋城千古情》等文化消费惠民专项演出，举办"书香丽江·阅读之城"全民阅读、文化志愿者等活动。

---

① 康平：《看丽江如何拉动城乡文化消费　助推文旅融合发展》，云南网丽江频道，http://lijiang.yunnan.cn/system/2018/08/03/030035031.shtml，最后检索时间：2021年4月29日。

2. 以华坪县"芒果节"、永胜县"荷花节"、宁蒗县"彝族火把节"等节庆活动为契机，借助"中国金茂·丽江半程马拉松赛"、户外徒步运动、足球联赛等体育活动实施文化品牌引领战略，扩大城乡居民和游客的文化消费。

3. 在春节期间开展迎新春文化消费系列活动；在三八妇女节、三多节、教师节等节日期间，宋城旅游区、玉水寨、东巴谷等文化旅游景区开展了多种优惠活动。

4. 丽江电影城院线电影、丽江大地影城院线电影、玉水坊中影国家影城院线电影文化惠民卡活动直接带动全市数万城乡居民参与到文化消费活动中。

（三）以民族文化为内核，引领提升旅游产业的文化内涵

丽江以业态创新、文化导入为旅游产业赋能，通过修复打造文化景点、弘扬民俗文化、打造书香古城、建设文化院落等工作，把民族文化、生态文化、历史文化融入旅游产业，促进文化与旅游深度融合，拓展了文化产业和旅游产业发展新空间。

第一，推动民族文化与多元主题相结合。丽江市充分立足自身资源禀赋和功能定位，积极顺应个性化、品质化、多样化的文化消费发展趋势，走特色化、差异化发展之路，充分发挥民族文化在文化消费试点工作中的积极作用，坚持把文旅互融共赢与转变经济发展方式结合起来，以民族文化为内核，融入现代流行元素，着力开发内容丰富、文化内涵突出的民族文化产品，助力丽江旅游业的发展。

第二，创新丰富文化旅游产品，拓展文化旅游发展空间。丽江市充分发挥丽江古城的辐射带动作用，通过提升丽江古城的文化内涵和文化品位，增强丽江古城民族文化的承载力、创造力和传播力。通过发挥资源优势、强化创意策划、创新产品模式，《纳西古乐》《印

象·丽江》《丽江千古情》《丽水金沙》等演艺产品实现了转型升级。宋城丽江旅游区、丽江玉缘旅游文化公司作为文化试点企业，打造了《清明上河图》和纳西文化体验中心等 VR 体验项目，丰富拓展了丽江文化旅游的形式和内容。丽江市充分发挥民族众多、文化多样的优势，不断挖掘整理东巴文化、摩梭文化、边屯文化、毕摩文化等文化资源，重点培育和打造了"三多节""正月十五棒棒会"等民族和地方特色节庆活动，推出了一批具有丽江特色的文化旅游精品。

专栏 2　提升丽江古城文化内涵的重要举措①

1. 世界文化遗产丽江古城保护管理局于 2017 年制定《世界文化遗产丽江古城特色文化主题客栈评选办法》，评定出 20 家特色文化主题客栈进行挂牌并通过官方媒体平台予以推广，进一步规范和引导古城客栈方的经营管理行为。

2. 丽江古城打造了以"方国瑜故居""雪山书院""纳西人家""王丕震纪念馆""纳西象形文字绘画体验馆"等为代表的 23 个文化院落，成为丽江对外展示的窗口，是丽江市文化和旅游融合的重要载体和空间。

3. 世界文化遗产丽江古城保护管理局优惠出租 24 户、28 间直管公房铺面，用以经营东巴纸坊、纳西传统木雕、东巴陶瓷、本地民族服饰、东巴绘画等特色文化产品项目；挂牌 26 家"丽江古城民族特色传统文化产品经营门店"。

4. 世界文化遗产丽江古城保护管理局与大研街道进一步创新形式，结合春节、元宵节、三多节、端午节、火把节、中元节、中秋节、国庆节、重阳节九大节日，全面打造"和美大研·古城邻里文化节"。

---

① 资料来源：丽江市文化和旅游局。

5. 古城区推出古城历史文化之旅、发现古城摄影之旅、品味古城美食之旅、领略古城建筑之旅、感悟古城宗教之旅、爱国主义教育之旅、感悟古城水文化之旅 7 条特色文化旅游线路。

（四）以供给侧结构性改革为契机，推动现代公共文化服务体系建设

丽江以供给侧结构性改革为契机，以实现和保障本土居民基本文化权益、满足游客多样化文化需求为目标，进一步夯实公共文化基础设施，持续推进公共服务平台建设，增强综合信息服务、项目宣传推介、数字化监管、产品供给、咨询服务、统计分析等功能，探索形成了兼顾本土居民与来丽江游客之间文化消费的协调发展模式。

第一，夯实公共文化基础设施网络。金茂谷镇·丽江创意文化产业园于 2016 年启动建设，被列入 2017 年云南省 30 个重点文化产业项目，目前该项目正在有序推进中，将于 2021 年全面投入使用。项目规划建设丽江大剧院、丽江市博物院、丽江市文化馆、美术馆、非遗馆、丽江广播电视传媒中心、文博街等公共文化服务设施，将对丽江公共文化体系建设和文化旅游产业转型升级产生积极影响。永胜县教育文化园区，华坪县、宁蒗县文体中心建设快速推进；全市基层综合性文化服务中心建设不断完善，共设立 11 个 "书香丽江·全民阅读" 公共阅读点、14 个流动图书室，在古城区和玉龙县人员密集场所推进建设 50 座 "书香木屋"①。

第二，着力提升公共文化服务能力。丽江全市各级各类公共文化

---

① 康平：《看丽江如何拉动城乡文化消费 助推文旅融合发展》，云南网丽江频道，http://lijiang. yunnan. cn/system/2018/08/03/030035031. shtml，最后检索时间：2021 年 4 月 29 日。

机构通过创新服务内容和形式，丰富公共文化产品和服务，不断提升公共文化服务水平。市图书馆举办"天雨流芳"文化讲坛等公益活动，市博物馆积极开展"纳西族东巴文化展"等文化交流展览，市文化馆、市民族艺术研究所等单位积极开展纳西族东巴画抢救保护、群众文化艺术辅导培训、文艺创作演出等活动，不断创新公共文化服务产品和内容，全市"三馆一站一中心"公共文化服务工作取得较好成效，群众满意度不断提升。文化消费试点企业与各级文化馆、博物馆、图书馆等公共文化机构的合作不断深化，推出内容丰富、形式多样的文化惠民活动，潜移默化地培育城乡居民文化消费观念，拓展了文化消费试点工作的内涵。

专栏3　丽江重大公共文化工程项目

1. 金茂谷镇·丽江创意文化产业园。该文化综合体兼具公共文化服务的功能，产业园内建有文化馆、博物馆、非遗馆、美术馆、广电传媒中心，这"四馆一中心"的建设增加了区域内的公共文化设施与产品，有效填补了城市相关配套，成为市民新的活动中心。

2. 永胜县教育文化园区。永胜县教育文化园区建设项目是永胜第一个采取PPP合作模式建设的重要项目，规划占地面积950亩，概算总投资18.10亿元，包含教育园区、文化园区、园区配套设施三部分。

（五）以打造文化消费品牌为引领，引导城乡居民文化和旅游消费习惯

按照"政府补贴、企业让利、居民消费"的原则，丽江市政府积极组织文化惠民消费活动，以惠民礼包、民族节庆等为载体，以文化和旅游企业为依托，搭建文化和旅游产业发展平台，增加了群众尤

其是农村地区群众的文化和旅游消费，一系列有效的措施使得丽江市的文化和旅游消费试点工作成效明显。

第一，加强培育引导，提升市民文化消费的热情。丽江市通过丰富多彩的文化惠民活动，不断培育市民文化消费习惯，提高消费热情。自2016年6月丽江市被列为国家文化消费试点城市以来，丽江市积极开展了"丽江文化消费季系列活动"，组织开展迎新春文化系列、百万礼包文化惠民消费、文化企业消费惠民、"书香丽江·阅读之城"等文化惠民活动，通过发放文化惠民卡、消费券等方式引导支持市民参加观看电影、文艺演出、文化艺术展览、讲座等系列活动，引导广大市民参与文化消费。

第二，引导文化和旅游消费新趋势。丽江通过多种方式建成8座城市影院，通过政策资金扶持等方式建成玉龙、永胜、宁蒗县级影院，基本满足了全市群众的观影需求。2017年以来，丽江市文化和旅游局根据《电影产业促进法》《丽江市引导城乡居民扩大文化消费试点工作实施方案》的相关要求，建立文化消费补贴和奖励机制，采取政府补贴、企业优惠、居民购买的方式，向丽江城乡居民发售文化消费惠民卡，大力促进全市文化及电影产业的健康发展。

第三，积极开展"高雅艺术进丽江"工程。丽江成功举办本土文艺名人和中"聆听丽江"二胡与钢琴演奏暨个人作品音乐会、中国美术名家丽江采风活动、上海戏剧学院《遗忘的时光》公演等，提升了全民文化品位，增强了全社会的艺术欣赏水平，充分发挥了文艺的社会导向和引领作用。

（六）以规范文化旅游市场为着力点，优化文化和旅游消费环境

丽江着力加大对文化旅游市场的规范整治力度，着重改善文化旅游市场中不诚信风气，采取培训引导、联动巡逻、专项整治等一系列

措施，持续推进构建统一开放、竞争有序、诚信守法、监管有力的现代文化旅游市场体系，营造了良好的文化消费环境，推进了试点工作的顺利进行。

第一，加强顶层设计，加强全市旅游市场监管。丽江市先后出台《中共丽江市委 丽江市人民政府关于进一步整顿旅游市场净化旅游环境的意见》《关于对旅游市场秩序整治巡视组提出的整改问题清单整改实施方案》等政策文件，结合《全市旅游市场秩序整治暨丽江古城转型升级工作推进会任务清单》，丽江市文化广电新闻出版局制定了《贯彻落实全市旅游市场秩序整治暨丽江古城转型升级工作推进会任务分解方案》，通过政策推进有效加强全市旅游市场监管，旅游市场秩序得到进一步规范，丽江旅游整体形象得以提升，旅游业呈现健康发展良好态势。

第二，进一步加强文化旅游市场监管力度。丽江市创新实行"1+5+N+1"①的旅游市场综合监管模式，通过探索创新旅游行政执法手段、完善投诉渠道、编制行政处罚程序流程，将旅游投诉受理、案件办理程序化、制度化；建立全市文化市场信用管理数据库，开展文化市场企业信用等级评定，积极引导文化市场行风建设；制定文化市场各行业服务标准以及文化产品生产标准，进一步规范文化市场从业人员资质认定、职业培训、行业监督、评级评优等工作流程。

二 丽江市文化和旅游试点工作成效

2016 年丽江被文化部认定为第一批第一次 26 个国家文化消费试

---

① "1+5+N+1"，即旅游市场监管综合调度指挥中心 + 旅游警察、工商旅游执法支队、旅游巡回法庭、旅游联合巡逻队、司法调解中心 + 各涉旅部门 + 执法履职监督办公室的监管模式。

点城市之一后，丽江市委、市政府高度重视、认真部署，各相关单位密切合作，全市文化和旅游消费试点工作进展顺利。通过四年多的努力，丽江积极创新引导扩大文化和旅游消费的机制体制，激发市场主体活力，探索具有丽江特色的文化和旅游消费发展方向和模式，全市文化和旅游消费试点工作取得了一定成效。

（一）文化和旅游产品供给能力不断增强

丽江市坚持文化事业和文化产业"双轮驱动"，以农村和基层为重点，以惠民工程项目为载体，努力打通"最后一公里"，初步建成覆盖城乡、较为完备的公共文化服务体系；推动文化产品供给不断多元化、精细化、品质化，文化产品和服务供给能力持续增强。丽江市图书馆、文化馆、博物馆等公共文化机构积极参与文化消费试点工作，举办"天雨流芳"文化讲坛、"书香丽江·阅读之城"全民阅读、文物交流展等活动，公共文化服务内容和形式不断丰富。

丽江紧紧围绕"文化引领、旅游主导"的发展要求，以"文化+旅游"为指引，采取政府引导、文化消费试点企业参与的方式，探索发展以民族文化为基底、以产业融合发展为动力的新业态，文化体验游、乡村民宿游、休闲度假游、研学知识游、红色教育游、康养体育游、航运旅游、自驾车房车游等新业态产品不断涌现，文化旅游活力持续迸发。玉龙雪山景区、泸沽湖景区等不断改造提升，东巴谷康养小镇、七河镇九色玫瑰庄园、金茂文化创业产业园、丽江纳西鹰猎文化公园、金沙江大峡谷（丽江段）航运旅游、芒果特色小镇等一批重大文旅项目的建设，创新丰富了文化和旅游产品。以摩梭落水村、安乐村、雪山玫瑰庄园、丽江七彩花海薰衣草庄园、永胜县程海镇沁香玫瑰园、文海郁金香等为代表的乡村文化旅游产品，丰富了本土居民和外来游客的文化与旅游消费需求。

（二）文化和旅游产业健康持续发展

丽江特色文化产业品牌效益凸显，文化产业带动效应逐步扩大，文化产业结构门类逐步趋优，文化产业发展活力不断增强，文化产业对全市经济发展的贡献不断提高，成为丽江市国民经济的重要支柱性产业。2019 年文化产业增加值达到 28.79 亿元，占地区生产总值（GDP）比重达到 6.02%①，文化产业增加值占地区生产总值（GDP）的比重连续 13 年位居云南全省第一（见图 1）。

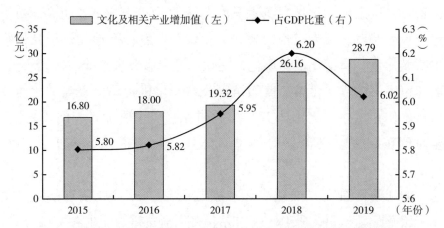

图 1　2015~2019 年丽江市文化产业增加值及占 GDP 比重情况

资料来源：丽江市文产办、丽江市统计局。

丽江旅游产业持续健康快速发展（见图 2），2019 年丽江市接待海内外游客达到 5402.35 万人次，同比增长 16.35%；旅游综合收入首次突破千亿元，达到 1078.26 亿元，较上一年增长 7.99%②。

---

① 资料来源：丽江市文产办、丽江市统计局。

② 《2019 年丽江市国民经济和社会发展统计公报》，丽江市人民政府网站，http://www.lijiang.gov.cn/html/2020/tongjigongbao_ 1120/283.html，最后检索时间：2021 年 4 月 2 日。

图2　2013～2019年丽江市接待游客数量和旅游总收入情况

资料来源：丽江市文旅局。

（三）文旅企业参与扩大文化消费的积极性显著提升

丽江市积极开展文化消费试点企业的评选工作，坚持政府引导、企业参与的合作形式，搭建政企交流的合作平台，提倡以"企业让利"的方式进行文化供给，切实贴近人民诉求，在刺激居民进行文化消费的同时推动企业自身提高文化供给能力。以丽江市东巴谷生态文化旅游股份有限公司、丽江玉缘文化旅游发展有限公司等为代表的一大批文化企业积极响应号召，参与"企业让利"活动，截至2020年底，全市参与文化和旅游消费试点的企业、商家超过1000家。[1]

（四）公共文化服务基础设施和服务效能不断提升

丽江市紧紧围绕试点城市的创建要求，采取有效措施，不断完善公共文化基础设施和旅游基础设施。丽江市及各县区"三馆一

---

[1]　资料来源：丽江市文化和旅游局。

站"等公共文化单位，因地制宜积极举办各类文化艺术展览、图书阅读服务、送文艺送春联下乡等系列群众文化活动，大力推进丽江市文化馆老年大学的规范化建设试点工作。2016~2020年，全市共举办较大规模的书画艺术和博物交流展览205个，接待观众约358万人次，举行"天雨流芳"文化讲座及各类培训120余次，组织群众文体活动约500场，接待图书阅览20多万人次，公共文化服务质量和效能不断提升①。通过开展旅游景区提升改造和游客服务中心、游客休息区、公共厕所等旅游基础设施提升等工作，全市旅游公共基础设施不断健全和完善，游客的参与性、体验感和满意度不断提高。

（五）城乡文化和旅游消费环境显著改善

围绕文化和旅游消费试点工作，丽江市及时开展宣传报道工作，通过《人民日报·海外版》《云南日报》《云南新闻联播》以及丽江本地的传统媒体和新媒体，持续报道全市文化和旅游消费试点工作，在丽江机场高速路、大丽高速路、丽江火车站、市区公交站台等发布了一批文化和旅游消费试点公益广告。丽江深入开展"扫黄打非"，推进"梅里"工程建设、"扫黄打非"五大专项整治行动、"扫黄打非"进基层工作，实现对文化传播市场、渠道管理的全覆盖。2019年全市文化和旅游综合执法支队累计检查文化市场经营单位4736家次②，有效维护了本土居民和外来游客的文化和旅游消费合法权益。

2017年以来，丽江市在严格实行云南省旅游市场整治22条措施

---

① 资料来源：丽江市文化和旅游局。
② 资料来源：丽江市文化和旅游局。

的基础上不断探索、创新机制，创新实施"十大"旅游市场监管机制①，净化和优化文化和旅游市场环境。经过三年的努力，游客满意度持续上升，丽江旅游品牌形象恢复，旅游市场整治工作取得阶段性胜利，文化和旅游消费环境持续优化。

（六）文化和旅游消费潜力进一步释放

通过文化消费试点工作，城乡居民新型文化消费观念逐渐形成，居民文化娱乐消费支出呈现逐步上涨趋势，城镇人均居民文化娱乐消费支出占消费支出比重从 2016 年的 11.26% 提高到 2019 年的 13.08%（见图 3），远高于云南全省平均水平。在文化和旅游消费试点工作推动下，丽江文化和旅游设施、产品、服务不断丰富，游客文

图 3 2016～2019 年丽江市人均居民文化娱乐消费
支出及占居民消费支出比重情况

资料来源：丽江市文旅局、丽江市统计局。

---

① "十大"旅游市场监管机制，包括"1＋5＋N＋1"的旅游市场综合监管机制、"1＋5＋14＋X"的旅游投诉快速处置工作机制、旅游诚信评价机制、旅游购物退换货工作机制、旅游"红黑榜"机制、旅游市场多渠道暗访机制、旅游行业自律机制、有奖举报机制、旅游综合监管考核机制、涉旅舆情处置机制。

化和旅游消费空间得到进一步拓展，2019 年游客人均消费达到 1996元，与 2018 年相比人均消费增长超过 10%[①]，人均旅游消费高居云南全省第一位。文化和旅游消费为稳增长、调结构、惠民生及促进全市供给侧结构性改革和产业转型升级做出了积极贡献。

三　丽江市文化和旅游消费试点工作的亮点

丽江在坚持贯彻落实国家、云南省促进文化和旅游消费相关政策的基础上，结合本地实际开展文化和旅游消费试点工作，形成了具有丽江特色的引导和扩大文化和旅游消费的"四大亮点"。

（一）实施以丽江古城为代表的景区文化内涵提升工程，树立本土居民的文化自信

丽江通过制定系列政策推动 5A 景区与历史文化名城结合，按照业态创新、文化导入的思路，通过修复打造文化景点、弘扬民俗文化、打造书香古城、建设文化院落等具体措施，实现多元主题与民族文化特色结合。文化与旅游深度融合使得丽江古城实现了文化遗产保护与旅游发展的平衡。

第一，加强古城文化的保护传承。近年来，丽江古城陆续打造了"方国瑜故居""雪山书院""纳西人家""手道丽江""四方街歌舞展演""纳西传统民族服饰店""周霖艺术纪念馆"等 23 个文化院落，免费提供艺术展示、文艺展演、文化体验等活动，有效增强游客的文化体验感和参与感。

第二，平衡商业与文化。近些年，丽江古城支持和鼓励原住居民留驻古城，培育丽江古城新居民的主人翁意识。世界文化遗产丽江古

---

① 资料来源：丽江市文化和旅游局。

城保护管理局制定出台《丽江古城直管公房管理办法》，对本地居民从事民族文化类经营活动用房、历史文化名人和民族文化展示用房进行不同程度的房租减免政策，逐步增加文化用房的比例；每年安排近300万元补贴留驻居民；针对古城内6000余户的新居民，举办民族文化讲堂、纳西文化传习班、传承手工技艺交流、社区文艺联欢等活动，增强新居民的融入感和认同感。

第三，扶持地方特色文化业态。世界文化遗产丽江古城保护管理局每年安排1000万元专项资金用于民族文化保护、传承和弘扬工作；制定了《世界文化遗产丽江古城特色文化主题客栈评选办法》，组织开展丽江古城特色文化主题客栈评选工作，截至2020年底共评定出20家特色文化主题客栈进行挂牌并通过官方媒体平台予以推广；挂牌26家"丽江古城民族特色传统文化产品经营门店"，引导古城经营户注重对文化产品和服务的供给。

第四，营造民族文化氛围。丽江古城以民族节庆、民俗活动为载体，吸引和鼓励民族群众回归古城，营造丽江古城民族文化氛围。结合春节、元宵节、火把节、中秋节等节日，打造了"和美大研·古城邻里文化节"，为古城居民、商户提供内容丰富的民族文化活动；由古管局出资扶持的四方街民族文化展演活动，已成为古城内一大风景点，游客能够免费参与马帮、纳西打跳、篝火歌舞晚会等文化活动，切身实地的感受独具特色的民族传统文化，增强了本土居民的文化自信。

（二）构建"主客共享"的文化和旅游消费空间，推动试点工作由中心向外围扩散

丽江坚持统筹城乡文化建设与发展，以城区、景区辐射带动乡村文化和旅游消费，不断拓展城乡文化和旅游消费空间，有效促进了本土居民和外来游客的文化和旅游消费。

第一，筹划特色文化节庆活动，促进民族节庆与丽江城市文化品牌和城市形象塑造互动发展。试点工作开展以来，丽江市采用"市政府引导、县区政府主办、企业运营"的方式，充分调动各方参与的积极性，打造了纳西族"三多节"、彝族火把节、民族赛装节、粑粑节、华坪芒果节、永胜荷花节、黑龙潭歌会等一系列节庆活动，构建了本土居民与外地游客"主客共享"的新型文化空间，吸引了本土居民和大量省内外游客积极参与，有效带动了城乡居民和外来游客的文化和旅游消费。

第二，依托旅游资源优势，大力发展乡村文化旅游。丽江市重点发展家庭旅游、特色餐饮、田园观光、休闲娱乐、民俗节庆、集市购物六大乡村旅游产品系列，培育建设了 12 个特色旅游村、8 个民族旅游特色村，以华坪特色庄园、永胜美丽乡村、宁蒗精品民宿、玉龙山水驿站、古城郊野运动为特色的乡村休闲产品体系逐步完善，乡村旅游成为助推乡村发展的重要动力。乡村文化旅游的发展有效促进了当地文化、旅游公共基础设施的完善，带动了餐饮、住宿、农副产品等多元消费，带动了当地居民增收创收，同时将文化和旅游消费试点工作由城市中心辐射到外围乡村地区，拓展了城乡文化和旅游消费空间。

（三）以智慧旅游建设为契机，探索激发文化和旅游消费新体系

"一部手机游云南"建设工作是一项全新的探索与实践工作，是通过信息化、智慧化手段对传统旅游业的再造。丽江市紧紧围绕"一部手机游云南"这条主线，着力构建了"六大体系"，全面推动全市智慧旅游建设。

第一，着力构建智慧旅游服务体系。全面借助"一部手机游云南"平台，景区的管理和服务开始进入智慧化阶段，语音导览、AI

识景、刷脸入园、智慧酒店、智慧房控、自助退房、智慧厕所及停车场等极大丰富了游客的旅游体验感，高速公路"无感支付"、智慧租车等则延伸了这种体验的享受度。在丽江古城内，5G 应用联合研究基地为新技术的测试提供便利，5G 无人巡逻车、智能急救站、智慧消防及广播、智慧环保减少了意外的发生及损失，5GWIFI、5G 无人商超增加了游客的便利性，遗产本体信息数字化采集防止了古城的违章乱建，智慧化景区建设工作全面推进。

第二，着力构建旅游诚信体系。依托"一部手机游云南"平台，丽江重新建构了有关旅游的诚信评价体系。此体系由规范指数、品质指数和体验指数构成，规范指数以政府评价为主，包括证照齐全度、消防安全规范等；品质指数以行业协会和第三方机构暗访体验为主，依据行业标准及规范对经营商家进行评价；体验指数以游客评价为主，游客根据其接受的服务对商家评分。三个指数共同构成丽江旅游市场的诚信评价体系，规范旅游市场管理，提升旅游服务品质，为商家的市场进出机制提供更加明晰的标准。

第三，着力构建新型旅游营销体系。借助"一部手机游云南""文旅丽江"App 等平台，丽江改变了传统旅游宣传营销模式，充分借助互联网广泛传播的功能，进入电子信息营销的阶段。丽江市通过精心制作景区名片、编制旅游攻略、策划直播事件、发布旅游咨询等，让更多的游客更加直观地了解丽江。

第四，着力构建投诉快速处置体系。依托"一部手机游云南"平台，丽江市在全省率先探索建立"1＋5＋14＋X"旅游投诉快速处置机制，政府部门的监管力度不断增大，游客的投诉处理效率明显提升，相关企业的责任义务更加明确，改变了传统政府监管难度大、相关企业责任不明晰的局面，游客投诉可以在 24 小时内办结。

第五，着力构建全域旅游发展体系。"一部手机游云南"提供了全市景区实时客流状态，游客可以选择错峰游玩，改变了以往游客分布不均的局面。对游客来源尤其是自驾游游客的溯源管理，有利于"游云南"为游客提供更加精准的旅游攻略推荐。旅游新业态、房车营地、自驾游线路等精品旅游路线的不断上线，使得全域旅游的体系基本形成。旅游业从纵向和横向全覆盖一区四县，辐射带动作用明显增强，丽江市形成了旅游资源高效利用、旅游经济优势互补、综合管理规范有序的全域旅游发展新格局。

第六，着力构建新型旅游生态体系。丽江市旅游新型生态体系以旅游诚信体系为基础、以旅游服务品质为核心、以智慧化管理为手段、以全程化监管为依托，旅游市场进一步规范，旅游企业实行集团化改革，从以价格战为手段走向以服务为核心优势，保证了提供优质服务的旅游企业的地位，推动了景区的经济增长方式从门票经济走向体验经济。"一部手机游云南"平台为丽江实行"大一卡通"旅游模式提供保证，使游客可以享受到品类最全、价格最优、质量可靠的丽江旅游产品。

专栏4　多渠道宣传提升工作知名度、塑造诚信旅游形象

1. 与新华网、云南日报社丽江分社、新浪网、丽江日报、丽江电视台、丽江读本等媒体签订合作协议。积极邀请媒体对丽江市委各项工作进行宣传报道，充分利用"中国丽江旅游网"、官方微博、微信等平台展示丽江旅游资源，提供丽江旅游全攻略指南。

2. 实体广告方面：在《大观周刊·云南高铁》杂志上刊载22页的文化旅游及新兴旅游产品内容，与首都国际机场传媒机构开展旅游宣传合作。

3. 通过"云遇·大研花巷"在东航、祥鹏、昆航三家航空公司投放的航班座椅头枕广告，植入旅游公益信息，发布丽江旅游咨询投诉二维码等信息。

4. 完成《丽江》英文版国际旅游书编印，在40多个国际及社交媒体同期推广，提升了丽江旅游的知名度，加深了社会各界对文化消费的认识，为丽江文化消费试点工作营造了良好氛围。

5.《丽江欢迎你》作为云南首个亮相纽约时报广场的宣传片，以"和谐丽江、文化丽江、自然丽江、活力丽江"为主题，精彩展现丽江自然风光、民族文化和民族风情，让世人领略丽江秀美神秘的独特魅力。

6. 2019年，玉龙雪山景区开出全国首张区块链景区电子冠名发票。

（四）鼓励本土企业建设民族文化项目，培育本地居民参与的文化消费土壤

文化和旅游融合背景下，丽江坚持以"文化+""旅游+"为引领，深入挖掘民族文化内涵，推动产业融合创新。由丽江本土企业玉缘公司打造的纳西创世纪文化体验中心，是国内为数不多的民俗文化类无界科技体验馆，该项目除了体现"文化+科技"之外，还大量运用了本土材料和民族文化元素，工作和讲解人员均是本土纳西族人。试点工作开展之后，玉缘文化旅游发展有限公司被评选为文化消费试点重点企业，与试点工作小组合作开展了"玉水坊·纳西创世纪文化体验馆"文化消费惠民活动，发售共计10000张文惠卡。其中，以每张30元的价格面向本地城乡常住居民发售了5000张；5000张以免费参观的形式发放给中小学生，玉缘公司组织市内中小学生5000人开展纳西民族文化体验和科普教育活动，活动包括体验纳西东巴造纸、东巴创世史诗、东巴文化展示等项目。将民族文化融入日常教育之中，不仅提升了中小学生对于民族文化的认同感，也潜移默化地影响着家庭的文化消费观念。纳西创世纪文化体验中心将纳西民族传统文化与现代科技相结合，利用本土要素资源开发民族文化产品

的方式，极大激发了本土文化市场的活力，培育了良好的文化消费土壤，成为文化和旅游消费试点工作的一大亮点。

四　丽江市文化和旅游消费试点工作经验总结

试点工作以来，丽江市结合经济社会发展实际情况，按照"以民族文化引领，文化与旅游深度融合发展"的试点模式，以旅游革命、旅游转型升级和全域旅游建设为动力，以本土消费和外来游客消费协同互补发展为途径，推动文化和旅游向宽领域、深层次融合发展，探索西部民族地区文化和旅游消费拉动经济增长和社会发展的路径。

（一）推动文化与旅游深度融合，注重外来消费与本土消费协同共进

丽江坚持"以人民为中心"的理念，结合本地居民少、外来游客多的实际情况，推动本土文化消费和外来旅游消费融合、互动、互促发展，积极探索文化和旅游"内外双循环"相互促进发展的新方式，持续推动文化与旅游深度融合，促进外来消费与本土消费协同共进。

第一，依托本地丰富的民族文化资源，创新丰富文化和旅游产品、服务。丽江深挖民族文化元素，打造内涵丰富形式多样的文化旅游产品，满足外来游客审美偏好，逐步形成了以民族节庆、民俗体验、观光休闲为主导的文化旅游发展模式。近年来，以彝族"火把节"、纳西族"三多节"、永胜荷花节为代表的文化旅游发展模式受到广泛好评，通过政府主导、企业参与的形式，积极保障当地的自主权，鼓励群众广泛参与，提高了当地民众的参与性，为民族节庆活动的开展注入了新的活力，提高了民族节庆活动的知名度和影响力，推

动了以民族节庆为代表的少数民族文化同旅游产业的深度融合发展。

第二，以文化旅游产业为主导扩大外需，促进外来旅客来丽江消费拉动本地经济持续有效增长。以大研古镇为中心，环绕玉龙雪山、拉市海、束河古镇、虎跳峡等景观的一批精品旅游线路，进一步深挖丽江民族文化、地方文化、生态文化，培育打造兼具多样性和多元化的文化旅游产品，逐步完善了产品体系，增强了游客体验度和满意度，进一步扩大了游客文化旅游消费空间。丽江积极发展文化旅游产业，促进外来消费持续增长，提高本地居民收入，营造本土文化消费氛围，提供惠民补贴，推动本地居民文化消费水平稳步上升。以丽江玉缘文化旅游发展有限公司、丽江东巴谷生态文化旅游股份有限公司、丽江宋城旅游区为代表的一批文化旅游企业，通过打造当地文化和旅游消费空间，在切实满足当地居民文化消费需求的过程中，逐步探索适宜本地特色的文化和旅游消费的"丽江经验"，构建了外来游客和本地居民"主客共享"的文化和旅游消费空间，以外来消费拉动内部消费增长，实现了外来消费和本土消费的协同发展。

（二）以"旅游革命"优化文化和旅游消费环境，促进文化和旅游融合发展

云南从深化旅游市场秩序整治、构建云南旅游诚信体系、提升旅游供给能力、重构旅游管理机制4个方面加快推进"旅游革命"。丽江市积极落实云南省旅游革命的各项要求，创新探索丽江路径，以旅游市场整治和全域旅游示范区建设为契机，聚焦国际化、高端化、特色化、智慧化目标，在市场整治、品质提升、强化管理、产品供给等方面积极探索一条"治""建"并举、全面规范的新路子，推动丽江旅游迈进营销、监管、服务智能化新阶段，最终实现游客体验人性化、旅游出行智慧化、旅游产品多样化、政府监管全程化的目标。

第一，推动文化和旅游市场管理机制转型升级。丽江通过创新和构建"十大"旅游市场监管机制①，推动文化和旅游管理机制转型升级，从单纯的管理型向管理服务型转变，全市文化和旅游消费环境不断优化，为促进文化和旅游消费创造了良好的环境。

第二，推进产品业态转型升级，丰富创新文化和旅游产品供给。丽江市紧紧围绕顺应旅游市场的新变化、统筹旅游空间的新布局、培养旅游产品新供给三个方向，从五个方面加强旅游转型升级，着力推动文化和旅游融合发展、智慧旅游建设，不断丰富、创新文化和旅游产品及服务。

第三，推进全域旅游建设，推进文化和旅游转型升级。丽江全面统筹旅游空间新布局，聚焦国际化、高端化、特色化、智慧化，以创建国家级全域旅游示范区为目标，统筹一区四县资源条件，着力构建旅游功能定位清晰、旅游资源高效利用、旅游经济优势互补、综合管理规范有序的旅游发展格局。

（三）打造云服务共享平台，拓展公共文化与文化旅游产业的互动空间

近年来，丽江市在"文化丽江"公共平台基础上打造了"文旅丽江"公共平台，在"文化云南云"的基础上打造了"文化云南云"丽江平台，通过"两大平台"，实现了公共文化与文化和旅游产业的互动融合发展。

第一，"文旅丽江"公共平台建设。试点工作开展后，由原丽江市文化广电新闻出版局主办的文化消费和资讯平台——"文化丽江"

---

① "十大"旅游市场监管机制，包括"1+5+N+1"的旅游市场综合监管机制、"1+5+14+X"旅游投诉快速处置工作机制、旅游诚信评价机制、旅游购物退换货工作机制、旅游"红黑榜"机制、旅游市场多渠道暗访机制、旅游行业自律机制、有奖举报机制、旅游综合监管考核机制、涉旅舆情处置机制。

App 正式上线，该 App 内设民族文化、文化活动、文化消费、文化咨询、文化服务等板块，是一个集宣传、展示、推介、营销于一体的专业性平台。2018 年文化和旅游机构调整后，丽江市文化和旅游局在"文化丽江"的基础上进行提升，建立"文旅丽江"App。"文旅丽江"App 与国内外媒体的互通，拓展了信息传播的广度，丽江文旅的宣传信息不再局限于本地范围，而是被更多的人及时了解，逐渐成为世界范围内游客的集散与服务云端中心。同时其连接文旅从业者和游客的功能，使得信息的推广更具有针对性，实现了信息的精准传播。"文旅丽江"App 满足了游客对旅游信息的需求，实现了一手文旅信息汇聚一端，为本土居民、广大游客、新丽江人、丽江文旅人提供综合性服务。

第二，"文化云南云"丽江平台建设。2019 年 1 月开始运营的"文化云南云"丽江平台，结束了传统的线下组织与参与的模式，实现场馆、演艺、展览、讲座、培训等线上预约、报名、评选、交易等服务，逐步实现"菜单式""订单式""预约式"公共文化服务供给，改变了过去公共文化服务的"政府端菜"模式，推动公共文化服务向"群众点菜""群众做菜"转变，公共文化设施和空间成为旅游的重要新载体，公共文化服务和文化旅游产业实现融合发展。截至 2020 年 11 月 20 日，"文化云南云"丽江平台共发布活动 2801 场，浏览量达 49.2 万余次，参与用户累计 12.7 万人次，人民群众对公共文化的满意度不断提升[①]。"文化云南云"丽江平台搭建了公共文化和文化旅游的对接平台，实现供给方（政府、企业、社会组织等）和需求方（当地民众、游客）之间的信息畅通，为双方提供了更多的交流与合作机会。

---

① 资料来源：丽江市文化和旅游局。

五 丽江市引导扩大文化和旅游消费的对策建议

当今世界正经历百年未有之大变局，在构建国内国际双循环、社会主要矛盾转变等背景下，文化和旅游融合发展、全域旅游建设、文化和旅游转型升级、乡村振兴等深入推进对丽江引导扩大文化和旅游消费提出了新要求。丽江应当结合本土人口少、外来游客多、民族文化独特丰富等基本市情，进一步完善工作体制机制、完善长效投入机制、深化文旅融合、建设"主客共享"的文化和旅游公共服务体系、大力发展文旅新业态新产品，积极创建国家级文化和旅游消费示范城市。

（一）完善文化和旅游消费工作体制机制

按照文化和旅游消费示范城市建设要求，在"丽江市国家文化消费试点工作领导小组"基础上，进一步充实和完善相关部门，建立以市政府主要负责人任组长，市委、市政府分管领导任副组长，各县区各相关部门为成员单位的"丽江市创建国家文化和旅游消费示范城市工作领导小组"，构建市、区（县）联动，部门参与的工作网络，明确各地区、各相关部门工作职责，统筹推进示范工作，为丽江创建"国家文化和旅游消费示范城市"提供强有力的体制机制保障。

结合新的发展要求，进一步完善科学考核评估体系，对各成员单位、参与文化和旅游企业及其他参与主体实行定期考核与动态过程管理相结合的考核评估体系，有效推动各项试点工作顺利推进。进一步理顺政府与市场、社会的关系，逐步放宽市场准入机制，扩大企业参与范围，引导和支持文化和旅游企业提供更多更好的文化旅游产品和服务。结合新变化新发展，进一步完善统计分析制度，由市统计局牵头，各相关部门、各县（区）、各乡镇（街道）参加，开展示范数据监测与评估分析，及时向领导小组报告试点工作情况。

（二）完善促进文化和旅游消费投入长效机制

文化和旅游消费示范工作是不断摸索的过程，需要持续的资金投入作为保障，单靠政府投入难以持续推动，因此需要引入社会和市场力量参与，拓宽资金来源渠道。一是建立文化与旅游产业投融资平台，依托文化项目落地，打造政企合作新模式，为文化企业投资项目提供政策优惠，简化行政审批流程，增强文化企业的活力，实现由单一的财政投入向多元资本注入转变；二是创新文化和旅游消费政策，完善文化和旅游企业所得税优惠目录，建立文化和旅游企业增加资金投入的激励机制，通过"以奖代补"的方式对市级命名的文化和旅游消费示范企业、示范点以及对试点工作做出重要贡献的单位和企业给予适当奖励；为文化和旅游消费示范工作的开展创造良好的政策环境，吸引和促进工商资本、社会资本和外商资本的进入。

（三）进一步深化文化与旅游全域融合发展

文化和旅游共融共生，不可分割，都是为了满足人民对新时代美好生活的需要，丽江旅游业发展的重要经验就是持续推进文化和旅游融合发展。坚持"以民族特色文化为引领——实现文化与旅游深度融合发展"的引导和扩大城乡文化和旅游消费的模式，坚持以人民为中心，大力推进旅游转型升级、加快发展全域旅游，推动文化和旅游向宽领域、深层次融合发展，不断创新丰富文化和旅游产品、服务，切实增强居民、游客和文旅企业的获得感、幸福感和满足感。

依托丽江良好的自然生态环境和巨大的旅游市场，以"文化＋""旅游＋"双轮驱动，进一步推动文化、旅游与相关产业融合发展，以文化、旅游消费带动康养、住宿、餐饮、交通、电子商务等相关领域消费，不断增强文化和旅游消费拉动经济增长的积极作用，带动丽江经济社会发展。

（四）探索建设"主客共享"的文化和旅游公共服务体系

加快推动公共文化与文旅产业融合发展，以"主客共享"的理念完善公共文化空间的旅游服务功能，通过文化资源与旅游资源深度融合、公共文化服务与旅游要素无缝链接，不断丰富文旅融合公共文化服务新模式。进一步加强公共文化服务基础建设，积极深化体制机制改革创新，持续完善现代公共文化服务体系，建立由政府主导、社会力量广泛参与的公共文化资源配置体系，促进文化与科技、旅游融合，形成以群众需求为导向的公共文化服务模式。结合丽江特色和优势，本土人口少、外来游客多的现实，拓展公共文化设施和空间的旅游功能，通过旅游发展和旅游消费，反哺地方和基层公共文化建设，提升公共文化服务效能。

（五）引导鼓励发展文化和旅游新业态新产品

促进丽江文化演艺、休闲娱乐、创意设计、工艺美术、民俗节庆等行业创新发展，引导文化和旅游场所增加参与式、体验式消费项目。推动文化旅游与相关产业融合发展，不断推出文旅新业态新产品，培育打造以文旅融合、文化体验、休闲度假、科考研学、婚庆旅游、生态康养、户外运动、乡村旅游、民俗节庆等为重点的文旅新业态，以文创园区、特色小镇、康养景区、半山酒店、精品民宿、乡村田园综合体等为代表的文旅新产品。深入挖掘景区、园区、街区、社区"四区"文旅融合以及线上、线下文旅融合的潜力，拓展文化和旅游新业态发展时空。配合传统商圈、传统景区、老旧小区优化改造，打造沉浸式、体验式文旅消费场景。培育发展网红打卡新地标，满足年轻时尚消费需求。深入挖掘丽江本土文化资源，实施丽江文旅

IP 培育行动，推动文旅 IP 本土化、体验化、创新化发展，优化文化和旅游新业态全产业链布局。

赋能传统基础设施，促进已有公共文化设施、旅游公共设施智能化升级改造。结合金茂谷镇·丽江创意文化产业园（"四馆一中心"）建设，合理配套餐饮区、观众休息区、文创产品展示售卖区、书店等，营造更优质的消费环境。鼓励传统线下文化娱乐业态线上化，支持互联网企业打造数字精品内容创作和新兴数字资源传播平台。进一步推动丽江智慧旅游建设，实现实时监测、科学引导、智慧服务。加快推进文化领域智慧化建设，提升文化旅游消费智能化、便利化水平。

B.10
丽江市"旅游革命"和旅游转型发展报告

于良楠 李 蕊 张俊祥*

摘 要： 在20多年旅游发展经验的支持下，丽江审时度势，把握
大众旅游、全域旅游时代的发展机遇，实施整治乱象、
智慧旅游、提升品质的"旅游革命"三部曲，强力推进
文旅融合发展，积极推动旅游业转型升级，助力旅游业
新旧动能转换，重塑丽江旅游新形象。丽江不断推动旅
游产业转型升级，促生了康养、度假、研学、旅拍、高
端民宿等文旅新产品新业态，引领文旅发展新风向，使
丽江在国内外疫情冲击下处变不惊，旅游市场在企稳
回暖中稳步前行。丽江在"旅游革命"中探索出一条
"治""建"并举、全面规范的新路，形成旅游转型升
级的"丽江经验"。在全球经济格局调整、新冠肺炎疫
情影响、文化旅游消费变化等新形势下，丽江应当继续
推进文旅融合发展、全域旅游发展、智慧旅游建设，完
善保障体系，进一步促进丽江旅游业的转型升级和高
质量发展。

* 于良楠，云南大学政府管理学院在读博士，云南省文化产业研究会常务副秘书
长、特约研究员，主要研究方向为政府文化管理、公共文化和文旅产业；李蕊，
云南大学民族学与社会学学院在读硕士研究生，主要研究方向为文化管理和文化
产业；张俊祥，云南大学民族学与社会学学院在读硕士研究生，主要研究方向为
文化管理和文化产业。

关键词： 旅游革命　智慧旅游　旅游转型　文旅融合　丽江市

　　回顾丽江旅游极不平凡的发展历程，丽江旅游发展经历了初始期、起航期、快速增长期、矛盾爆发期以及转型升级期五个阶段。从1994年云南省政府提出"开发丽江"，到2006年3月云南省政府提出"做大丽江"，到2011年丽江市委市政府提出"建设国际精品旅游胜地"，再到2018年丽江市委市政府提出全面推动丽江"旅游革命"和"转型升级"①，这些重要决策持续推动着丽江旅游创新发展。历经20多年的发展，旅游业已成为丽江最重要的支柱产业和民生产业，推动丽江社会经济实现跨越式发展。改革创新、提档升级后的丽江旅游在发展中逐步"壮实"，在转型中实现"善美"。丽江以其山水自然之美、历史文化之美、民俗风情之美，成为最受游客喜欢的旅游目的地之一。

一　以"旅游革命"推动丽江市旅游转型发展

　　自2016年丽江旅游进入矛盾爆发期以来，丽江逐步对旅游产业进行革命，通过加大旅游市场整治力度、构建旅游治理新机制、坚持文化和旅游融合发展、加快全域旅游发展等方式不断推动对丽江旅游的转型升级。在实践过程中，丽江市扎实开展"一部手机游云南"建设，认真落实"旅游革命"各项部署，围绕"三廊一圈"战略布局，结合云南省打造绿色能源、绿色食品、健康生活目的地"三张

---

　　① 《丽江就是我的诗和远方》，云南文明网，http：//yn. wenming. cn/gzdt/zhoushifengcai/lj/201911/t20191121_ 5325971. shtml，最后检索时间：2021年4月28日。

牌"，打出一系列深化旅游改革、推动转型发展的组合重拳，有效促进了丽江旅游转型升级。经过"旅游革命"和转型发展，丽江在旅游市场整治、品质提升、强化管理、产品供给、转型升级等方面取得了明显变化，走出了一条"治""建"并举、全面规范的新路子，向新时代旅游高质量发展迈出新步伐。

（一）丽江市"旅游革命"的背景

1. 全球旅游业价值凸显

当今世界正处于百年未有之大变局，随着单边主义冲击国际秩序，保护主义挑战世贸规则，美元国际货币信用大跌，新冠肺炎疫情全球暴发，全球治理体系、世界经济格局、世贸规则和秩序、国际金融体系、科技与产业、国际安全等都出现了前所未有的新变化。《世界旅游经济趋势报告》（2018~2020）显示，2017年全球旅游总人次为118.8亿人次，旅游总收入达5.3万亿美元，占全球生产总值的比重为6.7%，旅游总收入较上一年增长4.3%，高于同期制度业、批零业、农林渔业、金融服务业增速（见图2）。2018年，全球国际旅游收入达到5.34万亿美元，增速为0.75%，连续四年实现正向增长。2019年全球旅游总人次增速同比上升1.7%（见图1）。在世界经济增速持续放缓，经济格局发生重大变化的大背景下，全球旅游业的经济价值更加凸显，转型升级趋势日益明显，为丽江"旅游革命"提供了风向标。

2. 国内旅游业转型发展

从近些年国内和云南省旅游产业发展趋势来看，旅游人数以及旅游收入都有所增加但增速明显降低（见图3、4、5）。2019年，我国国内旅游人数达到了60.06亿人次，较上年同比增长8.4%，国内旅游收入达到57251亿元，较上年同比增长11.6%。2019年，云南省接待国内游客达8.00亿人次，较上年同比增长17.4%。全国和云南

图1　2015～2021年全球旅游人次和旅游收入规模及预测

资料来源：《世界旅游经济趋势报告》（2018～2020）。

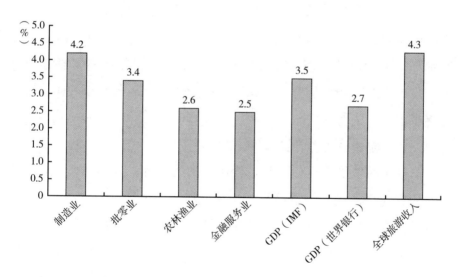

图2　2017年各行业经济体及GDP增速对比情况

资料来源：前瞻经济学人。

旅游产业总体呈现向好发展趋势。受新冠肺炎疫情影响，2020年全球旅游业断崖式下滑，国内旅游人数减少至28.79亿人次，比上年同期减少31.27亿人次，下降52.1%。云南省各州市按照省委、省政

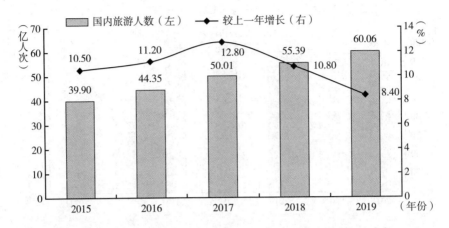

图3 2015～2019年国内旅游人次及增速

资料来源：《中国旅游业统计公报（2021年）》。

府积极应对疫情、促进旅游业复工复产、建设最美云南、打造"三张牌"等决策部署，坚持以国际化、高端化、特色化、智慧化为方向，推进旅游产业转型升级，完善文旅产业体系，全省旅游业发展动力逐步增强，为丽江文旅发展奠定了良好的基础。

3. 丽江市旅游进入矛盾集中爆发期

丽江旅游发展将近三十年，经历了从无到有、从小到大、从弱到强、从有到精，从"一颗种子"发展成涉及各个领域的"参天大树"的阶段，成为全市战略性支柱产业，推动着丽江经济社会健康快速发展。伴随我国旅游市场的转变，原有旅游产品与市场需求不匹配，传统旅游发展走入瓶颈时期，旅游产业进入转型期，各方问题亟待解决。丽江作为我国旅游的热点区域，旅游发展首先进入各种矛盾集中爆发期，连续出现的旅游"丽江事件"将丽江推向风口浪尖，丽江"旅游革命"迫在眉睫。

1994年，云南省政府在丽江召开滇西北旅游规划现场办公会，正式把旅游业作为重点提到政府的议事日程上，提出"发展大理，

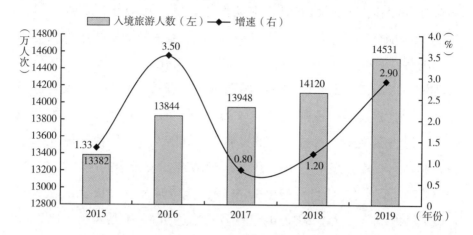

图 4　2015～2019 年中国入境旅游人数及增速

资料来源:《中国入境旅游发展年度报告（2020 年）》。

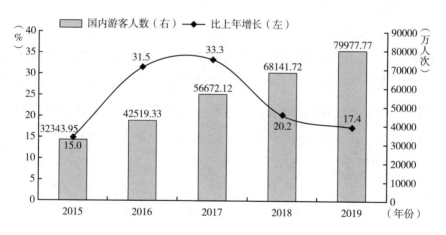

图 5　2015～2019 年云南国内游客人次及增速

资料来源:《云南省统计年鉴（2016～2020）》。

开发丽江，带动迪庆，启动怒江"的发展战略，丽江旅游进入实质性开发建设阶段。1994 年，泸沽湖被云南省委、省政府确定为"省级旅游景区"；1997 年，丽江古城申报世界遗产成功，1999 年纳西古乐首次走出国门，在英国伦敦、新加坡等地巡回演出，为丽江旅游的对外宣传和推介起到重要的推动作用，丽江旅游正式起航。进入21世纪，丽江市委、市政府将开发、打造旅游文化品牌作为头等大事，围绕"两山、一城、一江、一湖、一文化、一风情"等文化和旅游核心资源，打造东巴文化、纳西古乐、摩梭风情等知名文化旅游品牌，为旅游发展带来强大动能。2003年，丽江拥有老君山黎明景区、东巴古籍文献、古城三项世界遗产，2006年，《印象·丽江》上演；2014年，《丽江千古情》开演；2016年，《云南的响声》落户。2018年，丽江演艺项目总演出3339场，接待游客596.12万人次，累计收入44915.2万元；2018年，游客总数达4643.3万人次，比2000年增长14.99倍，实现旅游总收入998.45亿元，比2000年增长52.39倍①。

国家旅游局分别在2015年、2017年两次对丽江古城进行黄牌警告，丽江旅游发展进入矛盾凸显阶段。2016年的"11·11"事件和"蚊子事件"，成为引爆丽江旅游发展近30年来积累的各种矛盾的导火索，全国各类媒体对丽江旅游"口诛笔伐"。2017年12月，国家旅游局对丽江旅游进行暗访，在省政府反馈会上，指出丽江旅游的很多问题，引发全国媒体重点关注，丽江再次被推上风口浪尖。在国际国内旅游业转型趋势加快、丽江管理模式存在漏洞、自负心态明显、运营模式存在弊端等问题频出的背景下，丽江打响旅游市场秩序整治攻坚战，开启丽江"旅游革命"，成为丽江旅游转型发展的转折点。

（二）丽江市"旅游革命"采取的主要措施

在丽江旅游的矛盾爆发期前夕，旅游产品单一、服务质量水平低下、旅游市场"零负团费"经营现象就已十分严重，旅游投诉居高不下，负面舆情不断。加上古城5A级景区两次被严重警告及暗访工

---

① 资料来源：丽江市文化和旅游局。

作的披露，丽江旅游亟待整顿。丽江市委、市政府按照全省旅游市场秩序整治工作部署，痛定思痛，举全市之力全面推进市场整治、智慧旅游建设、无理由退货等"旅游革命"，推动丽江旅游转型升级和高质量发展。

1. 推进机制改革，重塑丽江市旅游新形象

良好的市场秩序和稳定的发展环境是旅游行业实现提质增效和可持续发展的基础。在市委市政府的坚强领导下，丽江市在严格实行云南省旅游市场整治22条措施基础上，不断探索、创新机制、疏堵结合、标本兼治，建立完善"十大"旅游监管机制①，坚决做到"五个一律"，依法强力推进"诉转案""行转刑"，以制度机制的约束力实现监管的常态化和长效化。

2. 加强智慧建设，引领丽江市旅游新发展

丽江智慧旅游建设以"一部手机游云南"为中心点，聚焦国际化、高端化、特色化、智慧化目标，着力构建"六大"体系。② 一是构建智慧旅游体系。丽江古城借助"一部手机游云南"平台，通过官方攻略、智慧导览、智慧厕所、智慧停车场、AI 识景、景区人脸识别等技术，进一步提升了景区的智慧化水平。如玉龙雪山景区开出全国首张区块链景区电子冠名发票、建成数字小镇区块链食品溯源体系、实施"明厨亮灶"工程等。二是构建旅游诚信体系。丽江在全省率先建设了以规范、品质、体验为核心的旅游诚信评价体系，形成了以政府评价为主的规范指数、以行业协会和第三方机构暗访体验为

---

① "十大"旅游监管机制，即"1 + 5 + N + 1"的旅游市场综合监管机制、"1 + 5 + 14 + X"旅游投诉快速处置工作机制、深化旅游诚信评价机制、旅游购物退换货工作机制、旅游"红黑榜"机制、旅游市场多渠道暗访机制、旅游行业自律机制、有奖举报机制、旅游综合监管考核机制、旅游舆情处置机制。

② 《丽江市智慧旅游"六大体系"升级 再造传统旅游业》，搜狐网，https：// www. sohu. com/a/398488938_ 216434，最后检索时间：2021 年 4 月 28 日。

主的品质指数、以游客评价为主的体验指数①，让丽江市场更加诚信，景区旅游更有品质。三是构建新型旅游营销体系。借助"一部手机游云南"平台，丽江在精心制作城市景区名片、努力策划事件直播的同时，积极团结各方力量编制旅游攻略、实时发布景区动态，使丽江旅游营销突破以往以推荐会、旅交会、洽谈会为主的宣传模式，不断创新营销方式、丰富营销内容，信息技术的提高为丽江旅游营销的发展增添了动力。四是构建投诉快速处置体系。丽江旅游市场秩序的规范从传统的政府单方监管，变为政府、企业、游客三方互动，严格执行"投诉有门、投诉有果、投诉 24 小时内办结"的要求。五是构建全域旅游发展体系。充分利用"一部手机游云南"平台，准确分析出丽江市景区实时客流状态，游客可以通过查看景区客流状态自主选择旅游景点，进一步缓解了传统旅游模式下游客空间分布不均、全域旅游发展不平衡不充分的问题。六是构建新型旅游生态体系。"一部手机游云南"建设以旅游诚信体系为基础，打造以旅游服务品质为核心、智慧化管理为手段②、全程化监管为依托的新型旅游生态体系，按照"政府引导、协会牵头、企业自愿、行业自律、市场化运作"的原则，重整旅游资源和产品、重构诚信和投诉体系、重建市场规则和秩序，实现"游客旅游自由自在、政府服务无处不在"③。

3. 培育打造"旅游＋"，优化旅游产品新供给

丽江市以转型、升级、扩容、提质、增效为主题，以推动全域旅

---

① 《丽江市智慧旅游"六大体系"升级　再造传统旅游业》，搜狐网，https：//www. sohu. com/a/398488938_ 216434，最后检索时间：2021 年 4 月 28 日。
② 《丽江市智慧旅游"六大体系"升级　再造传统旅游业》，搜狐网，https：//www. sohu. com/a/398488938_ 216434，最后检索时间：2021 年 4 月 28 日。
③ 《疫情过后的丽江更美丽》，北青网，http：//epaper. ynet. com/html/2020－05/28/content_ 354092. htm？ div＝－1，最后检索时间：2021 年 4 月 28 日。

游发展为主线，以重点项目建设为抓手，加快改造提升传统产品，淘汰低端落后产品，扩大中高端旅游产品供给，培育丽江特色产品，拓展九大"旅游+"产品供给。一是"文化+旅游"的产品供给。丽江打造出丽江古城名家讲坛、摩梭和纳西婚俗游、玉水坊纳西创世纪、丽江古城特色文化院落、木府 3D Mapping 投影秀、文化主题酒店、猎鹰文化等文化体验旅游新业态，不断促进文旅深度融合。二是"旅游+演艺"的产品供给。依托丽江纳西东巴文化、茶马古道、玉龙雪山、丽江古城等地方特色文化资源，丽江持续打造和推出演艺剧目，大型实景演出《印象·丽江》、大型歌舞《丽江千古情》、大型东巴史诗玄幻舞台剧《雪山神话》等演艺产品丰富了沉浸式旅游体验，促进丽江文化和旅游消费。三是"旅游+体育"的产品供给。丽江着力建设山地运动、水上运动和攀岩探险等体育旅游新产品新业态，举办体育运动会、球类比赛、马拉松、武术节、广场舞、自行车赛等体育赛事以及徒步、攀岩、蹦极等极限运动，推动旅游业和体育产业融合发展，形成以点带面的产业格局，打造丽江旅游经济新的增长点，形成丽江旅游新业态及徒步产业经济带，打造新的丽江旅游名片。四是"旅游+扶贫"的产品供给。近几年，围绕脱贫攻坚工程，丽江多措并举、强力推进旅游扶贫，如玉龙雪山甲子村甘子甘坂婚纱摄影服务公司，通过构建新型运营模式让每位村民成为股东，以此来不断促进旅游与婚庆文化的有机结合，脱贫带动效应明显。同时丽江积极推进金沙江绿色经济走廊乡村振兴"百村示范"行动第一期21个示范点创建①，打造特色乡村旅游产品，旅游产业扶贫成效不断提升。五是"旅游+民俗节庆"的产品供给。依托特色民俗节庆活

---

① 《【庆祝改革开放 40 周年】丽江旅游：谱写最美壮歌》，网易，https：// www. 163. com/dy/article/E4MEFNNK0524KBQ7. html，最后检索时间：2021 年 4 月 28 日。

动丰富旅游产品，积极培育和发展丽江民族节庆活动，组织开展纳西族"正月十五棒棒会"、"三多节"、黑龙潭歌会、华坪鲤鱼河国家水利风景区第一届旅游文化节、永胜"荷花节"、"他留粑粑节"、华坪县"芒果节"、宁蒗县"彝族火把节"等特色民族节庆活动，积极举办东巴文化艺术节、东巴婚俗文化节、音乐节等特色文化旅游节庆活动。六是"旅游＋康体养生"的产品供给。主动融入和服务"健康生活目的地"打造，依托丽江市独特的地形地貌和气候条件等优势，推进旅游与体育、康养等相关产业深度融合发展，培育打造养生养老、温泉旅游等康养旅游产品，发展特色健康旅游服务。如东巴谷康养小镇引进法国GF健康养生酒店，中科院"院士科学家康养基地"落地，阳光康养示范基地、康美健康小镇等以康体、养生为主的新业态持续开发建设。七是"旅游＋研学"的产品供给。近年来，丽江新兴研学旅游市场规模不断扩大，涌现出玉水寨东巴文化传承学习、雪山金茂天文科普研学基地、拉市海亿通研学营地等以文化体验、天文科普、户外拓展等为代表的研学旅游产品，在打响研学旅游品牌的同时进一步增强了丽江旅游市场的活力。八是"旅游＋商品"的产品供给。丽江市将地方特色文化融入工艺品创意设计，开发具有鲜明地方特色和民族特色的民族服饰、披肩、东巴木雕、东巴纸、蜡染、银器、烙画、土布包、"丽永瓷"、白族刺绣和石木雕等产品。"丽江优礼"特色商品、丽江古城"以礼相带"特产店、丽江益田文创园、束河工匠街、玉龙雪山景区文创街区、"都盘休曲"等旅游商品和文创产品不断丰富。九是"旅游＋红色教育"的产品供给。丽江市充分利用红色旅游资源，着力打造红太阳广场、石鼓红军渡江遗址、开南研习所等红色教育和红色旅游景点；积极开展丽江红色文化旅游产业园区、石鼓爱国主义和廉政教育培训基地等项目的布局建设，实现旅游和红色教育最大限度的有机结合。

（三）丽江市旅游转型升级取得的主要成绩和成效

1. 撤销警告，丽江市旅游品牌形象再次得到认可

丽江古城景区在发展旅游过程中，由于旅游设施老旧、旅游产品老化、旅游服务质量不高、旅游监管不力等因素，出现游客投诉率高、游客人身财产安全受到威胁、古城原住居民与经营人员矛盾突出等问题，多次受到国家旅游局的严重警告。丽江以猛药去疴、重典治乱的决心，全面推动丽江"旅游革命"，旅游整体环境得到大幅提升。2018 年 10 月 12 日，云南省旅游景区质量等级评定委员会撤销了对丽江市观音峡景区严重警告、泸沽湖景区警告、束河景区限期整改等处分；2019 年 11 月 1 日，丽江古城摘掉了 5A 景区严重警告的帽子，丽江旅游品牌形象再次得到市场和社会的认可。

2. 突破难点，游客满意度认可度大幅提高

丽江在旅游革命过程中呈现"二下降、三上升、四大难点基本突破、六种现象基本没有"的良好成效。"二下降"，即旅游投诉持续下降、社会治安事件发生率下降。在丽江旅游人数持续大幅增长的情况下，2018 年有效投诉同比下降了 51.39%。"三上升"，即旅游人数不断上升、旅游业总收入上升、游客正面评价指数持续上升。长期困扰旅游市场的四大难点有了基本突破，即"不合理低价游"得到有效遏制、投诉渠道进一步顺畅、游客购物退货实现了"退得了货，及时退货"、涉旅舆情"发现得早，处理得了"。经过旅游市场整治，丽江旅游市场基本消除了六种旅游乱象①，旅游市场环境得到净化和优化，游客满意度大幅提升。

3. 规范市场，促进旅游服务品质全面提升

丽江市建立健全旅游标准化体系，在全国旅游标准化试点、示范

---

① 六种旅游乱象，即导游强迫或变相强迫游客进店购物、导游随团进店、人盯人消费、不明码标价、坑蒙拐骗、拉客揽客。

的基础上，修订提升了《丽江市旅游标准化管理办法》，制定了《特色饭店、民居客栈等级划分与评定》《丽江市旅游民宿质量要求与评价》《丽江旅游民宿服务规范》3 项地方标准，新发布 2 项丽江市地方规范《导游服务规范》《旅游马场等级划分与评定》。在开展"一部手机游云南"工作中，丽江市作为第一起草人参与制定了云南省地方标准《智慧厕所建设管理标准》《智慧停车场建设管理标准》。通过标准引领，各旅游要素持续开展等级评定工作，截至 2020 年底，丽江完成了 102 家特色民居客栈、158 家星级饭店、19 家旅游景区的等级评定认定。丽江旅游标准化的建设提高了旅游产品服务质量、行业监督管理水平，更好地推动了丽江旅游产业的转型升级发展。

4. 新型旅游，推动产品业态转型升级发展

随着信息时代的深入发展，旅游市场的供给和需求都发生巨大变化，丽江市紧紧围绕顺应旅游市场的新变化、统筹旅游空间的新布局、培养旅游产品的新供给三个方向，从四个方面加强旅游转型升级。第一，从观光型的旅游产品向体验型和参与型的文旅产品转变。景区收入逐渐去门票化，游客不再满足观山看水的模式，倒逼旅游产品和业态从过去的观光型向参与型和体验型转变。第二，文旅产品内涵更加丰富，景区去门票化或不收门票是旅游业发展趋势。东巴秘境探索出一条可行的道路，核心为丰富景区的内涵，实现了团队游向自由行产品的转变；改变以往单一团队的管理模式，团散比例由原来的 9∶1，调整到现在的 5∶5（即 50% 的自由行和 50% 的团队游）。团队游萎缩成为丽江旅游发展的一大趋势。第三，产品向追求品质转变。"以购养游"模式带来很多弊端，已逐步被淘汰，在此基础上，要持续提升旅游要素品质，利用好旅交会等对外宣传平台，邀请外地旅游服务机构前来考察。改变接团模式，通过直接对接避免低价团，鼓励小包团的发展。第四，从人工服务向智慧服务转变。以"一部手机游云南"为契机，不断推进智慧旅游，打造智慧小镇，推动网红景

点打卡，如泸沽湖水性杨花、蓝月谷、雪山4506、古城油纸伞等，流量最多达到了3亿；改变传统的营销方式，通过 VR 等现代手段进行宣传营销工作。

5. 旅游转型，经济社会效益明显提高

2019 年，丽江共接待游客 5402.35 万人次，同比增长 16.35%；旅游业总收入测算数为 1078.26 亿元，同比增长 7.99%①，在丽江经济社会发展中发挥了重要作用。旅游业有效带动了当地居民的创业就业，据统计，丽江旅游业直接带动 40 万人就业②，其中很大一部分是贫困人口。旅游业发展有效促进了农民增收创收，全市农民人均可支配收入从 2010 年的 3410 元提高到 2019 年的 11475 元。丽江许多贫困地区都是通过发展旅游产业实现脱贫，旅游业在贫困地区脱贫攻坚中发挥了关键作用，宝山村、鲁南村、牦牛坪村、丁王村、黄腊老村入选 2020 年度云南省旅游扶贫示范村。

二 丽江市"旅游革命"和旅游转型的主要经验

丽江市以整治乱象、智慧旅游、提升品质的旅游革命"三部曲"，推动了丽江旅游产业转型发展，优化了丽江旅游市场环境，培育形成了文旅产品新业态新模式，重塑了丽江文化旅游品牌，探索形成了"旅游革命"和转型发展的"丽江经验"。

（一）持续加大旅游市场整治力度，营造良好市场环境

一是全力打击违法经营行为。以查处"不合理低价游""非法经

---

① 《2019 年丽江市国民经济和社会发展统计公报》，丽江市人民政府网，http://www.lijiang. gov. cn/html/2020/tongjigongbao_ 1120/283. html，最后检索时间：2020 年 4 月 10 日。

② 资料来源：丽江市文化和旅游局。

营旅行社业务"为重点，丽江严厉打击因"不合理低价游"引发的诱骗或强制购物、擅自自费项目以及擅自从事旅游业务等违法经营行为，在全市旅游行业开展督查检查。二是加大旅游市场治理力度。近些年，丽江市加大旅游市场综合治理力度，重点对景区景点、旅行社、旅游汽车公司等旅游企业进行监管，通过实地走访、现场检查、旅游企业约谈等一系列方式对旅游企业进行提醒、发布通知，规范旅游企业的经营管理，对违反《旅游法》规定的行为，按照相关规定严肃处理。2019 年至 2020 年底，市旅游部门共立案查处 99 起违规经营行为，共处罚金 265.9 万元，其中"诉转案" 29 件，4 家"黑社"责任人被立案查处；吊销 4 家旅行社业务经营许可证。[①] 三是建立旅行社考核制度。丽江对全市 188 家旅行社、旅行社分社进行规范指数评价考核，根据考核结果制作"丽江市一部手机游云南旅行社动态管理一览表"，按旅行社得分，对旅行社进行排名，依次以蓝、黄、红、黑四种颜色区域进行划分，一目了然地实行动态管理，同时激励旅行社力争优秀。四是持续强化旅游"红黑榜"公告制度。丽江市在官方网站及电视台将"红黑榜"予以公示，接受社会监督，截至 2020 年 8 月 17 日，共发布"旅游红黑榜" 35 期。五是持续推进旅游市场暗访。旅游执法部门定期或不定期派出执法人员对丽江旅游市场进行暗访，充分发挥政府的监督作用，及时发现并整改相关问题。六是加强投诉渠道畅通力度。为进一步解决丽江旅游市场存在的突出问题，保护消费者合法权益，提高游客满意度，丽江市不断加强宣传，在景区内公布举报投诉电话、粘贴权益维护警示牌，为消费者提供有效的维权途径，成为消费者维护合法权益的坚实后盾。

---

① 资料来源：丽江市文化和旅游局。

（二）构建旅游治理新机制，释放要素供给改革红利

丽江旅游发展的重要经验之一就是构建了完整的治理机制，并进一步完善了"1+5+N+1"旅游市场综合监管、行业准入退出、旅游监督常态化、舆情处置、人才科技兴旅、旅游信息化转型、"1+5+14+X"旅游投诉快速处置工作、旅游诚信评价、旅游购物退换货工作、旅游"红黑榜"、旅游市场多渠道暗访、旅游行业自律、有奖举报等机制①。丽江市以"两大"改革为分支和突破点，释放要素供给改革红利。丽江深入研究旅游要素供给的规律和特点，以做优做大做强旅行社企业为重点、以旅游产品标准化为引领、以质量为核心，不断释放旅游要素供给改革红利，不断增强游客高品质旅游体验的获得感。一是全面实施旅行社集团化改革。丽江市充分发挥旅行社的纽带作用，按照"政府引导、协会牵头、企业自愿、行业自律、市场化运作"的原则②，进一步深化旅行社行业的整合改革，积极推行旅行社集团化运作，引导和鼓励旅行社兼并重组、做大做强，创建新型集团化、规范化、产业化经营模式，着力解决旅行社"散、小、弱"的问题，初步实现旅游资源有机整合、旅游产业融合发展、旅游监管政企共治的模式③。继续鼓励旅行社集团整合景区、住宿、交通、餐饮、社会商品零售等旅游要素，实现旅游资源有机整合，打造全产业链、规模化、规范化的旅游集团，切实增强旅游产品的研发供给能力和旅游企业的市场竞争能力，鼓励旅行社集团走出去，实现地接社

---

① 《全国现场交流会分享丽江旅游市场秩序整治经验》，搜狐网，https：//www.sohu.com/a/429521643_169069，最后检索时间：2021年4月28日。

② 《【云南成就·丽江】丽江将加快智慧景区建设 推进"智慧旅游""智慧交通"等十项重点工程》，云南信息网，https：//www.ynxxb.com/view/a27b889c674340ca90cc0a88903bb4a1，最后检索时间：2021年4月28日。

③ 《全国现场交流会分享丽江旅游市场秩序整治经验》，搜狐网，https：//www.sohu.com/a/429521643_169069，最后检索时间：2021年4月28日。

向兼顾地接与组团社的转变。二是努力发展"大一卡通"旅游模式。丽江市把"一部手机游云南"与"大一卡通"建设相结合，充分发挥"大一卡通"整合线上线下旅游资源的能力，逐步将旅游景区、星级酒店、民居客栈、精品演艺等纳入"大一卡通"平台管理，统一诚信评价、市场询价、打包销售，为游客提供多门类、低价格、高品质的丽江旅游产品；借助"一部手机游云南"的线上优势，全方位开展打折销售活动，低价团、团散价格倒挂等问题得到有效解决。

（三）坚持文化旅游融合发展，培育旅游产品新供给

丽江旅游发展的重要经验是一开始就坚持走文旅融合的发展之路。旅游产业是不断创新的产业，为解决展示型、体验型文旅融合产品数量不足的问题，丽江在发展旅游的过程中牢牢把握了提升、丰富、挖掘、创新四个途径。在"提升"方面，丽江古城将提升的落脚点放在融入更多的文化元素上。丽江古城结合实际情况、利用多种方式，打造24个文化院落，这些文化院落不仅成为一种新的文旅产品供给，也成为丽江特色文化传播的载体。在"丰富"方面，丽江市积极丰富文旅新产品，打造"旅游＋文化""旅游＋演艺""旅游＋体育""旅游＋民俗""旅游＋康养""旅游＋研学""旅游＋商品""旅游＋红色教育"产品供给模式，丰富文旅产品业态。在"挖掘"方面，丽江市在旅游发展过程中深度挖掘已有的文化资源，利用珐琅银器、东巴纸等非遗项目打造产品，在文化资源中深度挖掘其产业价值，提高附加值，促进产品市场化的发展。在"创新"方面，依托科技发展，创新智慧文旅产品。丽江打造丽江古城数字小镇、丽江古城智慧管理产品，开发以天文科普游、研学旅游等为代表的新兴体验产品；以文化为内涵，用文化"包装"产品，使体验型文旅产品带动经济发展，不断培育出文旅新产品新供给。

（四）推动全域旅游发展，重塑丽江市旅游发展格局

为统筹旅游空间新布局，聚焦创建国家级全域旅游示范区目标，丽江市统筹"一区四县"资源条件，构建旅游功能定位清晰、旅游资源高效利用、旅游经济优势互补、综合管理规范有序的旅游发展格局①。按照立足丽江、对接周边的发展思路，丽江与云南迪庆、大理，四川凉山、甘孜、攀枝花等地区开展旅游合作，着力打造滇川藏大香格里拉生态旅游圈。丽江开发完善品质化、高端化、定制化、个性化旅游产品，以满足不同游客多元需求，创新开拓转型升级"六大路径"；始终坚持"走出去、请进来"的对外开放战略，深化丽江全域旅游概念营销。一是全面推进基础设施建设。丽江市坚持全面布局、统筹推进，推动旅游全域、快速发展。在丽江机场累计通航 82 个城市、昆明至丽江 3 小时动车开通后，古城中心城区已建成"八横十纵一环"交通网络，连接各个景区的交通更加便捷，实现各类交通基础设施无缝对接。目前，丽江市已建成 1 个游客集散中心、5 个景区游客服务站、98 家散客咨询服务网点、5 个公路服务点，形成旅游咨询服务三级联动体系。② 二是积极组织展会及客源地交流活动。丽江市根据其自身的旅游实际情况，完善多层次旅游宣传体系，主动加强与国内外各类机构的对接沟通，积极"走出去"，做好丽江旅游宣传活动。丽江积极参加第十四届海峡旅游博览会、山东济南（国际）旅游博览会、第 5 届中国－南亚博览会暨第 25 届中国昆明进出口商品交易会等展会及促销活动，对宣传丽江起到了重要作用。

---

① 《全市旅游发展大会提出：着力打造世界一流旅游》，丽江纳西网站，http：//www. lijiang. com/LIJIANG _ NEWS/LJNEWS _ SHOW. ASP？ LNEWS _ ID = 1582，最后检索时间：2021 年 4 月 28 日。

② 《丽江市古城区：全域旅游赋能 乐享柔软时光》，搜狐网，https：//www. sohu. com/a/437853890_ 244701，最后检索时间：2021 年 4 月 28 日。

三是承办重要活动及会议。丽江市积极承办各种重要活动及会议，努力提升丽江知名度，如围绕"全域旅游·美好生活"宣传主题，在丽江古城玉河广场开展丰富多彩的丽江市 2018 年"中国旅游日"活动；联合北京陶冶正和旅游文化有限公司举办第二届云南旅游品牌论坛等。四是全面推进丽江旅游国际营销。依托英文版《丽江》国际旅游书及其推广平台，在新加坡、英国、美国等国家和地区以及 40 个国际媒体和社交平台进行丽江旅游文章推送，推动丽江旅游国际营销；打造 Go Lijiang（去丽江）国际旅游宣传营销平台，填补丽江旅游英文网站的空白。在受众广泛、收视率较高的 CCTV－13 新闻频道《共同关注》栏目以及 CCTV－7 节目中投放形象广告，有效提升"柔软时光 休闲丽江"的旅游品牌形象，扩大丽江旅游在海内外的知名度和影响力，树立丽江形象、传递丽江声音。

三 丽江市旅游转型升级发展的趋势和对策

在新冠肺炎疫情常态化影响、文化和旅游融合发展、全域旅游发展等背景下，旅游业呈现出多元化、分众化、分层化、圈层化、个性化等趋势，自驾游、"快进慢游"、康养旅游、研学旅游、探索旅游等新形式、新产品层出不穷；同时也呈现出特色化与品牌化相融、观光性与旅居感相促、大众化与定制化共存等态势。为适应新的发展态势，丽江市需进一步促进旅游业的转型升级和高质量发展，推动丽江旅游发展更美丽、更规范、更智慧。

（一）推动文旅融合，以文化引领丽江市旅游转型升级

深入挖掘丽江古城、三江并流、东巴文化、民族文化、摩梭文化、屯留文化、玉龙雪山、金沙江等特色资源，持续推动文化和旅游融合发展，以文化引领丽江旅游转型升级，塑造丽江文旅发展新

优势。一是文旅融合发展布局。以"文化立市、旅游强市""打造文化硅谷"为文旅融合发展目标，通过文旅深度融合，做大、做优、做精丽江文旅产业，把丽江打造成为中国民族文化旅游目的地。通过政府引导、企业推动、全民参与的方式，大力开展具有丽江民族文化特色的文化活动，保住丽江文化之根。二是农林旅融合发展布局。以"旅游＋农业＋林业＋休闲＋康养"的发展思路，结合农业生产，以生态文化产业园、农业庄园、特色产业基地、现代农业园区为载体，依托农村森林景观、田园风光、村落民俗、山水资源、民族特色和乡村文化，发展休闲农业、乡村旅游、观光农业、体验农业，推进农业与旅游休闲、教育文化、健康养生、互联网等深度融合，全面助力丽江旅游实现高质量转型升级。三是婚庆旅游发展布局。进一步打造"束河七夕情人节"及"中国·丽江相亲文化节"等节庆品牌，成立专业的文化公司，重点推出在古城内展示纳西族独特婚俗的"纳西喜宴"等特色品牌，打造专业国际婚庆产业基地，设计创新婚庆旅游路线。四是夜间旅游发展布局。随着夜间旅游业态日益丰富，夜间旅游时间的延长，夜间旅游得到了快速发展。丽江在旅游配套基础、游客接待量等方面都具有发展夜间旅游的良好条件，因此应围绕夜间观光游憩、演艺体验、特色餐饮等夜游经济产业进行发展，让"夜游丽江"成为丽江旅游形象的新亮点。五是民族饮食文化品牌工程布局。围绕丽江民族饮食文化，采用"可食"与"可视"相结合的方式，以微信、微博、短视频为途径，以美食文创、美食表演等方式全方位展示丽江的少数民族饮食文化。通过举办"丽江风味美食节""丽江国际啤酒节""丽江美食展销会"等活动，深化游客对丽江传统美食文化的认知，促进丽江传统特色美食创新发展。六是旅游节事与营销宣传布局。通过积极开展"文化和自然遗产日""雪山国际音乐节""国际东巴文化艺术节""丽江茶马古道徒步长走节""丽江国际啤酒节"等活动，扩大活动影响力度，提高游客参与度，进而提升丽江的知名度。

（二）因地制宜，打造全域旅游发展大格局

围绕丽江新的交通体系，以古城区、玉龙县为核心，辐射带动永胜、华坪、宁蒗旅游发展，努力将丽江全市打造成为全域旅游示范区。积极推进大滇西旅游环线丽江段的全面畅通，全面疏通大滇西环线中香格里拉环线、老君山环线、香格里拉东环线、苍山洱海环线、滇川线五条环线的沿线道路，建设六条具有自身民族特色又紧密联系、环环相扣的市内精品旅游小环线。① 对各个旅游环线相关旅游道路进行新建和提升，努力完成 460 公里道路建设，启动建设 7 条铁路、4 条高速、24 条省级及以下级别道路建设工作以及完成大具桥新建、丽江 4E 机场改扩建②，完善"快进慢游"的交通体系，打通进出双向良性循环，满足各个旅游环线的旅游交通需求。根据丽江旅游发展需求和大滇西旅游环线建设要求，丽江市应进一步对旅游服务体系进行系统化布局和建设，依托环线中的重要市政服务设施（高铁站、机场等）、交通站点、景区景点、营地、综合服务区等主要旅游空间节点，建设以自驾旅游服务中心、站点/汽车租赁点、救援站点、旅游观景台以及旅游厕所等为核心的自驾旅游配套服务，推动丽江自驾旅游服务体系的构建工作。

（三）强化现代科技支撑，加强智慧旅游建设

结合当前旅游出行、游览方式的转变，丽江要加强以 5G、VR/

---

① 《看大滇西旅游环线中的老君山　不可错过的赭红和翠绿》，腾讯网，https：//new. qq. com/rain/a/20200525A0JRN900，最后检索时间：2021 年 4 月 28 日。
② 资料来源：丽江市文化和旅游局。

AR等新技术为代表的智慧旅游建设，促进科技与文化旅游融合发展，提升全市智慧旅游水平。一是旅游景区智慧化。全方位加强信息基础设施建设，提升旅游行业信息化、智慧化服务能力，构建以手机为核心的智慧旅游服务体系（如智能化、个性化旅游线路信息实时推送等）。利用好旅游大数据、一机游、物联网等技术与设备，提升景区、旅游公共服务体系智慧化水平，大范围高质量推进智慧旅游建设。二是在途旅游智慧化。为更好地方便游客"在途"旅游，丽江市应注重游客在交通、景区、酒店、投诉、救援等方面的实时查询和咨询解答，进一步依托"一部手机游云南"App，将自驾游客的独特需求纳入其中，实现旅游咨询及解答的实时化。加快引进和扶持相关企业完成在途智慧旅游相关规划和智慧服务体系的搭建工作。三是在线旅游智慧化。结合"一部手机游云南"App，为游客提供出游前、中、后全阶段门票信息、交通信息、景区信息、客流量信息、气象信息等服务，完善"吃、住、行、游、娱、购"传统六大要素和"商、养、学、闲、情、奇"新六大要素的全方位和一体化的旅游地图服务，满足游客旅游需求与服务评价，联合途牛、携程等旅游网站建立旗舰店，将旅游产品整合打包进行线上营销。

（四）规范旅游市场，完善保障体系建设

为高效推进大滇西建设项目实施，丽江未来需要打造统一的公共资源管理平台，由政府统一监管、统一调控，并由平台完成项目用地审批、规划等手续，由平台设立各类新产品新业态准入机制，解决项目合法性和合理性问题，做到高位统筹、统一管控，降低市场风险，保障各类重点项目的落地实施。以"分级管理、优先保障、差别供地、降低成本、分类管理"为原则，把省级、市级重大文化旅游项目以及重点招商引资项目优先纳入国土空间规划，优先纳入供地计划，优先保障土地供给。根据文化产业大繁荣和旅游产业大发展的需

要，加大公共财政对旅游品质提升、旅游公共服务建设、旅游品牌建设、旅游企业发展、旅游科技应用等方面的资金支持力度。设立旅游品质提升专项资金，通过财政专项拨款等方式，建立并实施市、县（区）两级政府质量奖励制度，向各级优质旅游单位颁发旅游质量奖，积极组织开展旅游质量先进企业创建活动等。

B.11
丽江市世界遗产保护管理
与创新利用报告

王佳 吴伟*

摘　要：　丽江市拥有自然遗产"三江并流"、文化遗产"丽江古城"、人类记忆遗产"纳西东巴古籍文献"三大世界遗产，是世界少有的遗产资源富集地，自然生态、文化资源禀赋优势不可多得。三大遗产在丽江文化发展和旅游开发的过程中充分发挥了遗产价值和品牌影响力，同时也不得不面对遗产保护管理与开发利用之间的冲突和协调。"十三五"以来，丽江抓住文化产业和旅游产业发展谋新求变的契机，通过体制机制的创新，重塑和充实遗产价值，探索遗产管理利用与文化旅游持续发展的互构双赢路径。

关键词：　世界遗产　文化旅游　丽江市

丽江，一个地域面积 20600 平方公里，常住人口 130.24 万的地方，坐拥"三江并流"自然遗产、"丽江古城"文化遗产、"纳西东

---

* 王佳，云南大学民族学与社会学学院副教授，主要研究方向为民族文化产业、少数民族艺术；吴伟，云南大学民族学与社会学学院在读硕士研究生，主要研究方向为文化管理、文化产业。

巴古籍文献"记忆遗产三大世界遗产，这使得丽江成为全国乃至全世界少有的遗产资源富集地、遗产品牌汇聚地。三大世界遗产汇聚一城的丽江，文化、生态资源禀赋的优势十分突出，这些资源既具有稀缺性、独特性，也呈现丰富性、多样性，构成了丽江社会、经济和文化发展的重要条件和特有环境。世界三大遗产名誉加身，有效助推和引爆了丽江文化旅游的发展，对遗产的保护与合理运用成为丽江文化旅游可持续发展的重要基础。集中度非常高的世界遗产品牌，为丽江带来了全球影响力，让丽江的文化和旅游发展具备了其他地方无法比拟的绝对优势，驱动丽江的产业结构不断优化，助力丽江经济、社会和文化快速发展。但同时，旅游业的持续高热发展也给世界遗产的保护和管理带来巨大挑战：大众游客携带着不同类型层次、多样化的消费需求和文化背景，规模化进入丽江旅游市场；意图掘金的投资人、商户等以各种各样的运营方式满足市场的需求；传承延续着不同生活方式的新老丽江人在同一空间中演绎着冲撞与融合……在对文化资源、旅游资源集中挖掘利用的过程中，世界遗产保护的约束杠杆经常被触及，世界遗产的深厚内蕴被喧嚣的商业模式解构、表浅化和标签化，世界文化遗产丽江古城一度被诟病空壳化，引发争议。但开发利用遗产资源发展旅游业，促进地方社会经济和文化的总体发展，是世界上大多数具备条件的遗产地必然的发展诉求和路径，关键问题在于采用何种管理机制，调整遗产保护与利用之间的冲突，平衡多方的利益关系。二十多年来，丽江在遗产保护传承和创新利用的过程中，经历了初期遗产品牌粗浅运用和旅游文化形象传播的阶段，之后又面临遗产资源的集中过度开发给保护管理带来的困境。"十三五"以来，丽江分析问题，总结经验，在世界遗产价值的涵养重塑和旅游的持续发展方面摸索出一套科技加持、创意提升的遗产管理、品牌文化价值充实提升和引导持续发展的举措，在近几年中切实为丽江世界遗产的保护和利用、旅游业的持续健康发展发挥了重要的作用。丽江在遗产保护与旅游开发的历程中，所经历的阶段、出现的问题与好的经验值得总结和借鉴。

一 丽江市三大世界遗产

丽江的三大世界遗产，涵盖了自然景观、人文景观和文献典籍。三大世界遗产类型的多样性、内容的丰富性和影响的广泛性，让丽江拥有了不可复制的全球品牌影响力。

（一）世界自然遗产"三江并流"

世界自然遗产"三江并流"由金沙江、澜沧江、怒江及其流域内的山脉组成，这三条大江发源于青藏高原，在云南省丽江市、迪庆藏族自治州、怒江傈僳族自治州等地自北向南并行奔流，形成9个自然保护区和10个风景名胜区，涵盖范围达170多千米，三条大江之间有高山相隔，彼此之间直线距离极短，江水并流而不交汇，构成奇特景观。三江并流自然遗产地被分为高黎贡山区、梅里雪山区、哈巴雪山区、千湖山区、红山区、云岭片区、老君山区、老窝山区八大区域，其中包括了15个自然生态保护区，拥有世界上罕见的地理奇观和丰富多样的生物物种。2003年，"三江并流"被列入《世界自然遗产名录》（见图1）。

其中位于丽江市玉龙县境内的老君山，与大理、迪庆、怒江州接壤，距丽江古城120公里，海拔1800~4500米，面积1324.77平方公里，是世界自然遗产"三江并流"重点展示示范区。老君山于1988年成为国家级风景名胜区。随着"三江并流"区域成为世界自然遗产，2004年，为促进世界自然遗产的生态保护，玉龙黎明—老君山国家地质公园被批准建设，2009年老君山被列入云南省首批国家公园试点，2016年，老君山的九十九龙潭被列入云南省第一批省级重要湿地名录。[①]

老君山地区拥有中国最丰富的生物多样性资源，是滇金丝猴的栖息环境，生态环境敏感脆弱，拥有高山冰蚀湖群，代表了高山地貌类型及其演化过程，同时也是丹霞地貌发育演化模式地之一，其资源在科学、生态、美学和文化等方面有着极高的保护价值。老君山区域处于大滇西环线的地理中心，在全省范围内独具1个景区辐射4个州市的特殊地位和重要作用。作为世界自然遗产"三江并流"的重要展示区，老君山拥有亚洲单体面积最大的高海拔丹霞地貌、郁郁葱葱的原始森林和种类十分丰富的动植物群落，在全国范围内都具有景区的唯一性和独特性。丽江市政府将加快推进丽江老君山国家公园黎明景区A级景区创建工作、老君山"三江并流"部分环线道路建设等，并按照"三廊一圈"的战略布局，充分发挥老君山在"一体两翼"旅游发展战略中的重要作用，将老君山打造成为"三江并流"世界自然遗产地八大片区龙头生态示范区，"三江并流"世界自然遗产地面向公众进行展示与游憩的典型区与先行区，长江上游协调科学保护与合理利用的标杆区域，国家生态旅游、健康旅游和研学旅游示范基地。[②]

（二）世界文化遗产"丽江古城"

1997年12月4日，丽江古城被列入世界文化遗产名录（见图2）。丽江古城又名大研古镇，位于云南省丽江市古城区，始建于公元13世纪后期的宋末元初时期，历史悠久。丽江古城海拔2416米，总面积7.279平方公里，是中国以整座古城申报世界文化遗产获得成

---

① 《云南有多美　我来告诉你　在老君山做一回"神仙"逍遥自在》，云南网，http：//yn.yunnan.cn/system/2019/01/20/030183144.shtml，最后检索时间：2021年4月29日。

② 资料来源：丽江市老君山旅游管委会。

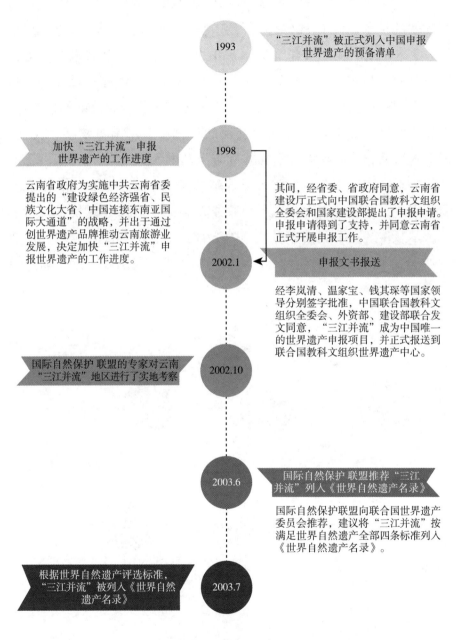

1993 "三江并流"被正式列入中国申报世界遗产的预备清单

1998 加快"三江并流"申报世界遗产的工作进度

云南省政府为实施中共云南省委提出的"建设绿色经济强省、民族文化大省、中国连接东南亚国际大通道"的战略,并出于通过创世界遗产品牌推动云南旅游业发展,决定加快"三江并流"申报世界遗产的工作进度。

其间,经省委、省政府同意,云南省建设厅正式向中国联合国教科文组织全委会和国家建设部提出了申报申请。申报申请得到了支持,并同意云南省正式开展申报工作。

2002.1 申报文书报送

经李岚清、温家宝、钱其琛等国家领导分别签字批准,中国联合国教科文组织全委会、外资部、建设部联合发文同意,"三江并流"成为中国唯一的世界遗产申报项目,并正式报送到联合国教科文组织世界遗产中心。

2002.10 国际自然保护联盟的专家对云南"三江并流"地区进行了实地考察

2003.6 国际自然保护联盟推荐"三江并流"列入《世界自然遗产名录》

国际自然保护联盟向联合国世界遗产委员会推荐,建议将"三江并流"按满足世界自然遗产全部四条标准列入《世界自然遗产名录》。

2003.7 根据世界自然遗产评选标准,"三江并流"被列入《世界自然遗产名录》

图1 "三江并流"世界自然遗产申报过程

功的两座古城之一。丽江古城有"水乡山城"的美誉，以红色角砾岩铺就的街道依山傍水修建，古城内有五凤楼、黑龙潭、文昌宫、四方街、木府、王丕震纪念馆、雪山书院、王家庄基督教堂、方国瑜故居、白马龙潭寺、顾彼得旧居、净莲寺、普贤寺等重要的历史文化保护建筑及群落。历史上，丽江古城的常住居民以纳西族为主，在变迁发展、经济贸易和文化交流的过程中，不断吸纳多元文化，丽江古城从空间布局到建筑样式等方面都融入了汉族、白族、彝族、藏族等丰富的民族文化元素，形成纳西族为主，人与自然、多元文化兼容并蓄的独特文化底蕴，体现了多样的民族文化风情，记录和反映了从传统社会到当今时代，地方社会、经济和文化发展的轨迹和特征。丽江古城的保存和发展对于传统建筑和民族变迁的研究具有重要参考价值。

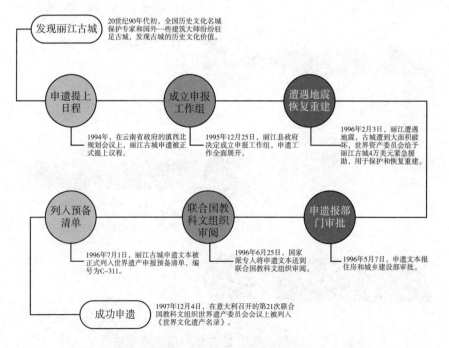

图2 世界文化遗产丽江古城申报过程

世界文化遗产丽江古城在丽江市文化产业、旅游业发展中具有极其重要的地位。近20年来，丽江文化发展和旅游开发的主要资源相对集中在古城和玉龙雪山。古城作为丽江旅游在吃住行游购娱方面最主要的承载空间，是文化展示、传播、交流的中心区域。百分之八十以上的特色餐饮、旅游纪念品商铺、民宿、书店、历史文化展示馆、酒吧、地方特色的演艺等都汇聚在丽江古城中，从某种程度上说，丽江古城保护管理和创新利用的历史变迁过程，就是丽江地方社会经济文化发展的缩影和力证。随着丽江旅游的高热发展，世界遗产丽江古城不得不面对强大的消费需求裹挟的商业浪潮的冲击，开展以规模宏大的传统建筑群落保护为主的丽江古城管理工作，在面对适应消费的改扩新建诉求、遗产应维持原貌的严格约束等复杂状况中陷入困境。"十三五"以来，丽江的经济社会发展、公共文化服务体系建设、文化产业和旅游业的发展都在总结前期经验的基础上，思考和探索转型升级的路径。通过管理体制机制的合理调整，丽江古城的保护管理和创新利用模式得到了有效的改进并发挥重要作用。在市场监管机制的创新、智慧旅游技术的加持下，丽江古城实现了遗产价值的重塑，大量增加的文化展示传播场馆、文化院落、文化活动空间和活态的文化艺术表演内容，使得原本在商业浪潮冲击下有所淡化的文化氛围重新回归到丽江古城新老居民的生活中，重构了主客共享的世界遗产地生活美学社区。

（三）世界记忆遗产"纳西东巴古籍文献"

1992年，联合国教科文组织启动了"世界记忆遗产"项目，旨在更好地保护文献档案。2003年8月，纳西东巴古籍文献被列入《世界记忆遗产名录》，并进行数码记录。纳西东巴古籍文献主要指由东巴文字写成的《东巴经》，《东巴经》是纳西族信仰的东巴教祭司使用的宗教典籍。东巴意为"智者"，是纳西族最高级的知识分子。东巴宗教祭词、卜辞及其他相关资料用纳西象形文、标音格巴文记录后，在代代传承中又融入了民间口头文学故事，经过加工梳理形成东巴古籍文献。《东巴经》是纳西族古代社会的百科全书，集纳西古文化之大成，记载有天文、气象、历法、地理、历史、风土、动物、植物、医药、金属、武器、农业、畜牧、狩猎、手工业、服饰、饮食起居、家庭形态、婚姻制度、宗教信仰，乃至绘画、音乐、舞蹈、杂剧等广博的内容。[①] 古老的东巴经典体现了人与自然和谐共处的理念，是研究纳西族古代的思想理念、语言文字、社会风俗、历史文化、宗教信仰、文学艺术的珍贵资料。书写《东巴经》使用的是古老的东巴象形文字，纳西语称东巴文字为"思究鲁究"，其意为"木痕石迹"，"见木画木，见石画石"。创始于唐代的东巴文至今已有一千多年的历史，属于文字起源的早期形态，具有古老的文字形态。东巴文字大约有一千四百多个单字，有两百多个派生字，有两千多个单词，收录五百八十二个标音字，词语丰富，意义完善，不仅能够记录生活，表达情感，还能写诗作文，完整记录典藏，有"世界唯一存活着的象形文字"之称，被誉为文字的"活化石"。[②]

以《东巴经》、东巴文字为代表的东巴文化内容丰富，表现形式多样，东巴纸、木牌画、神路图、五佛冠、东巴舞等都是东巴文化的具体呈现。在对世界记忆遗产纳西东巴古籍文献及其文化的保护方面，丽江起步较早。1981 年成立的云南省社会科学院东巴文化研究室，2004 年更名为丽江市东巴文化研究院，该研究院先后出版整理了诸多纳西古籍文献。同时举办东巴文化传习活动，早在 2008 年丽

---

① 《云南特色文化之东巴文》，搜狐网，https：//www.sohu.com/a/284084483_120019427，最后检索时间：2021 年 4 月 29 日。

② 《纳西东巴文化：人类文明史上最灿烂的奇观》，丽江日报，http：//www.lijiang.gov.cn/html/2020/feiwuzhiwenhuayichan_1214/2653.html，最后检索时间：2021 年 4 月 29 日。

江市就开展"东巴文化进校园"活动，举办小学生东巴文化兴趣爱好班。丽江对东巴文化元素的创新利用也较早，在丽江旅游发展的初期，古城中的绘画、雕塑等艺术家和手工艺人等，就利用东巴文字设计制作关于东巴文字的文化衫、风铃、木板画、披肩等文创产品和旅游纪念品，至今仍然是丽江文化消费的重要内容。丽江市以东巴文化为主题打造的玉水寨、东巴谷、东巴万神园、东巴王国等国家 A 级景区，成为丽江最重要的、最具代表性的一批旅游精品，也是东巴文化通过创新利用实现文化传播的必要窗口和路径。

二 丽江市三大世界遗产的保护与管理创新

三大世界遗产汇聚丽江，使丽江在文化发展和旅游开发方面具备了不可替代的资源禀赋优势和品牌影响力。地方资源被列入世界遗产的同时，也意味着该资源成为全世界人民的共同财富，其保护管理工作受到世界的瞩目，也接受国家、省级相关部门的指导和监督。尽管世界遗产的保护和管理不是依靠遗产地单一发力就能完成的，但是丽江作为三大世界遗产保护管理的具体执行地方，在遗产保护管理中探索了多项值得借鉴的措施。

（一）设立专门遗产保护管理机构、部门，保障遗产保护管理权责分明和规范化

从遗产申报，到遗产命名，以及后续的保护管理和开发利用，丽江市各级政府高度重视对三大世界遗产的保护，集中体现在政府部门中设立专门的遗产保护机构，明确责任，划分权限，促进世界文化遗产保护管理工作科学化和规范化发展。2002 年 5 月，世界文化遗产丽江古城保护管理委员会办公室成立，三年后更名为世界文化遗产丽江古城保护管理局，由原议事协调机构调整为市人民政府工作部门。

局内设办公室、保护建设科、文化保护管理科、财务科、综合管理科、监察执法科（加挂综合监察执法支队牌子）6个职能科室，下设遗产监测中心和丽江古城维护费征稽支队（见表1）。

表1 世界文化遗产丽江古城保护管理局主要职责

贯彻执行有关世界文化遗产保护管理的法律、法规和政策

在一定范围内按权限行使综合行政处罚权

负责《世界文化遗产丽江古城保护规划》的组织实施和必要修编

负责丽江古城内基础设施的管理和完善

负责古城保护管理基金的征稽、管理和使用

组织丽江古城保护管理的宣传、教育、培训、学术研究及交流

负责对丽江古城传统民族文化的普查、搜集、整理研究及交流

负责丽江古城内房屋修建项目审查及"准营证"审批

负责指导丽江古城管理有限责任公司工作

2009年，丽江市非物质文化遗产保护中心挂靠市文化馆成立；2015年8月，丽江市委批准丽江市非物质文化遗产保护中心成为独立机构，要求保护中心积极负责开展各项非遗保护工作，同时指导各县（区）非物质文化遗产保护中心开展业务。从此在非遗保护方面，丽江市、县（区）二级非遗文化保护中心机制完备。[①] 2010年，《丽江市人民政府机构改革方案》获得云南省批准，该《方案》列出老君山国家公园管理局作为丽江市人民政府派出单位，规定该管理局同时挂老君山风景名胜区管理局牌子。

针对各项文化遗产，丽江市均特设管理机构，有效地将遗产保护管理工作纳入政府日常和长期工作日程中，强化了遗产保护的规范性、长效性和稳定性。

---

① 袁晓丽：《丽江市非物质文化遗产保护的政府职能履行研究》，云南财经大学硕士学位论文，2019，第22~24页。

（二）建立研究院、博物馆、文化传习中心等，强化遗产保护管理的科学性和专业性

早在 1981 年，丽江就在云南省社会科学院的领导下成立了东巴文化研究室，后改名为东巴文化研究院。四十年来，东巴文化研究院在东巴典籍的抢救、整理和传承方面取得了重要成果，为东巴文化的深入研究做出了重要贡献。丽江通过建立博物馆、展览馆、文化传习中心等促进遗产保护，取得了重要的成效。丽江东巴文化博物馆成立于 1984 年，当时名为丽江县博物馆，是云南省第一个县级博物馆，1999 年 7 月正式更名为东巴文化博物馆。丽江纳西东巴文化博物馆创造性地打造"祭天""祭风""祭署"（自然神）等民俗、宗教仪式场景，还原东巴祭祀仪式过程；博物馆现收藏了一万两千多件文物，馆内展有各种经书、绘画、祭祀法器、纳西族古老的生产生活用具等实物资料，辅之以有关东巴文化的各种图片文字介绍，能够全方位、近距离地向参观者介绍和展示东巴文化。丽江纳西东巴文化博物馆自成立以来，为保护、传承和弘扬东巴文化，打造丽江东巴文化品牌做出了巨大的贡献，如今已成为云南省最值得一看的博物馆之一。针对世界记忆遗产的保护，丽江市人民政府在 2020 年重点工作规划中指出要推进历史文化遗产、革命文物、传统民族文化抢救保护利用工作，建成世界记忆遗产东巴古籍文献博物馆，提升文化与旅游融合发展能力。

2015 年，丽江市开始在丽江古城南门光义街白龙广场修建丽江古城历史文化展示馆，主要目的是展示丽江古城历史发展脉络，保护世界遗产，同时利用科技手段展现丽江古城最具特色的历史文化元素。2019 年 10 月 5 日，丽江古城历史文化展示馆正式开馆，依托多媒体及数字化技术，展馆创新形式，从多个维度展现了丽江古城的历史变迁、文化融合、民风民俗、生活状态和建筑特色。展馆分为

"古城溯源""古城史诗""古城文脉""明日丽江"四个篇章，以丽江古城的发展历程为主线，打造了先祖迁徙、革囊渡江、古城雏形、申遗之路等场景，又从民俗风貌、名士风采、多彩文化、建筑密码等模块体现丽江古城的历史文脉、民俗风情、重大历史事件等内容。[①]目前丽江正在建设的世界记忆遗产东巴古籍文献展览馆也将对公众开放。

此外，《丽江市旅游业高质量发展三年行动计划（2020~2022年)》中指出，未来围绕丽江核心景区景点，丽江市将建设 10 个非物质文化遗产传习中心、设立 500 万元传统文化保护基金。通过建立传统文化研究中心、体验中心、培训中心和展示传播中心，搭建非遗爱好者、社区文化教育志愿者、文创产业从业人员、大中专学生、外籍人士学习平台和交流平台，提供体验学习和深度学习服务，促进文化交流。

（三）出台相关遗产保护政策，提高遗产保护管理合法性和制度化水平

丽江相关政府及主管部门根据世界遗产保护的需要和实际情况，持续制定和完善地方性法律法规和管理规章，依法强化遗产保护和管理。东巴文化的保护自 20 世纪八九十年代开始受到关注，并持续受到重视。

早在 1994 年，丽江市就出台了《丽江历史文化名城保护管理条例》，意在加强对丽江国家历史文化名城的保护与管理。在遗产保护工作中，丽江积极促成《云南省丽江古城保护条例》的出台，同时

[①] 《丽江古城历史文化展示馆开馆》，丽江市民宗局网站，https：//mzzj. yn. gov. cn/gzdt/dfdt/201910/t20191012_ 66821. html，最后检索时间：2021 年 4 月 29 日。

进一步编制并颁布《丽江古城传统民居保护维修手册》《丽江古城纳西民居客栈整改规范》等条例，对丽江古城世界遗产的保护与开发做出了更详细的规定，明确古城建筑群和民居建筑群的保护范围，古城内民居一门一窗一瓦的改动都要符合保护标准，建设控制地带及周边生态系统和环境的保护措施和目标，并按程序审批后严格执行。

针对三大世界遗产的保护，省级相关政府部门在丽江遗产保护的努力和实践工作基础上，先后出台了相应的保护政策。2006年1月，《云南省纳西族东巴文化保护条例》实施，2020年3月30日，云南省第十三届人民代表大会常务委员会第十六次会议审议通过了新修订的《云南省纳西族东巴文化保护条例》，并于5月1日起施行。2018年7月17日，云南省人民政府发布《云南省加强三江并流世界自然遗产地保护管理若干规定》，强调加快推进三江并流世界自然遗产地生态环境保护工作，所在州、市、县、区人民政府要形成合力，严格把控三江并流遗产地内开发强度，明确相关设施建设工作，防止过度开发建设导致生态环境遭到破坏。另外，由于丽江老君山是三江并流的核心示范区，相关政府出台了《丽江老君山详细规划》《丽江老君山滇金丝猴调查监测工作方案》等文件，促进老君山景区的保护与管理，将世界遗产的保护落到实处，落到细处。

（四）创新管理体制机制，实现遗产保护管理和合理利用相互促进

丽江古城既是世界文化遗产，又是丽江旅游资源最集中、文化形态最丰富的区域。自丽江旅游业快速发展以来，丽江古城就面临着遗产保护与开发、传统文化与商业化之间的冲突和争议。随着旅游的升级发展，古城保护与管理面临更加多元复杂的境遇。在此过程中，世界遗产丽江古城管理局通过管理体制机制的创新，探索和努力实现丽江古城遗产价值的涵养和重塑。

第一，通过重植文化要素，涵养遗产价值。丽江古城保护管理局制定管理策略，围绕建设"文化丽江"的战略目标，强化对丽江古城世界文化遗产、"纳西东巴古籍文献"世界记忆遗产等资源的保护和创新利用，在丽江古城中重点扶持"纳西古乐""东巴纸""百岁坊银器""纳西族服饰""民族披肩""纳西族木雕""东巴婚礼""东巴画""东巴字"等体现丽江本地特色文化的旅游产品和商铺；①严格控制古城内新改扩建建筑的设计和装修样式，提高对商铺经营范围的控制；打造文化院落，将部分退出大研古镇的本地居民、民间艺人团体等，以参加文艺表演、展示技艺等方式"请"回古城。2007~2018年，丽江古城保护管理局打造了17个文化院落，目前文化院落的总数达到24个。在这些文化院落中可以看到纳西族艺人们自编自演的传统歌舞，体验丽江传统的手工艺品制作，参与传统的节庆活动，还可以品尝到原汁原味的传统饮食。古城保护管理局将一些保护完好的建筑群落以无偿或者减免租金的方式交给当地的民间演艺团队、民间工艺大师等代表人物，给他们提供适宜的表演场所、文化展示的空间，并且解决一部分演艺团队表演的补贴报酬，有效地激活了社会上参与文化建设、保护文化遗产、展示和传播优秀文化的动力和活力，真正将地方的文化要素重新植入曾经被诟病为过度商业化、空壳化的古城，作为世界文化遗产的丽江古城得到真正活形态可持续的保护。

第二，创新表现形式，引入科技加持文化遗产的呈现和传播方式。丽江"纳西创世纪"民族文化体验中心通过打造生动精致的百米长卷、奇幻刺激的VR体验、创新创意的文化展示将浓郁的纳西文化元素一一呈现在眼前，营造了一场多维度的现场体验。丽江古

---

① 袁晓丽：《丽江市非物质文化遗产保护的政府职能履行研究》，云南财经大学硕士学位论文，2019，第59~60页。

城通过智慧化管理系统全覆盖，从古城保护、管理到商户经营、游客游览、体验，均能够通过智能终端上的公众号、小程序、应用软件来实现，让"遗产＋科技＋旅游"有机联动的形式发挥最大效能。

第三，提高对世界遗产的保护宣传力度，呼吁人们积极参与世界遗产保护工作。丽江在"十四五"项目规划中提出举办丽江国际遗产大会。丽江拥有三项世界遗产，是其他地区不可比拟的。丽江便利的交通、完善的旅游设施及服务，都为丽江举办国际遗产大会提供了有利条件。每年定期举办国际遗产大会，推动了丽江节庆会展产业的发展，极大地提升了丽江的知名度。此外，自2005年起，每年的12月4日被定为"丽江世界遗产日"，每年如期举办，加强对世界遗产价值意义的宣传普及，鼓励引导社会各界自觉积极参与世界遗产的保护与传承。

第四，协调新老丽江人关系，塑造社区文化新系统。随着丽江城市的革新和旅游业的迅速发展，像古城这样的区域原住居民大量外迁，新丽江人不断涌入，传统的社区文化系统发生拆解和改变，新老丽江人在生产生活方面的协调关系，直接影响着文化遗产的传承创新。因此很多社区通过新的举措，促进新老丽江人关系的协调，促成齐心协力共同保护世界遗产的良好局面。丽江市古城区大研街道新义社区地处丽江古城核心区，新义社区积极采取"1＋2＋4＋N"措施，推动"新丽江人"融入丽江古城，参与共建共治共享取得显著成效。2018年7月15日丽江雪山小镇"非遗一条街"，免费为外来和本地非遗传承人搭建市场平台，上百位非遗传承人、工艺美术大师和手工艺人汇聚其中。街区不需要任何加盟费用、房租等，只要有手艺有作品，就可以免费入驻，也可以把这些作品放在这些店铺中免费寄售，促进了新老非遗传承人共同参与遗产的传承和创新。

三　丽江市三大世界遗产传承创新与
文化旅游发展的互构

丽江三大世界遗产的保护管理与合理利用形成了良性互动关系。丽江对于遗产资源的利用，主要是通过发展旅游来实现的。丽江遗产保护管理策略的调整，也和丽江旅游业发展的变化相互契合，形成互构的格局。

（一）世界遗产品牌的粗浅运用与丽江旅游市场初步形成

1996 年丽江大地震后，三大世界遗产陆续申报成功，让丽江的名声在全世界范围内得到传播，吸引了一些小众游客到丽江旅行。初期到丽江的游客主要以观光、探险为目的，背包客居多。也有一些到过丽江或者听说过丽江的人，为丽江的环境、文化所吸引，选择另外一种生活方式，依托一定经济基础定居丽江，在丽江开设民宿、小酒吧等以简单维持生计，丽江旅游市场初步形成，这个阶段丽江文化和旅游形象的传播主要依靠口碑，"三江并流"、东巴文化、丽江古城三大世界遗产作为丽江形象符号被游客口耳相传。

30 年前，丽江是一个不为人知的西南边陲小镇，丽江古城被列入世界文化遗产名录后，迅速成为享誉全球的旅游目的地。旅游发展为丽江的社会经济发展注入巨大的动力，蜂拥而至的游客为丽江发展带来巨大的消费群体，迅速拉动了丽江经济社会的发展，也给丽江创造了广阔的、面向全球的展示平台。丽江旅游发展的路径，有其特殊性和独立性。80 年代末 90 年代初，丽江古城的历史、文化、科学价值被发现，不仅吸引了一大批外国人——背包客及官方接待人员如挪威国王等来到丽江，还有全国历史文化名城保护专家和国内外一些建筑大师纷纷驻足丽江，丽江在旅游市场上初露尖角。1991 年，丽江游客总数 13 万人次, 旅游总收入 0.1 亿元; 到 1993 年, 游客总数达到 18 万人次, 总收入 0.2 亿元; 游客数量增长 38.46%, 旅游收入增长 100%。1993 年 "三江并流" 正式被列入中国申报世界遗产的预备清单, 丽江旅游有了进一步发展。1994 年, 云南省政府在丽江召开滇西北旅游规划现场办公会, 正式把旅游作为重点提到政府的议事日程上。会议首次提出 "发展大理, 开发丽江, 带动迪庆, 启动怒江" 的发展思路, 丽江旅游进入实质性开发建设阶段。[①] 这一年,《纳西古乐》落户大研古城, 免费为游客演出。外国人在丽江认识了《纳西古乐》, 以《纳西古乐》为媒介了解丽江, 到 1995 年, 丽江游客总数达 84.5 万人次。但是真正让丽江开始在国内小有名气的是 1996 年 "2·3" 大地震, 地震引发了国内外媒体的报道, 提高了丽江的知名度, 丽江变大灾难为大机遇, 聚光灯下, 世界更多地了解和认识了 "丽江"。幸运的是, 专家们认为古城虽然遭到了破坏, 但古城的精髓还在, 整体格局、水系风貌、人文景观依然完好, 同时世界遗产委员会给予丽江 4 万美元援助恢复重建, 丽江古城在重建过程中最大限度地保留了原始风貌, 成为我国民族风格突出、保存最为完整的古城镇。1997 年, 丽江古城申报世界遗产成功。"三江并流"、东巴文化、古镇作为丽江形象符号传播, 迅速提升了丽江的名气, 各地游客慕世界遗产之名来到丽江旅行。

（二）世界遗产资源的集中开发与丽江旅游市场高热期

1997 年丽江古城申遗成功后在国内外知名度迅速提升。1999 年,《纳西古乐》首次走出国门, 在英国伦敦、新加坡等地巡回演出, 为丽江旅游的对外宣传和推介起到了不可磨灭的推动作用。同年, 丽江

---

① 和学艳:《丽江纳西族传统文化开发与保护研究》, 中央民族大学硕士学位论文, 2014, 第 22~24 页。

作为世博会分会场，举办了第一届东巴文化艺术节，旅游业迎来首次高峰：游客人数达 280 万人次，旅游总收入 15.9 亿元。进入 21 世纪，丽江市委、市政府将开发、打造旅游文化品牌作为头等大事，围绕"两山、一城、一江、一湖、一文化、一风情"等文化和旅游的核心资源，打响东巴文化、纳西古乐、摩梭风情等知名文化旅游品牌，为旅游发展注入强大动能。

2003 年，老君山黎明景区被列入世界自然遗产名录、纳西东巴古籍文献被列入世界记忆遗产名录，加上世界文化遗产丽江古城，丽江成为中国唯一拥有"三项世界遗产"的城市，享誉国内外，成为全球知名的旅游目的地，也逐步成为大众游客狂欢式的娱乐消费市场。来自全世界的游客、批量化的游客团队进入丽江，大量的投资者、商户也乘着丽江旅游"爆火"的契机进入丽江市场，满足大众游客消费需求的民宿、酒吧、餐饮等设施和场所在丽江迅速增多，一度达到饱和状态。这个阶段，现代商业的熙攘繁华与遗产厚重的历史积淀、少数民族文化的传统蕴藏之间形成的冲撞感成为丽江最具吸引力的旅游形象符号。为满足数量巨大的消费者的需求，刻画绘制着东巴文字的文化衫、披肩、风铃在丽江古城热销，外来的低成本小商品成为丽江的旅游纪念品，世界遗产的文化内涵一定程度上被标签化、表浅化。由于丽江古城的租金在消费市场膨胀中日益增高，本地艺术家、手工艺人不得不退出古城，很多古城居民也因此退出古城。丽江古城本身作为世界文化遗产的文化形态在这个时期广受争议和诟病，丽江古城一度被认为"过度商业化""空壳化严重"，在丽江古城中看不到东巴文化、看不到纳西族，都是千篇一律的全国各地都有的所谓"特色小吃"，粗制滥造的小商品充斥市场，旅游市场管理不到位导致的矛盾也频频爆发，导致丽江在遗产保护管理方面陷入困境，在旅游发展方面也问题突出。

（三）世界遗产价值的涵养重塑与旅游转型持续发展

丽江旅游业高热发展阶段出现了各种问题，最终激发了丽江旅游业多年积攒的矛盾。2007 年，由于过度商业化、原住居民外迁、纳西文化流失等问题的出现，世界遗产大会对丽江古城发出警告。"11·11"事件和"蚊子事件"两件事引发了全国各类媒体对丽江旅游口诛笔伐，也导致了国家旅游局分别在 2016 年、2017 年连续两次对丽江古城进行黄牌警告。面对这些问题，丽江认准了旅游从门票经济、观光经济向体验经济、服务经济转变的大趋势、大方向，坚定决心抓住契机实现旅游业升级和城市发展转变。①

丽江市首先做的就是对遗产文化价值的涵养和重塑。以纳西族为主的地域文化、民族文化和历史文化是世界文化遗产丽江古城的灵魂。过去，丽江只关注到了对古城文物、历史文化遗址、建筑等遗产的保护，忽略了对当地居民的保护。丽江古城过去的主体居民是纳西族，世代生活在丽江古城的纳西族居民因过度商业化离开古城，带走原汁原味的纳西语言、服饰、节日、礼俗，使得古城中东巴文化的氛围和形态消散，使丽江古城呈现"空壳化"。大批外来投资者、经营者通过买卖、租赁房屋的方式进入古城，因他们原本的生活方式与古城的传统存在差异，因此古城延续的生活方式大量被外来文化所置换，古城原有的文化传统和底蕴暗淡甚至失散。丽江在各方的争议和诟病中迅速意识到，对古城的保护必须着眼于留住古城的传统文化，同时也要以包容的姿态接纳多元文化共存共享。由此，丽江重新认识世界遗产的品牌价值和内涵，打造文化院落，在条件允许的情况下将一些珍贵的建筑空间交付给家族传人，支持他们开设家族、私人博物

---

① 《危中寻机拓展旅游业蓝海》，中国社会科学网，http：//ex. cssn. cn/glx_ gsgl/202007/t20200715_ 5155477. html，最后检索时间：2021 年 4 月 29 日。

馆或文化展馆；将民族民间文艺协会和团体引入古城，引导他们带领城内居民、经营者和游客共同开展文化活动；帮助文艺小团体在适当的空间中开展免费演出，并将各类表演、展陈活动写入古城游览攻略。同时通过社区服务、协会参与引导等方式，协调古城居民和经营投资者们、新老丽江人的各种关系，营造新丽江古城社区文化系统，以此促成丽江从过度喧嚣的旅游地回归宜居宜游、主客共享的生活之城，探索出一条遗产保护管理与可持续的文化传承和旅游发展相互促进、相互建构的路径。

经过多年发展，"丽江"已经成为世界知名旅游品牌。[①] 近年来提出"到丽江发呆、让心灵洗澡""丽江的慢文化、慢生活""丽江的柔软时光"等时尚概念，有机地契合了现代人在纷扰繁忙中追求宁静休闲的诉求，让丽江成为很多人的一种向往，促使丽江回归生活，成为生活美学的热地。这一时期，在大众游客市场继续维持的基础上，寻找体验、仰止文化的多类型游客数量增多。如今，丽江在休闲度假、文化研学、康体养生等领域打造了一批新产品、新业态，不断优化产品与服务供给。丽江充分发挥民族众多、文化多样的优势，通过对世界遗产品牌的重新定位、理解和加深认知，深入挖掘整理东巴文化、丽江古城等文化资源，重点培育和发展丽江民族文化节庆活动，加紧推出一批具有丽江特色的文化旅游精品。同时依托"三江并流"自然风光打造一批知名体育赛事活动，将大众所喜爱的体育项目引入其中，如马拉松、徒步挑战赛等，专门为游客修建供徒步、骑行等使用的专门线路，完善沿线设施建设，做强体育旅游。让游客在丽江休闲文化旅游的同时，还能在美丽的自然风光中体验到由体育活动带来的身心放松，尽享慢生活的美妙，从而让文化、体验、生活

---

① 丁雨莲：《丽江古城文化休闲旅游符号的思考》，安徽师范大学硕士学位论文，2007，第10~11页。

重新成为丽江的形象。

通过对世界遗产品牌的重新定位、理解和加深认知，丽江市凝练了"丽江人爱丽江"的文化氛围；形成主客共享、宜居宜游的丽江；在激烈市场竞争和管理体制革新的影响下，真正有情怀、有能力的商户留在丽江，成为新丽江人，文化、体验、生活（遗产内涵）重新成为丽江的形象。

四　丽江市世界遗产保护利用面临的趋势与建议

利用世界遗产发展旅游以促进地方的经济、社会和文化发展是人类社会发展的必然走向，但遗产资源本身具有稀缺性，随着游客规模的不断扩大、开发商追求经济利益的需求不断增长，世界遗产的保护与利用也将面临更大的挑战。构建"大滇西旅游环线"，是云南省在"十四五"期间将全面促进文化旅游提速发展的重要战略举措，丽江处于大滇西旅游环线布局的核心区域，必然成为全省文化旅游发展重点项目落户的主要区域，这给丽江文化旅游的发展带来新的契机和优势条件，同时也给世界遗产的保护利用创造了新的威胁和挑战。

（一）面临的趋势

1. 后疫情时代全球旅游恢复高热将给遗产保护管理带来更大压力

2019 年末到 2021 年，全球疫情对旅游业造成极大影响，丽江之前持续高热的旅游也在相当长一段时间内降到几近冰点。随着疫情已经在全国范围内得到有效控制，丽江的旅游业开始迅速回暖。可以预测，当疫情在全球范围内得到控制，来自世界各地的游客在将近两年的"宅"生活中积蓄的消费力必然"爆炸"式释放。之后一段时间游客的规模化涌入，势必强化遗产保护管理和商业利益之间的冲突，给遗产的自然生态、整体环境方面带来更大的压力。

2.遗产在城市更新、区域竞合发展、地方产业转型中的功能价值更加凸显

随着社会的迅速发展，城市更新的速度明显提升，区域之间的竞合发展态势显著，地方产业结构升级转型的诉求日益突出。遗产是珍贵的地方传统、历史和民族文化的凝结体，城市更新越快，遗产维持历史记忆、传承地方文化脉络的作用就更加重要。与此同时，遗产作为地区社会、经济、文化发展的重要资源禀赋，是差异化发展的重要标识和品牌，遗产的有效保护和合理利用将影响到区域竞合发展的竞争力。遗产的利用，尤其是基于遗产资源的文化创意设计、旅游业的发展，对地方产业结构的调整和升级转型发展发挥了重要的带动和驱动作用，随着文化和旅游融合的深入发展，遗产的合理利用将为地方产业转型发挥更大的效能。

3.遗产将更多从保护传承走向活化创新，历史积淀需要融入当代生活

在大众文化、文化消费为主要特征的当下，遗产保护传承的方式将更加多样化，生产性保护、创意科技赋能的活化创新利用都成为遗产保护管理更加有效的途径。遗产的价值不仅在其历史积淀、文化艺术代表性方面体现，更多地表现在与人们当下生活的相互融合。因此，未来遗产的保护管理和创新利用将更多强调遗产所能提供的体验感、知识信息获得感，以及遗产所代表的历史积淀和现代生活互构的内容。

4.多重力量参与到遗产保护利用中，创造新的遗产生态环境

全球化进程的不断推进，互联网技术的覆盖渗透，将使得遗产的保护利用不再像过去一样局限在政府一方力量中。社会的不断进步、群众文化素养和思想意识的提升、文化自信力和自觉力的加强将促使社会各种力量参与到遗产的保护和利用中，资本力量也势必青睐遗产资源可能带来的巨大效益而聚集优质资源向遗产的创新利用倾斜。多

重力量参与遗产的保护利用，不同力量之间的利益博弈，技术力量的渗透，将使得遗产的传承和传播方式发生变化，形成遗产传承的新生态环境。

（二）丽江世界遗产保护管理和创新利用对策建议

1. 运用高质量智慧旅游系统，人性化规范游客秩序和行为，通过合理分流管理缓解遗产保护压力

借鉴国际国内优秀遗产旅游项目管理经验，强化高质量智慧旅游系统的研发和投入运用，针对丽江三大世界遗产的特点，为丽江遗产旅游定制建立人性化的游客秩序行为规范体系，通过对游客进行合理分流、引导，缓解游客数量过大可能给遗产保护带来的压力。

2. 强化整体统筹和顶层设计，将遗产保护管理和创新利用纳入城乡宏观发展规划中

丽江三大世界遗产与丽江社会、经济、文化及城乡发展之间关系密切，尤其是世界文化遗产丽江古城，遗产保护利用的历程也是丽江文化旅游发展的历程，更是丽江城市更新、产业结构调整的有机内容。因此，丽江遗产的有效保护与合理利用应当成为丽江社会和国民经济发展的长期战略和主要任务，应当将遗产保护利用纳入地区社会、经济、文化发展的整体统筹和顶层设计中，在推进遗产保护管理和创新利用专项规划编制的同时，系统地将遗产保护利用写入社会和国民经济规划中。

3. 创新遗产品牌塑造和传播的形式，推动遗产符号、元素有机融入景区景点和生活场景中

有计划地举办一系列与遗产价值提炼和宣传相关的创意设计展赛节庆活动，激发来自世界各地游客、新老丽江人构成的创意阶层的奇思妙想，通过创意提升，促动遗产品牌塑造和传播形式的多样化，让遗产的符号、元素和内容有机地融入城乡生活场景，深化遗产历史价

值和当代文化生活、精神需求的融渗结合。

4.鼓励和吸纳社会参与遗产保护利用，构建良性持续的遗产传承生态环境

借鉴世界遗产管理和利用的先进经验，建立政府监管，社会、个体、企业、群众多元主体积极参与遗产保护运用的体制机制，鼓励和吸纳社会资本介入遗产的保护利用，强化社会整体对遗产价值、品牌的深入理解，提升地方各阶层、各行业群体通过了解和热爱世界遗产获得文化自信力、自觉性，构建氛围良好的、可持续发展的遗产传承生态环境。

B.12
丽江市乡村文化旅游发展报告

杨传张　田　欣*

摘　要：　在丽江文化旅游市场大背景下，经过20多年的探索起
　　　　　步、快速发展和转型升级，丽江乡村文化旅游取得了
　　　　　显著成绩，成为丽江文化旅游业发展的重要业态。乡
　　　　　村文化旅游既带动了乡村地区农民就业增收和脱贫致
　　　　　富，又促进了民族文化、历史文化、农耕文化的保护
　　　　　传承和创新发展。新时期丽江乡村文化旅游面临着新
　　　　　冠肺炎疫情影响、文化旅游转型升级、文化旅游新消
　　　　　费转变等挑战，同时存在基础设施相对滞后、区域发
　　　　　展不平衡、专业人才不足等制约因素，亟待新一轮转
　　　　　型发展。伴随大滇西旅游环线建设、丽江旅游革命和
　　　　　转型发展、巩固拓展脱贫攻坚同乡村振兴有效衔接等
　　　　　快速推进，乡村文化旅游将成为丽江文化旅游发展新
　　　　　的特色和亮点，成为丽江乡村振兴的重要支撑和
　　　　　路径。

关键词：　乡村文化旅游　乡村振兴　文旅融合　丽江市

---

*　杨传张，北京市社会科学院传媒研究所研究人员、博士，北京观恒文化发展研究
　院研究员、理事，主要研究方向为文化产业，文化政策；田欣，云南大学民族学
　与社会学学院在读硕士研究生，主要研究方向为文化管理和文化产业。

乡村文化旅游是依托乡村自然景观、田园风光和文化景观，吸引游客进行各种休闲娱乐、文化体验、度假旅游等活动的旅游休闲方式。乡村文化旅游是促进乡村文化传承、保护乡村生态环境、落实乡村振兴战略的重要途径，是乡村地区、民族地区产业兴旺的有效方式，有助于推动乡村产业结构调整与优化，加强乡村基础设施建设，促进巩固拓展脱贫攻坚成果同乡村振兴战略有效衔接。丽江充分发挥民族文化、农耕文化、民俗节庆等资源丰富独特的优势，依托丽江庞大的旅游市场，积极培育和推动乡村文化旅游发展，取得显著成效，乡村文化旅游在增加农民收入、改善乡村人居环境、推动乡村经济社会繁荣发展、促进地方和民族文化保护传承等方面发挥重要作用。经过 20 多年的探索、转型和创新发展，逐步形成乡村文化旅游的"丽江经验"。

一　丽江市乡村文化旅游的发展现状

20 世纪 90 年代末，丽江旅游业迅速崛起和快速发展，乡村文化旅游也随之起步。20 多年来，丽江乡村文化旅游经历了起步探索、快速发展、提质增效等三个阶段，成为丽江文化旅游产业的重要业态，文化和旅游发展的重要特色和亮点。近年来，丽江涌现出拉市海、玉湖村、文林村、金龙村等具有典型代表的文化旅游特色村寨，逐步形成了以生态观光、民族文化体验、民俗节庆等为代表的多元业态。乡村文化旅游发展在丽江全市脱贫攻坚中发挥重要作用，成为丽江乡村地区、民族地区增收致富的重要产业。

（一）丽江市乡村文化旅游发展历程

20 世纪 80 年代，乡村文化旅游业在我国开始兴起，目前已成为我国旅游业的重要形态之一，也成为乡村地区脱贫攻坚和乡村振兴的重要产业之一。丽江虽然地处偏僻，经济社会发展落后，但旅游业基础较好，经过 20 多年的发展，丽江乡村文化旅游形成了政府主导转向市场推动、经营主体走向多元化、旅游资源逐渐综合化、利益分配逐步合理化的发展路径。梳理其发展历程，大致可分为起步探索阶段、快速发展阶段、提质增效阶段。

1. 第一阶段：1994～1999 年，伴随丽江市旅游崛起，丽江市乡村文化旅游探索起步

丽江乡村旅游的起步标志是 1994 年白沙乡农家乐的兴起。1995 年，民俗资源依托型的乡村旅游逐渐兴起，最具代表性的是黄山镇的乡村民俗旅游，这种模式有力推动了丽江乡村旅游的发展①。这一时期，政府主导乡村文化旅游的发展，政府是乡村文化旅游的拓荒者，通过强制性的行政力量负责政策制定、规划指导、对外宣传等，白沙乡、黄山镇等地的乡村文化旅游发展形成了品牌效应。但由于旅游资源开发较为单薄，以及旅游市场需求的快速变化，该模式呈现出后劲不足的态势。

2. 第二阶段：2000～2015 年，在丽江市旅游快速发展的大潮中，丽江市乡村文化旅游迅速扩张

1999 年昆明世界园艺博览会之后，尤其是进入 21 世纪，随着丽江古城、玉龙雪山、拉市海等旅游景区的开发以及特色产业的兴起，丽江逐渐形成了以拉市镇、束河古镇为代表的景区资源依托型和以文海生态旅游、七河九色玫瑰小镇等为代表的特色产业依托型的乡村旅游模式。拉市镇、束河古镇通过"政府+企业+合作社+村民"的发展模式，依托良好的区位优势和客源市场，带动村民参与乡村文化旅游。文海生态旅游、七河九色玫瑰小镇等利用当地的资源及条件，

---

① 王成、朱桂香、李继红：《试论丽江乡村旅游发展及其对乡村经济发展的意义》，《中国包装科技博览》2009 年第 13 期，第 153～154 页。

创新性地使用现代科技、现代艺术，除了有政府、企业、合作社、村民等经营主体外，还依靠非政府组织和科研机构等力量开发乡村文化旅游，补偿了当地乡村生态环境脆弱、区位优势不明显、产业结构不合理、发展积淀不足等弱势。① 在这两种模式的带动下，丽江乡村文化旅游迅速发展，产品和形式逐渐丰富，乡村文化旅游模式和客源市场走向多元化。但在快速扩张的背后，旅游产品特色不突出、品质有待提高、配套设施不健全、服务水平较低等问题逐渐凸显。

3. 第三阶段：2016年至今，在丽江市旅游革命的推动下，丽江市乡村文化旅游提质增效

在旅游乱象的背景下，丽江市推动"旅游革命"，乡村文化旅游随之进入提质增效阶段。在"旅游革命"的推动下，丽江乡村文化旅游品质不断提升、基础设施逐渐完善、产品特色逐步凸显、服务水平稳步提高。拉市海自2017年对存在问题进行整改后，村民们的生态保护意识不断提高，逐渐注重提升乡村文化旅游业的文化内涵，为游客提供健全的配套设施以及优质的旅游服务。

当前，丽江乡村文化旅游的发展主要集中在古城区、玉龙县及宁蒗县。全市54个村被列入中国传统村落保护发展规划，68个村被确定为省级规划建设示范村，玉龙县白沙镇玉湖村被评为"中国美丽休闲乡村"。"十三五"时期，丽江市抓住旅游业转型升级的契机，依托丰富的旅游资源、响亮的丽江品牌和广阔的客源市场，大力加强乡村文化旅游建设。2019年，丽江市乡村文化旅游人数突破600万人次，收入突破60亿元，乡村文化旅游已发展成为丽江旅游产业的重要组成部分②。

---

① 涂静：《丽江市乡村旅游发展模式与路径探析》，《丽江师范高等专科学校学报》2018年第4期，第95~101页。
② 资料来源：丽江市文化和旅游局。

（二）乡村文化旅游产品逐渐多元化

丽江"一区四县"乡村文化旅游资源非常丰富，为满足人们多样化和个性化的文化旅游需求，逐渐探索形成了景区资源依托型、特色产业依托型、文化体验依托型、酒店民宿依托型等多元化的乡村文化旅游产品。

1. 景区资源依托型

随着丽江古城、玉龙雪山、拉市海等旅游景区开发，以景区为依托，结合景区优美的自然环境、独特的地理地貌、浓郁的民族文化，在政府引导、企业投资、农户参与的情况下，以拉市镇、束河古镇、泸沽湖摩梭风情旅游等为代表的景区资源依托型乡村文化旅游模式逐渐形成。

2. 特色产业依托型

以特色产业为依托，寻求多方的合作与支持，形成以雪山玫瑰庄园、木梨庄园、芒果园、蓝莓庄园、文海生态旅游等为代表的特色产业依托型乡村文化旅游模式，打造多元乡村文化旅游产品。

3. 文化体验依托型

组织开展纳西族"三多节"、宁蒗县"彝族火把节"、华坪县"芒果节"等特色民族民俗节庆活动，成功举办东巴文化艺术节、雪山音乐节、迷笛音乐节等特色文化旅游节庆活动。此外，天文科普旅游、石鼓"红色旅游"、摩梭婚俗游、猎鹰文化等乡村文化体验旅游新业态逐渐丰富。

4. 酒店民宿依托型

丽江精品酒店、民宿快速发展，形成白沙村、玉湖村、文林村、落水村、里格村等精品酒店、民宿聚集区。以民宿为"龙头"和突破口，推进玉湖、三股水、石鼓、束河、宝山石头城等美丽乡村建设，物与岚、墅家玉庐雪嵩院、青普行馆、丽世茶马酒店等一系列半山酒店建成，带动就业和农产品销售，推动当地百姓脱贫致富。

经过不断探索，丽江乡村文化旅游逐渐形成多元化的发展模式，逐步形成了泸沽湖畔以民居客栈、划猪槽船观光游览、篝火打跳为主的摩梭洛水村、里格村；拉市海周边以规模化出租马队、种植观赏和食用玫瑰、特色林果为主的拉市镇均良村、美泉村；古城区以婚庆、餐饮待客为主的百户集中连片农家乐的安乐村、金龙村；古城区以科技与文化旅游结合的 3D 七河镇九色玫瑰小镇；玉龙县以丽江七彩花海薰衣草庄园、雪山玫瑰庄园、文海郁金香等为代表的花卉景观乡村文化旅游产品。

（三）乡村文化旅游有效带动贫困人口增收脱贫

2017 年 11 月，丽江市人民政府发布《丽江市乡村旅游扶贫实施方案》，从编制规划、设施建设、开发产品和加强营销等方面提出乡村旅游扶贫的具体路径。此外，丽江还组织乡村文化旅游培训，强化人才支撑，有力推动了脱贫攻坚、乡村振兴战略的实施，增加了村民就业，提高了村民收入。

以古城区为例，2019 年，古城区直接或间接参与休闲农业和乡村文化旅游从业人数达 8975 人，带动农户数达 2026 家，农民从业人员 5914 人，其中，休闲农业直接经营主体 246 户，带动农户 367 户，从业人数 978 人；已建成农业园及农家乐 287 家，初具规模的采摘休闲农业园 12 家[①]。通过促进旅游与农、林、牧、渔等产业的融合，发掘农耕文化、民族文化，古城区涌现出一批集休闲、体验、科普于一体的具有示范引领作用的现代乡村文化旅游和休闲产品，引领乡村文化旅游发展新趋势。

甲子村成立了甘子甘坂婚纱摄影公司及党支部、团支部，探索

---

① 资料来源：丽江市古城区文化和旅游局。

"党建+公司+农户"的运营模式，积极探索"资源变股权、村民当股东、人人有分红、户户有收益"的发展新路子，同时用好用活旅游业反哺农业机制，不断延伸旅游扶贫产业链，大力发展"景区带动型"经济，助推脱贫攻坚，带动农民增收致富，使全村基础设施日益完善，群众生产生活水平明显提高，美丽乡村建设稳步推进，人居环境不断改善，社区群众收入在全县乃至全市名列前茅，走出一条农旅结合、绿色发展的新路子，为脱贫攻坚注入强大动力。

（四）丽江市各县区乡村文化旅游发展现状

1. 古城区乡村文化旅游健康持续发展

古城区始终坚持"政府引导、规划先行"的原则，注重农旅融合，大力发展以"农家乐度假游""民族风情游""农业观光游""生态休闲游"等为主的休闲农业和乡村文化旅游，以实现农业增效、农民增收、农村增绿为宗旨，全力打造休闲农业和乡村文化旅游发展新格局。

（1）坚持规划先行，优化乡村文化旅游发展布局。古城区坚持规划先行，先后完成《丽江市古城区旅游东环线控制性详规》《丽江西线游路概念性规划》《古城旅游产业"十三五"规划（2016~2020年)》《古城区全域旅游发展规划》等规划。同时，按照"一镇一特""一村一品"的原则，科学规划乡村文化旅游发展布局，积极发展生态休闲、康体养生、农事民俗、采摘体验、观光摄影、徒步探险等乡村文化旅游产品，逐渐形成"近郊依城、远郊靠景、沿路沿江、城乡互动"的发展格局。

（2）发挥政府引导，统筹发展乡村文化旅游。首先是加强乡村文化旅游基础设施建设。目前古城区乡道共48条，总长251公里；村道77条，总长113公里，各乡均通公路，已实现全部行政村和自然村通公路的目标。其次是加强人才培养。古城区实施"技能培训、转移就业、带动致富"培训工程，开展"扶贫劳务输出、农村劳动力技能培训"工作，多层次、多渠道开展乡村文化旅游扶贫培训19期。再次是加强沟通协作，开展乡村文化旅游项目招商工作。加强与区投资促进局、区发改局等相关部门的沟通联系，充分挖掘乡镇及村社的资源优势，积极开展项目对外招商引资和宣传推介工作。最后是切实开展"旅游百企百村帮扶专项行动"。协调组织旅行社、酒店等旅游企业对旅游扶贫重点村开展结对帮扶，参与旅游、发展旅游、共享旅游成果，助力推进全区扶贫攻坚工作。

（3）立足地方特色，推动乡村文化旅游升级。首先是古城区不断开拓乡村文化旅游产品新领域，推进现代旅游农业庄园建设，带动周边乡村文化旅游扶贫发展。九子海村全村1/3以上居民直接或间接从事旅游接待工作，旅游总收入近百万元，居民人均年纯收入逾3500元①。其次是整合扶持政策，推动乡村文化旅游成为脱贫支柱产业。古城区先后制定并出台《古城区乡村文化旅游扶贫实施方案》《古城区旅游扶贫三年行动计划（2018～2020年)》等文件，坚持以财政扶贫资金为主，整合行业扶贫、社会扶贫资源，切实把旅游发展专项资金、高山生态扶贫搬迁资金、互助资金等打捆用于乡村文化旅游发展。再次是坚持乡村文化旅游与特色效益农业发展相融合。大力推广"林上挂果、林地种药、林下养鸡、林间养蜂"等生态复合型产业发展模式，重点培育以畜牧、特色水果、中药材为主的"3＋X"扶贫骨干产业，实现特色效益农业与旅游扶贫开发融合发展。最后是坚持乡村文化旅游与电商扶贫相融合。古城区现有1个区级电商公共服务中心、11个乡镇（街道）电商公共服务站。经区商务部门不完全统计，古城区通过旅游电商产业发展共带动线上收益1500万元左

---

① 资料来源：丽江市古城区文化和旅游局。

右，有118户农户直接受益，电商户均年收入2000~8000元不等①。

2. 玉龙县乡村文化旅游转型优化发展

玉龙县依托得天独厚的民族文化资源和自然资源禀赋，坚持实施"旅游强县""旅游活县"战略，积极创建旅游特色村和休闲农业与乡村文化旅游示范点，初步形成了休闲度假、生态旅游、文化旅游、乡村文化旅游、红色旅游互动发展的局面。

（1）乡村文化旅游经济不断增长。玉龙县乡村文化旅游接待游客和收入持续增长，吸引力进一步增强。全县旅游接待人次从2003年的252万人次增加到2018年的1502.65万人次；旅游综合消费从2003年的17.66亿元增加到2019年的151.68亿元；旅游直接从业人员达21300人，间接从业人员达58250人②。

（2）乡村文化旅游行业管理体制不断健全。玉龙县为推动乡村文化旅游发展，成立了旅游产业协调领导小组、假日旅游协调领导小组等专门的协调管理机构，制定下发《关于进一步加强旅游行业管理的通知》，明确了25个涉旅单位、乡镇政府及旅游企业在旅游行业管理中的职责，进一步理顺了全县旅游行业管理的体制机制。

（3）乡村文化旅游基础设施不断完善。当前，玉龙县基本形成了以县城为中心辐射东部和西部的旅游公路网络，建成全县三级以上旅游公路600多公里，全县公路通车里程3876千米，国道214线过境67千米，大丽高速过境73.83千米，公路网络覆盖全县所有乡村。大丽铁路和丽大高速公路建成通车，云南第二大火车站——丽江市火车站坐落在县城，丽江飞机场距县城22千米，全县旅游可进入性明显改善。

3. 永胜县乡村文化旅游快速发展

永胜县作为历史文化重镇，交通便利、景色优美、边屯文化厚

---

① 资料来源：丽江市古城区文化和旅游局。

② 资料来源：丽江市文化和旅游局。

重、饮食文化独具特色。近年来，永胜县高度重视乡村文化旅游工作，采取了一系列有力措施扶持和推动乡村文化旅游发展。在政府与市场力量的双重推动下，全县各乡镇共有农家乐、观光园356家，节庆活动全年共计7个，乡村文化旅游业与相关产业逐步融合，形成农业生态游、历史文化游、美丽乡村游等特色乡村旅游品牌。

（1）乡村文化旅游基础设施建设不断提升。永胜县开展"美丽乡村""生态乡村"等行动，加强道路交通、指示牌、旅游厕所等乡村基础设施的建设力度，为乡村文化旅游的发展提供了良好条件。通过开展"点、线、面"的绿化美化亮化工作，推进农村河道、水渠等综合治理，引导村民牢固树立尊重自然、顺应自然、保护自然的生态文明理念，从而带动乡村文化旅游发展和农民增收。

（2）辐射带动乡村文化旅游业的相关产业发展。依托现代农业示范园建设，注册了"三川火腿""螺旋藻""他留乌骨鸡""野生菌系列"等商标，并根据资源特点，打造出"康养旅游、农业生态、历史文化、美丽乡村"四大核心旅游品牌。

（3）以旅游节会活动为平台加大宣传营销。永胜县举办了石榴节、程海环湖山地自行车赛、荷花节、他留粑粑节等乡村文化旅游节庆活动，通过传统媒体与新媒体进行全方位的宣传。同时，积极参与省市举办的博览会、推介会。

4.宁蒗县乡村文化旅游快速推进

近年来，宁蒗县多措并举、因地制宜、创新模式，逐步优化旅游产业结构，不断完善配套基础设施，深入挖掘民族文化内涵，在核心景区泸沽湖的带动引领下，逐步形成特色鲜明、有效带动农民增收的乡村文化旅游模式，推动了精准脱贫，保障了农民收入的持续增加。一是宁蒗县编制了全域旅游规划，明确提出发展目标、发展战略、总体布局、主要任务和保障措施，为宁蒗县发展乡村文化旅游提供方向。二是在泸沽湖景区打造5个民族文化旅游美丽村，在丽泸二级游路沿途打造 5 个民族文化旅游美丽村，形成"5 + 5"的民族文化旅游珍珠链。三是以申报国家乡村旅游扶贫工程、旅游特色村寨、民族旅游特色村寨等项目为动力，强力推进乡村文化旅游发展。四是防打结合、多措并举，深入开展巡查活动，进行景区整治工作，依法推进行政处罚进程，确保景区可持续发展。五是在做好旅游扶贫统计工作的基础上，编制旅游扶贫示范乡（村）专项规划，推进旅游扶贫示范工程建设，组织开展旅游扶贫帮扶行动。六是加强乡村文化旅游基础设施建设，完善停车场、旅游厕所、医疗保障点和旅游标识标牌等公共服务设施建设，加快农村信息化建设与物流发展。2017～2019年，泸沽湖景区的旅游人次从 230 万人次增加到 279. 96 万人次，旅游综合收入由 13. 8 亿元增长到 72. 2 亿元，宁蒗县乡村文化旅游人次从 19. 57 万人次增加到 52. 3 万人次，乡村旅游收入由 4. 43 亿元增长到 13. 5 亿元（见图 1）[①]。

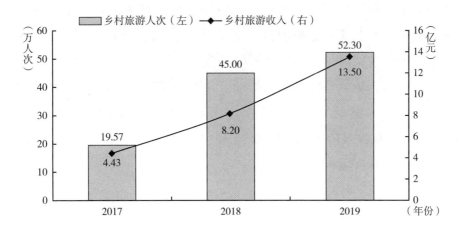

图 1　2017～2019 年宁蒗县乡村文化旅游接待人次与旅游收入增长情况

资料来源：宁蒗县文化和旅游局。

――――――――――

[①]　资料来源：丽江市宁蒗县文化和旅游局。

5. 华坪县乡村文化旅游特色发展

华坪县通过开发土司文化、红色文化和马帮文化，保护傈僳族等世居少数民族文化，打造火把节、泼水节等民俗风情，围绕建设大香格里拉生态文化旅游经济圈、阳光康养示范基地的目标，大力发展乡村文化旅游，形成"一村一精品"的乡村文化旅游发展模式。在产业方面，挖掘利用丰富的生态产业资源，结合芒果、茶叶、花椒、蓝莓、柑橘等特色农业，开发休闲娱乐、农业观光等乡村文化旅游产品，打造了一批独具民族民俗特色的村寨和农庄。同时，华坪县以乡村文化旅游为切入点，支持贫困群众围绕乡村文化旅游就业创业，共享文化旅游发展成果，推动乡村振兴①。

华坪县以果子山为核心，建设了汇源芒果特色小镇、万亩芒果示范园、杨梅庄园、山茶花园、小鸡山泓云寺等乡村文化旅游项目，结合芒果、杨梅、油茶果、樱桃等特色农产品，以鲜果采摘、田园观光、农事生活体验为主，打造特色村寨、精品农庄，发展田园观光、休闲娱乐等乡村文化旅游项目，逐步形成独具特色的生态农业观光度假区。通达乡腊姑河村深入挖掘傈僳族的民族文化内涵，发展乡村特色文化旅游，依托产业扶贫，推动第一产业和第三产业的互动融合发展。2020 年，腊姑河村旅游人次为 3 万多人次，旅游收入达 200 多万元②，群众收入持续稳定增加。同时带动周边贫困村的发展，形成互促共进的良好氛围。

---

① 《落实党建责任　发展乡村旅游——华坪县通达乡发展乡村旅游纪实》，云南网，http：//lijiang. yunnan. cn/system/2021/03/11/031330307. shtml，最后检索时间：2021 年 4 月 10 日。

② 《落实党建责任　发展乡村旅游——华坪县通达乡发展乡村旅游纪实》，云南网，http：//lijiang. yunnan. cn/system/2021/03/11/031330307. shtml，最后检索时间：2021 年 4 月 10 日。

二 丽江市乡村文化旅游的发展特色

丽江乡村文化旅游发展实现从"无序"到"有序"、从"自发"到"统筹"、从"零散"到"系统"、从"单一"到"多元"、从"点"到"面"的变迁，乡村文化旅游逐渐成为丽江文化旅游的重要组成部分和特色亮点，在丽江脱贫攻坚、旅游转型升级中发挥了重要作用。丽江各地结合自身生态环境、民族文化、历史文化等特点，因地制宜探索发展乡村文化旅游，实现生态环境与乡村文化旅游的协调发展。

（一）丽江市乡村文化旅游发展的特色和亮点

1. 从"无序"到"有序"，拉市海乡村文化旅游变革与发展

拉市海乡村文化旅游兴起于 2004 年，经历了"快速发展期"、"停滞整改期"和"绿色探索期"，依托于拉市海良好的自然生态环境、优美的田园风光，形成了"观光、骑马、划船、观鸟、餐饮、休闲、摄影、体验、研学"等综合性的乡村文化旅游，成为城市反哺农村、旅游业反哺农业的样板。

拉市海乡村文化旅游经历了十多年的"快速发展期"，截至 2016 年底，拉市海共有 54 家马场，拥有 4369 匹马，750 多艘经营性船只，从业人员 1190 户、4835 人，年接待游客 196.6 万人次，年综合收入近亿元①。在带来利益的同时，拉市海乡村文化旅游出现了一些乱象，呈现"无序"发展的状态，旅游市场价格混乱、旅游服务质

---

① 《拉市海乡村旅游整改成效显著　马场管理走向规范》，云岭先锋网，http：//ylxf. 1237125. cn/NewsView. aspx？NewsID = 226336，最后检索时间：2021 年 4 月 6 日。

量参差不齐、生态环境破坏严重，游客投诉率居高不下。

2017 年，为进一步完善拉市海旅游基础设施，规范拉市海旅游市场秩序，推动拉市海乡村文化旅游转型升级，拉市海乡村文化旅游全面停业整顿，各类业态开始转向经营或转型升级。经过环保督查整改和旅游市场治理，原来 50 多家马场整合为 7 家公司，经营马匹由原来 4000 多匹减少到 1500 匹，实行明码实价、诚信经营，实现马场的标准化建设、合法化经营、制度化管理，从根本上整治马场无序经营的乱象。伴随"湖进人退"，拉市海生态环境得到巨大改善，周边旅游基础设施不断健全完善，乡村文化旅游产品逐渐丰富，拉市海乡村文化旅游实现"凤凰涅槃"和转型升级，为广大游客提供了更加丰富和优质的旅游服务，重塑拉市海乡村文化旅游新形象，拉市海乡村文化旅游发展进入新时期。

拉市海紧紧围绕"文旅融合推进高质量旅游"和"建设世界级旅游目的地"的目标，强化总体规划和科学规划，加强生态优先和生态治理，完善旅游基础设施，提升旅游服务水平，塑造乡村旅游品牌，不断创新乡村文化旅游发展新思路和新模式，探索形成生态保护与经济发展相协调的乡村文化旅游绿色发展模式。

2. 从自发模式到合作社模式，乡村文化旅游促进玉湖村乡村振兴

玉湖村处于著名的玉龙雪山旅游景区腹地，被誉为"玉龙山下第一村"。玉湖村委会距白沙镇人民政府所在地 8 公里，距市区 18 公里，全村分为上村、下村和文华村 3 个自然村，9 个村民小组，386户，1573 人。近年来，玉湖村按照"绿水青山就是金山银山"的发展理念，探索具有纳西族文化特色的乡村文化旅游，取得一定成效。一是玉湖村充分发挥村党支部战斗堡垒作用，实施"党支部＋合作社"模式，成立玉湖旅游开发合作社。在党支部领导和党员的带头作用下，之前的无序竞争、游客投诉不断等情况得到有效解决，逐渐形成经济发展与党的建设不断加强的"双赢"新格局。二是玉湖村

始终坚持以全村共同致富为目标，将总票价收入按照适当比例划分为旅游促销费、个人所得、管理人员工资、办公经费、集体基础设施建设资金、教育基金、特困救济金和年底全员再次分配金，全村不分老幼均能参加年终再次分红。三是玉湖村按照"产业兴旺、生态宜居、乡风文明、治理有效、生活富裕"的发展目标，优先把改善乡村环境、提高群众生活质量作为工作重点来抓。同时，创办农民夜校，开办多期旅游服务技能及种养实用技术等培训讲座，提高了群众的旅游服务意识和科技知识。四是玉湖村按照"乡风文明、治理有效"的要求，组织开展社会文明工程建设，乡风文明不断提升。同时，坚持用制度管人管事，制定了《玉湖旅游开发合作社章程》《玉湖村村规民约和旅游管理实施条例》等制度，进一步规范了旅游经营秩序。五是玉湖村坚持正确处理好环境保护与开发建设的关系，牢固树立生态环境保护意识，以乡村生态文明建设为主线，从建立环保制度、加快旅游发展、推动项目建设、美化家园活动、打造绿色产业、整治村容村貌等方面带动生态文明建设。

玉湖村探索走出一条"党支部＋合作社"引领农村经济和乡村旅游发展的新路子，先后被评为"中国美丽休闲乡村""中国宜居村庄""全国乡村文化旅游重点村"。目前，玉湖村年接待游客将近50多万人次，旅游综合收入5000多万元，其中直接旅游服务收入3000多万元，带动农民人均可支配收入达到9000多元，人均旅游收入达4200多元，不仅带动了农民增收致富，也促进了乡村经济社会发展和乡村振兴①。

3.协调保护与开发，宁蒗泸沽湖摩梭文化主题的乡村文化旅游可持续发展

宁蒗县文化旅游资源丰富，是丽江的旅游大县，始终坚持"文

---

① 资料来源：丽江市文化和旅游局。

化旅游旺县"战略，加快推进文化和旅游深度融合，推动以文化旅游业为龙头的第三产业成为支柱产业。其中，精品景区泸沽湖是国家4A级风景名胜区、省级旅游区和省级自然保护区，以优美的自然环境、独具特色的摩梭文化吸引着世界各地的游客。

为保护好泸沽湖景区的生态环境，确保景区可持续发展，宁蒗县转变"环湖造城、环湖布局"的发展模式，转变"就湖抓湖"的治理格局，转变"救火式治理"的方式，不断健全完善机制，实现从"一湖之治"向"流域之治"山水林田湖草生命共同体综合施治转变。同时，加强组织领导，加大宣传力度，不遗余力做好群众工作，高位推进整治工作进程，简化程序、疏堵结合，依法规范居民建房行为，防打结合、多措并举，有效遏制景区"两违"势头。

宁蒗县创新乡村文化旅游发展模式，充分发挥泸沽湖景区的辐射作用，深入挖掘摩梭文化内涵，加强旅游扶贫示范乡（镇）村建设旅游停车场、旅游厕所、垃圾集中收集站、医疗保障点、农副土特产品商店和旅游标识标牌等公共服务设施建设，加快农村物流发展和农村信息化基础设施建设，将旅游产品、旅游商品营销纳入农村电商统筹推进。同时，实施乡村文化旅游扶贫工程，为脱贫攻坚和增加农民收入创造了条件。2019年，全县接待游客280万人次，旅游综合收入72.2亿元，直接带动群众参与旅游业的有1901户、8234人，其中建档立卡贫困户有705户、2819人[1]。

（二）丽江市乡村文化旅游发展的主要经验

丽江乡村文化旅游发展取得一定成绩，在现实发展中探索出乡村文化旅游发展的"丽江经验"。

---

[1] 《宁蒗县吃上旅游饭，旅游综合收入72.2亿元》，搜狐网，https：//www.sohu.com/a/419475536_216434，最后检索时间：2021年4月6日。

1. 坚持规划先行，优化乡村文化旅游发展格局

全市坚持规划引领，制定乡村文化旅游扶贫规划。按照全市"一盘棋"的总体战略，结合各区域优势和特色，编制完成《丽江市乡村旅游与扶贫规划》《丽江金沙江绿色经济走廊总体规划》《拉市海景区旅游总体规划》《玉龙县东部四乡镇旅游发展总体规划》《永胜县乡村振兴三川田园综合体规划》《丽江市古城区旅游东环线控制性详规》《丽江西线游路概念性规划》等规划，以规划引领乡村文化旅游发展。结合各乡镇、村的资源特色，按照"一镇一特""一村一品"的发展思路，科学规划乡村文化旅游发展布局，打造生态休闲、康体养生、农事民俗、采摘体验、观光摄影、徒步探险等乡村文化旅游产品，形成"近郊依城、远郊靠景、沿路沿江、城乡互动"的发展格局。

2. 加强党建引领，创新乡村文化旅游发展模式

全市乡村文化旅游重点地区的各级村党总支、村委会以党建为引领，以资源为依托，以带动群众脱贫致富为抓手，坚持从思想上凝聚共识，从思维观念上引导转变，从发展思路上灵活选取，按照"产业兴旺、生态宜居、乡风文明、治理有效、生活富裕"的总要求，坚持突出基层党组织政治引领功能，充分发挥党员先锋模范作用，创新集体经济发展新模式。玉龙县玉龙山办事处甲子村、永胜县三川镇翠湖村、华坪县通达乡丁王村、玉龙县大具乡头台村等文化旅游村实行"党建＋公司＋农户"的运营模式，积极探索"资源变股权、村民当股东、人人有分红、户户有收益"的发展新路子，同时用好用活旅游业反哺农业机制，不断延伸旅游扶贫产业链，助推脱贫攻坚，带动农民增收致富。

3. 加强人才培训，提供乡村文化旅游智力支撑

丽江市积极开展乡村文化旅游人才培训，乡村文化旅游人才队伍不断壮大，有效提升了乡村文化旅游的经营管理水平和服务水平，推进全市乡村文化旅游转型升级。2016年以来，丽江市牵头组织培训

1000 余人次，各县区组织培训近 5000 人次，重点加大乡村文化旅游管理人才、经营管理人才、技能人才、乡村民宿经营管理人才等乡村文化旅游人才培训力度，为乡村文化旅游发展提供了人才支撑和保障。2016 年以来，连续 4 年组织人员参加"全国乡村旅游扶贫重点村村官培训班"等国家和省级举办的各类培训班，逐步解决丽江乡村文化旅游发展与人才缺乏的矛盾。

4. 坚持生态优先，推动乡村文化旅游绿色发展

坚持正确处理好环境保护与开发建设的关系，牢固树立生态环境保护意识，以乡村生态文明建设为主线，以环保制度带动生态文明、以旅游发展带动生态文明、以项目建设带动生态文明、以美化家园带动生态文明、以绿色产业带动生态文明、以整治村容村貌带动生态文明"六个带动"为重点，从生态文明建设中受益和发展，在一系列整改措施后，乡村生态建设取得显著成效，走出了一条生态优先、绿色发展之路。

三　丽江市乡村文化旅游可持续发展的对策建议

围绕巩固拓展脱贫攻坚成果与乡村振兴，2018 年文化和旅游部等 17 部门联合印发《关于促进乡村旅游可持续发展的指导意见》（文旅资源发〔2018〕98 号），农业农村部印发《关于开展休闲农业和乡村旅游升级行动的通知》（农加发〔2018〕3 号），支持和推动乡村文化旅游产业发展。2019 年国务院印发《关于促进乡村产业振兴的指导意见》（国发〔2019〕12 号），明确指出发展乡村特色文化产业、优化乡村休闲旅游业。新时期、新要求、新形势下，丽江面临新的机遇和挑战，乡村文化旅游面临"二次创业"。乡村文化旅游作为丽江旅游业的重要形态和亮点，将对丽江旅游转型升级、乡村振兴发挥更加重要的作用。

（一）丽江市乡村文化旅游发展的机遇与挑战

"十四五"期间是巩固拓展脱贫攻坚同乡村振兴有效衔接的重要过渡期，乡村文化旅游在丽江乡村振兴、旅游转型升级中发挥着重要作用。在此背景下，丽江乡村文化旅游迎来新的发展机遇。一是丽江市持续推进"旅游革命"，扎实开展"一部手机游云南"建设，围绕丽江市"三廊一圈"战略布局，推出一系列深化旅游的改革措施，将有效带动乡村文化旅游转型升级。二是丽江推动文化和旅游深度融合，坚持以文促旅、以旅彰文，在旅游产品中彰显文化内涵，用文化浓度稀释商业密度，形成了独具特色的文旅产业，持续引导乡村文化旅游提升内涵。三是丽江入选第一批国家级全域旅游示范区，坚持"一区四县"统筹推进，加快构建旅游功能定位清晰、旅游资源高效利用、旅游经济优势互补、旅游管理规范有序的全域旅游新格局，乡村文化旅游被纳入综合规划中，逐渐受到重视。四是脱贫攻坚战取得全面胜利，与乡村振兴战略有效衔接，将为乡村文化旅游的发展奠定良好基础，促进乡村文化旅游的可持续、高质量发展。

同时，丽江乡村文化旅游也面临着一系列严峻挑战。一是新冠肺炎疫情冲击乡村文化旅游发展。当前，我国疫情防控成效进一步巩固，经济社会运行秩序逐渐恢复。但国际疫情持续蔓延，我国防范疫情输入压力不断加大，对我国运输物流、餐饮住宿、批发零售等乡村文化旅游企业造成明显冲击。二是发展规划滞后，落实规划有差距。丽江乡村文化旅游发展20多年，尚未完全建立服务标准、行业管理规范等有效机制，基本是企业和农民根据市场需求自发兴起经营，在一定程度上缺乏统一规划和引导，发展有很大的盲目性，发展不均衡现象较为突出。三是基础设施薄弱，服务产业发展能力不足。首先，全市通往旅游景区、乡村旅游点的公路等级普遍较低，仅古城区、玉龙县城区周边通达条件相对良好，其他三县通达条件较差，大部分乡村公路达不到二级路标准，且村内配套停车场等设施不足，景区直通车尚未开通，难以适应乡村文化旅游发展的需求。其次，公路沿线交通标识、旅游标识严重不足，与当前日趋火爆的自驾游和自助游极不匹配，游客出行不方便，制约产业发展。四是多数建档立卡贫困村基础条件差，难以开展旅游活动。大多数贫困村通达条件差、远离城市、无配套设施，贫困户多数是经济、能力等多种致贫原因叠加的结果，缺乏参与乡村文化旅游所必需的要素。如宁蒗县永宁乡温泉村距城区近 80 公里、玉龙县石头乡兰香村距城区 70 公里、黎明乡黎明村距城区 150 公里，远离乡村文化旅游的客源地，乡村文化旅游发展仍面临重重困难。五是人才匮乏制约产业发展水平。乡村文化旅游从业队伍中许多是土生土长的农民，对乡村文化旅游的认知不足，缺乏旅游经营者应具备的管理经验和能力，对旅游产品开发、市场营销、文化挖掘等缺乏深入了解，影响乡村文化旅游内容创新的广度和深度。

（二）丽江市乡村文化旅游可持续发展的对策建议

乡村文化旅游是丽江文化旅游业的重要组成部分，是巩固拓展脱贫攻坚成果同乡村振兴有效衔接的重要力量，在行业升级换代过程中，乡村文化旅游需求旺盛、富民效果突出、发展潜力巨大。面向"十四五"，丽江应当结合乡村文化旅游的最新动态和发展趋势，针对丽江乡村文化旅游发展的短板和不足，从以下几个层面推动乡村文化旅游高质量发展。

1. 把握文化旅游市场变革，创新乡村文化旅游产品和服务

丽江乡村文化旅游要把握新冠肺炎疫情常态化下文化旅游市场的变革，结合 90 后、00 后文化旅游消费需求的转变，围绕丽江全域旅游发展，突出乡村文化旅游特色，充分利用丽江丰富的民族村寨、民族节庆、传统村落、农耕文化、历史文化、地方文化，加强乡村文化旅游产品开发，促进文化和旅游深度融合，以实现乡村文化旅游可持

续发展和高质量发展，使乡村文化旅游成为丽江旅游转型升级的亮点。

伴随居民文化旅游需求不断扩大，乡村文化旅游需求逐渐从"有没有"向"好不好""特不特"转变。丽江乡村文化旅游要精准对接游客观光、休闲、度假、康养、科普、文化体验等多元化需求，加快推进现有乡村文化旅游产品转型升级，引导和打造一批具有创新性、综合性的中高端乡村文化旅游产品和项目，满足市场需求。发挥丽江民宿客栈的优势，引导民宿客栈向乡村布局，打造一批乡村民宿客栈，促进乡村民宿客栈多样化、个性化、专业化发展。

2. 强化整体规划和特色发展，推动各地区乡村文化旅游特色化差异化发展

高度重视乡村文化旅游发展在丽江巩固拓展脱贫攻坚成果、乡村振兴、全域旅游发展中的重要作用，全面系统推进全市乡村文化旅游发展。各级党委政府进一步提高对乡村文化旅游发展的重视程度，将乡村文化旅游纳入经济社会发展的重要内容，加强组织领导和协调力度。

加强丽江全市乡村文化旅游规划和布局，突出地方特色，推动各地区特色化发展。古城区、玉龙县围绕丽江古城、玉龙雪山两大景区的发展，借助庞大的旅游市场，深入挖掘地方特色资源，突出地方特色，继续推进拉市海、玉龙雪山、长江第一湾、老君山等重点区域的乡村文化旅游改造和提升，创新和丰富研学旅游、文化体验、康养度假、乡村民宿等乡村文化旅游产品。宁蒗县以美丽乡村和生态农旅建设为基础，紧抓泸沽湖景区大建设的机遇，突出泸沽湖、摩梭风情、普米文化、彝族文化等特色主题，着力发展以乡村休闲度假、民族风情旅游、生态休闲等为代表的乡村文化旅游。永胜县、华坪县围绕"丽攀高速"的建设开通，依托良好的生态环境、田园风光，深入挖掘民族民俗文化、历史人文（永胜以毛氏文化和他留文化为代表的

边屯文化）等资源，以丽江和攀枝花本土游客为主，重点发展以观光、采摘、休闲、度假、体验等为主的乡村文化旅游。

3. 强化因地制宜和因情施策，持续探索创新乡村文化旅游经营模式

经营模式在很大程度上决定着乡村文化旅游可持续发展，因此，应当根据丽江各地特点和实际情况，探索符合地方实际的乡村文化旅游发展模式和经营模式，协调处理好政府、市场、企业和原住居民等各方利益关系，促进乡村文化旅游健康可持续发展。

实施精细管理，实现经营规范化。一是改变政府主导乡村文化旅游发展的状况，成立乡村文化旅游公司，提升乡村文化旅游经营管理的专业化水平；二是对开发建设过程加强管理，避免一哄而上、私自搭建等现象，保证开发建设有序进行；三是建立健全乡村文化旅游管理制度，防止市场恶性竞争等旅游乱象出现。

采取互利共赢，实现投资多元化。一是整合政府相关资金，重点用于乡村文化旅游相关的交通、乡村环境等基础设施和宣传营销；二是吸引市场主体参与投资乡村文化旅游项目开发建设，将开发经营权交给市场主体；三是吸引当地农民参与，组织当地的居民利用田地房屋，统一参与景区项目开发。实现政府、市场、农民等多元主体的互利共赢，以市场投资促进乡村文化旅游规模化、专业化发展，促进当地农民就业和创收增收，带动乡村经济社会发展。

加强整体联动，实现业态体系化。引导乡村文化旅游点建立完整的生产链条，加快改造提升"吃、住、行、游、购、娱"传统六大要素，完善"商、养、学、闲、情、奇"新六大要素，满足游客多元化、个性化需求，让游客体验到无微不至的优质服务。挖掘地方特色，开发研学、文化体验、特色美食、乡村民宿等产品和服务，延长游客停留时间，促进和扩大游客文化与旅游消费，促进乡村文化旅游健康可持续发展。

4. 结合巩固拓展脱贫攻坚成果和乡村振兴，培养乡村文化旅游人才队伍

"十四五"时期是巩固拓展脱贫攻坚同乡村振兴有效衔接的重要过渡期，国家和省市鼓励扶持旅游规划、管理、营销专业人才和文化旅游院校师生到乡村文化旅游地区开展指导培训。协调教育部门和丽江高等院校、高职院校设立乡村文化旅游专业，建立人才培养常态化机制，为丽江乡村文化旅游发展持续输送专业人才。开展乡村文化旅游创客行动，引导大学毕业生、文旅专业人才、青年创业团队、返乡农民工等各类"创客"投身丽江乡村文化旅游发展建设，参与乡村文化旅游经营与服务，改善乡村文化旅游人才结构。

丽江要高度重视对乡村文化旅游人才的培训工作，积极投入资金，从旅游技能、旅游知识、乡土文化等方面进行重点培训，保证乡村文化旅游人才队伍的专业化发展。制定出台乡村文化旅游人才专项政策，引入一批乡村文化旅游经营、管理、规划设计、创意策划、宣传等方面的人才，培养一批乡村文化旅游导游、乡村文化旅游志愿者，推动丽江乡村文化旅游专业化、高质量发展。

B.13
丽江市文化社会组织和文化人才发展报告

柯尊清　录聪聪*

摘　要：　文化社会组织和文化人才是文化产业链中的重要活动主体，在推动文化产业发展中发挥着重要作用。"十三五"时期，丽江市文化社会组织发展迅速，在维护会员权利、推动行业自律、促进文化产业规范有序发展、推动民族民间文化传承与发展中发挥了重要作用；文化人才队伍发展壮大，有力地推动了文化生产资源优化配置和文化IP打造。"十四五"时期，丽江市社会组织面临从业人员"职业化"和服务供给"专业化"的新形势，文化人才面临创新化、复合式、国际化的趋势。为此，需要完善社会政策支持体系，加强文化社会组织自身能力和公信力建设，搭建文化人才协同创新平台，构建本土文化人才、外来人才和"新丽江人"共同参与的文化人才队伍新格局。

关键词：　社会组织　文化人才　文化产业　丽江市

---

* 柯尊清，云南大学民族学与社会学学院、文化发展研究院、国家文化和旅游研究基地助理研究员，主要研究方向为公共文化管理；录聪聪，云南大学文化发展研究院硕士研究生，主要研究方向为民族文化产业。

文化社会组织的特征除了具有组织性、民间性之外，还具有非营利性、自治性和志愿性，能够有效推动文化产业社会化发展，是政府沟通企业和公民的重要桥梁，是完善文化产业治理体系的重要主体。文化人才是文化创意形成、文化企业生产经营、行业资源整合、文化产业变革的关键性因素。探究文化产业发展"丽江经验"和"丽江模式"中的文化社会组织和文化人才，分析新时代背景下面临的挑战并提出对策建议，对于文化社会组织和文化人才进一步促进文化产业发展具有重要意义。

一 丽江市文化社会组织和文化人才发展现状

"十三五"时期，得益于丽江市社会组织扶持政策、社会组织管理体系以及社会组织活动支持举措，丽江市文化社会组织发展迅速。在此基础上，文化社会组织在维护会员权利、服务文化企业发展、推动行业自律、促进文化产业规范有序发展、推动民族民间文化传承与发展方面发挥了重要作用。丽江市多元融合的文化人才队伍，成为推动文化产业发展的重要力量。形式多样、服务群体广的文化人才培训体系，人才选拔培养工作机制，以及文化人才参与民族文化保护和传承的通道，构成了丽江市文化人才培养的服务体系。文化人才也因此为文化产业发展奠定了扎实基础，即文化人才推动和促进各种资源优化配置，文化人才是文化 IP 形成的关键因素。

（一）丽江市文化社会组织快速发展

"十三五"时期，丽江市文化社会组织发展迅速，从"数量增长"转向"质量提升"。截至 2020 年，挂靠丽江市文化和旅游局的社会组织有 24 个（见表 1），另外还有丽江市旅游协会、丽江市旅游协会星级饭店分会、古城区星级特色民居客栈协会、丽江市新媒体协会、古城区大研古城酒吧行业协会、古城区大研古城客栈经营者协会等直接在民政部门登记或是挂靠世界文化遗产丽江古城保护管理局等部门的社会组织。从活动领域看，这些社会组织大致可以分为三类，即以文化企业为主体会员的行业协会、以文化人才为会员的协会以及致力于文化传承发展的社会团体，其中不乏在行业当中拥有较大影响力的文化社会组织。丽江古城区大研古城客栈经营者协会现有 1200 多家会员单位，丽江纳西东巴文化传承协会有 260 余名会员。丽江新媒体协会有会员数 69 人，全平台粉丝数达 1 亿，会员中抖音平台粉丝 100 万以上 3 个，10 万以上 23 个；快手平台粉丝 100 万以上 1 个，10 万以上 6 个；微博平台粉丝 100 万以上 4 个，10 万以上 4 个；美拍平台粉丝 20 万以上 2 个；会员主要成员包括掌柜聊丽江、丽江老千、丽江包租婆、丽江轩姑娘、丽江石榴哥、丽江夏夏等众多头部网红。① 丽江市旅游协会饭店分会，现有会员单位 156 家，当中包含 3 家

表1　挂靠丽江市文化和旅游局社会组织

序号	社会组织名称	序号	社会组织名称
1	丽江纳西东巴文化传承协会	13	丽江市鹰猎文化保护传承协会
2	丽江市徐霞客研究会	14	丽江市摄影家协会
3	丽江市民间艺人协会	15	丽江市弘艺曲艺传承保护中心
4	丽江市民族文化发展研究会	16	丽江市文化遗产保护协会
5	丽江市纳西文化传习协会	17	丽江市工艺美术协会
6	丽江市东巴文化研究会	18	丽江市石文化研究会
7	丽江市书法协会	19	丽江市东巴造纸传承协会
8	丽江市雕刻绘画研究会	20	丽江东巴视觉艺术研究中心
9	丽江狮山印社	21	丽江市金沙江艺术团
10	丽江市驼峰音乐俱乐部	22	丽江蓝月亮交响乐团
11	丽江午鲁纳若东巴文化俱乐部	23	丽江市民族民俗文化保护与传承中心
12	丽江市多元文化开发促进会	24	丽江市鹰猎文化基金会

---

① 丽江新媒体协会：《2020 年工作汇报总结：丽江新媒体协会简介》，2021。

五星级、15 家四星级、32 家三星级、79 家二星级和 28 家一星级，星级饭店房间数共 12298 间、床位数 24596 个。[①]

1. 文化社会组织培养扶持政策有力

一是出台文化社会组织的扶持政策。取消民间文化社团设立的前置审批，直接由民政部门登记，文化部门的主要职责是做好文化社团的指导和服务工作。2016 年出台的《中共丽江市委关于加强文艺工作的实施意见》提出"培育和规范文化社会组织"，加强"引导、扶持和管理，促进规范有序发展"，"加大政府向文化社会组织购买服务力度，文化社会组织在队伍培训和工作人员职称评定等方面，与公益性文化事业单位同等对待"。制定和出台文联、作协、社科联系统、记协的深化改革方案，推进文化社会组织改革。二是完善文化社会组织管理体系。健全社团活动监管及指导制度，以规范社团的意识形态、党组织建设、活动备案手续、涉境外港澳台活动审核报备手续等多个方面的管理，并将严格执行。按照"一家一册、一团一档"严格管理档案，全面掌握社团动态；积极构建联系网络，通过微信群、常态化调研走访等形式，加强社团互动沟通。积极搭建平台，充分调动社团的积极性并投身公益。[②] 三是加强文化社会组织监管。出台《关于开展文化领域行业组织专项治理工作的通知》《丽江市开展文化类"山寨社团"清理整顿的工作方案》，组织市委网信办、市文广局、市社科联、市文联、市广播电视台、丽江日报社等部门根据自查情况制定整改方案，对不具备行业代表性、不长期开展活动的"僵尸"组织进行专项治理工作。四是为文化社会组织提供活动场所等支持。将天地院文化院落提供给丽江市纳西文化传习协会，支持协

---

① 丽江市旅游协会饭店分会：《丽江市旅游协会饭店分会 2020 年度工作总结》，2021 年 1 月 18 日。

② 丽江市文旅局：《业务主管社团情况》，2020。

会开展纳西语言文字培训、纳西音乐舞蹈培训、纳西工艺培训、纳西古城文化培训、纳西民间文学作品抢救、纳西文化发掘开发、纳西文学艺术创新、纳西人才培养等活动。

2. 文化社会组织成为文化产业发展的重要推动力

一是行业协会维护会员权利，服务文化企业发展。丽江市文化领域的行业协会，通过为会员提供服务，促进行业内资源整合，进一步维护会员权益，较好地服务文化企业发展。丽江市古城区大研古城客栈经营者协会为会员提供 24 小时免费的法律咨询服务，对接银行为会员协调更适用的无抵押贷款等金融支持，组织对客栈从业者的培训，形成推广联盟对客栈进行宣传；号召和呼吁客栈互相帮扶，协会也逐步与 OTA 平台（Online Travel Agency，中文为"在线旅行社"）建立良好的交流和沟通机制，提高客栈议价能力，为客栈经营者争取更多利益，协调平台服务费，降低客栈运营成本。[①] 丽江新媒体协会自 2020 年 5 月成立以来，组织开展了大量服务会员、推动行业发展的工作，牵头成立丽江新媒体创业园，推动丽江新媒体直播基地、丽江网络扶贫直播间、丽江党员示范直播间、新媒体培训教室硬件设施建设，支持会员在新媒体平台的运营。丽江新媒体协会的会员积极履行社会责任，如一些网红博主、短视频平台各个领域的意见领袖等树牢社会共同体意识，致力于推动丽江新媒体行业发展，加强丽江市内各新媒体行业之间的交流互动。二是行业组织发挥行业自律作用，促进文化产业规范有序发展。行业协会通过制定和落实行业协会章程，制定并履行行业自律公约、协会倡议，监督会员诚信经营，协调会员与会员之间、会员与非会员之间、消费者与经营者之间等不同关系群体之间的争议。丽江古城客栈经营者协会于 2019 年发布《世界文

---

① 《云南省丽江市古城区大研古城客栈经营者协会成立》，搜狐网，https：//www.sohu.com/a/225362949_114731，最后检索时间：2021 年 4 月 18 日。

遗产丽江古城民宿客栈行业自律服务标准（试行）》《世界文化遗产丽江古城民宿客栈行业等级评定标准（试行）》《世界文化遗产丽江古城民宿客栈行业诚信经营指导价（试行）》，有力推动了行业自律。针对部分证件不齐全、对法律法规和办证手续缺乏了解的客栈，丽江古城客栈协会将安排专职的工作人员，协助客栈进行证件的补办，帮助和督促会员单位合法诚信经营。① 大研古城酒吧协会制定《2019年大研古城酒吧协会行业自律经营公约》，与会员签订《协会自律经营承诺书》，督促会员自觉抵制"三俗文化"传播，遵守世界文化遗产丽江古城管理局《五必须一禁止》，不抬价，不压价，不给回扣，不恶性竞争，自觉接受业务指导部门的经营指导，按照协会收费标准，明码标价，依法开具发票，提供的酒水和食品必须有质量安全保证，并向主管部门备案，向社会公示，自觉接受客户、社会和行政监督。② 制定《2020年行业酒水指导价格说明》，将酒吧经营的红酒、洋酒分为四个类别，对软饮类、果盘以及其他售卖品提出指导价。③三是社会组织发挥文化传承与发展作用，促进民族民间文化保护和传承。在丽江古城保护管理局的支持下，丽江市纳西文化传习协会2016年在天地院中，基于纳西族原生态歌舞、东巴文化与历史、茶马古道文化，创作歌舞展演节目，并长期公开演出。东巴文化传承协会致力于开展东巴文化的传承活动，聘请知名大东巴为导师，购置东巴百卷经书为教材，招收热爱民族传统文化的有志青年，培养东巴文化传承人；恢复东巴文化传统，确定每年农历三月五日为东巴会日，连续举办二十届东巴会；建立健全东巴（达巴）文化学位等级评定

---

① 《云南省丽江市古城区大研古城客栈经营者协会成立》，搜狐网，https：//www.sohu.com/a/225362949_114731，最后检索时间：2021年4月18日。

② 《2019年大研古城酒吧协会行业自律经营公约》；大研古城酒吧协会秘书长访谈，2021年3月22日。

③ 大研古城酒吧协会：《2020年行业酒水指导价格说明》。

制度。① 2020 年 10 月，新媒体协会在丽江市委宣传部、丽江市委网信办的号召下开展了以"畅游丽江"为主题的新媒体推广活动，整合新媒体协会的网红会员资源，通过达人视频示范带动游客和网友积极参与，做大丽江的对外宣传，加大丽江的旅游推介。2020 年 12 月 15 日、17 日组织开展丽江玉龙雪山文旅宣传直播活动，直播共计 20 场，观看总人数 4510.2 万人次，共发布 21 条抖音短视频、微博图文，共计点击量和阅读量 4047.1 万次。② 丽江市驼峰音乐俱乐部致力于宣传丽江纳西民间优秀音乐文化、开展各种音乐文化交流、演奏等活动。

（二）丽江市文化人才快速集聚

1. 丽江市文化人才队伍发展迅速，形成多元融合的文化人才队伍

丽江市文化人才体现出主体多元化特点，非遗传承人、公共文化机构管理人员和文化企业从业人员、外来人才和本地人才等构成了多层次、多类型的人才队伍格局。丽江市现有非物质文化遗产传承人 458 人（含已故 14 人），其中国家级 5 人，省级 42 人，市级 220 人，县级 191 人。全市 6 个文化馆共有从业人员 106 人，其中专业技术人员 99 人，正高职称 1 人、副高职称 25 人、中级职称 50 人。全市乡镇文化站从业人员 162 人，其中专职人员 153 人，专业技术人才 134 人。全市 6 个博物馆共有从业人员 85 人，其中正高职称 1 人，副高职称 12 人，中级职称 30 人。2017 年文化市场经营机构从业人员 2440 人，其中文艺表演团体 1084 人、演出经纪机构 10 人、娱乐场所 897 人、互联网上网服务营业场所 453 人。③ 文学艺术队伍，全市

---

① 资料来源：丽江东巴文化传承协会。
② 丽江新媒体协会：《丽江新媒体协会简介》，2021 年 3 月。
③ 资料来源：丽江市文化和旅游局。

有中国文联各协会会员 22 人、省文联各协会会员 130 人、丽江市文联各协会 287 人。① 全市有 4600 余家文化经营户，1444 家文化产业法人单位，规模以上文化企业有 26 家，从业人员 2 万余人。② 此外，公共文化机构依托公共服务阵地，面向社会各群体招募文化志愿者，搭建与群众之间的沟通平台，丽江市文化馆仅在 2019 年上半年就招募了 124 名文化志愿者，其中不乏拥有歌舞艺术特长的文艺骨干。③ "新丽江人"为丽江市文化产业发展提供人才储备与支持。"新丽江人"即长期定居丽江的非本地户籍群体，这一群体携带资本、创意，在大研古城、束河古镇、白沙古镇等地向本地居民租用房屋，以便从事客栈、酒吧、艺术品等与文化产业相关的经营活动，本地居民则通过提供工作场所与生活场所以及参与就业来共享文化产业发展的收益。在大研古城酒吧行业从业人员中，艺人歌手接近 90% 为外来人员，管理人才大约 50% 为外来人员，服务人员中大约 90% 为丽江本地人。④ 通过文化旅游要素市场和产品市场对接，以及开放包容的文化氛围，丽江市在全省乃至全国范围内吸引和使用人才，本地人和"新丽江人"之间形成了稳定、互惠、共融的互动关系。

2. 构建起立体式的人才支持体系

一是完善人才培养政策体系。丽江市先后出台了《丽江市英才计划》《丽江市高层次人才引进办法（试行）》《丽江市柔性引进高层次人才办法（试行）》《丽江市引进高层次人才绿色通道服务办法》《丽江市推进大众创新万众创业十五条政策措施》相关政策，为文化人才培养提供了政策保障。2016 年出台《中共丽江市委关于加强文艺工作的实施意见》，提出实施"德艺双馨文艺队伍建设工程""丽

---

① 丽江市委宣传部：《丽江市文化资源普查报告》，2020 年 12 月 10 日。
② 丽江市委宣传部文改科：《文化产业发展工作情况报告》，2020 年 10 月 21 日。
③ 资料来源：丽江市文化馆。
④ 资料来源：丽江古城酒吧协会。

江文化名家工程""丽江文艺队伍四个一批工程"，培养一批在全省有影响力的文艺领军人物、一批市级文艺名家、一批重点文艺人才、一批基层文艺骨干；落实人事编制、学习培训、工资待遇、创作假等政策，大力扶持基层文化人才、乡土文化能人、民族地区文艺人才、民族民间文化传承人，建立一支综合素质高、扎根于基层、专兼职结合的优秀文化队伍。2016 年丽江市出台《关于加快构建现代公共文化服务体系的实施意见》，提出"加强公共文化队伍建设"，落实每个乡（镇、街道）文化广播电视服务中心编制配备不少于 1 至 2 名的要求，村（社区）综合文化服务中心设有由县级政府购买的公益性文化岗位不少于 1 个，将公共文化服务专业人才培养纳入国民教育和职业教育体系。2017 年出台《"丽江文化名家"培养工程实施办法（试行）》，旨在选拔扶持一批在文化艺术、新闻出版、广播影视等方面具有突出才能的领军人才。二是形成了订单式、套餐制的文化人才培训体系。在丽江市人才工作协调领导小组的组织协调下，文化从业人员分期分批、分层次到发达地区、高等院校等开展为期半年以上的脱产和半脱产培训，形成了文化人才"走出去"培训格局。丽江市以内部培训与外派脱产培训等方式，对全市公共文化机构文化管理人才定期组织专题培训、任职培训、业务培训，针对群众文艺骨干进行艺术创作培训。通过广泛开展新业态、新模式技能训练，形成了对文化管理人才、基层文化工作者、文艺骨干等文化人才队伍的立体式培训体系。2016 年出台的《丽江市人民政府办公室关于推进基层综合性文化服务中心建设的实施意见》明确提出"各县区文化部门要加强业务培训，乡镇（街道）和村（社区）文化专兼职人员每年参加集中培训时间不少于 5 天"。2017 年 5 月 15～19 日，在丽江市委党校举办了"丽江市推进文化创意产业跨越式发展专题培训班"；2020年 10 月 18～23 日，在浙江大学举办了"丽江市文化产业发展专题培训班"；全市"三馆一中心"共计 200 余名文化工作人员参加了丽江

市"2018 年文化建设与文化产业发展专题培训"、丽江市委党校
"2018 年丽江市宣传文化系统干部培训班"等活动；100 余名基层文
艺骨干、美术书法爱好者和高校师生在"百名画家画丽江暨丽江市
2018 年美术写生创作培训班"进行了为期 10 天的美术业务培训，创
作出 200 余幅多彩人文画卷；2019 年全市舞蹈编导培训班，邀请省
内 5 名知名文艺工作者担任培训教师，招募了市县（区）文化馆
（站）舞蹈编导方面的骨干人才、培训机构、演艺团体部分优秀舞蹈
编导 31 名学员。三是强化人才选拔培养工作机制。制定《丽江市
"三区"人才支持计划文化工作者专项实施方案》，2016～2019 年，
共选派"三区"人才支持计划文化工作者 126 人；设立丽江市"蓝
月亮"文化艺术综合奖，评选出 23 个作品奖、50 名优秀人才奖；
2017～2020 年，完成 20 名"丽江文化名家"选拔和重点培养工作；
自 2019 年，通过实施"百名丽江文化旅游人才"专项计划，评选出
22 名优秀文旅人才。深入实施"结对子、种文化"活动，通过"阳
光工程"，选聘 10 名文化志愿者，到基层开展对口文化帮扶活动。①
四是健全文化人才参与民族文化保护和传承的支持体系。② 丽江市现
有古城文化院落 24 个，将其中部分文化院落辟为公共空间，免费提
供给非遗传承人，供非遗传习以及群众和游客进行非遗体验。2006
年，依托文化院落，建成了集展览、销售、体验和学习于一体的民
间综合性艺术馆——纳西象形文字绘画体验馆，提供东巴文字、绘
画、木雕、刺绣展示和体验服务。在推动非遗保护方面，丽江市制
定和出台非遗代表性传承人的补贴和评审、鼓励社会力量参与非遗
保护等政策方案。"十三五"期间先后争取国家、省和市级投入非
遗保护和传承经费 647 万元，落实各级非遗传承人补助经费 290 多

---

① 资料来源：丽江市文化和旅游局。

② 资料来源：丽江市文化和旅游局。

万元。

3. 文化人才夯实了文化产业繁荣发展基础

一是文化人才推动和促进各种资源优化配置。丽江市多元融合的文化人才队伍基于灵活性大、层次丰富的优势为文化产业发展提供了重要的生产要素支持。非遗传承相关人员以保护者、传承者、持有者、参与者、展演者等多重角色参与民族优秀传统文化保护和传承。党委政府文化工作者承担组织者、宣传者、协调者、引导者和教育者角色。文化产业从业人员，其自身便是文化产业生产经营活动的重要生产要素，同时也影响其他生产要素在文化产业链中的使用和配置。文化人才在文化消费方式转变、新技术运用、旅游革命等内外环境变化背景下，在新产品开发、新业态延伸、新模式创新中发挥重要作用，推动文化产业变革。丽江新媒体协会会员依托网红会员引领的流量，推动文化与科技融合，对丽江市旅游整体形象进行多平台直播和推介，既是网络直播行业的新探索，也能够为线下文化产业赋能。二是文化人才成为文化 IP 形成的关键因素。丽江市文化产业品牌项目的主创团队主要由外地文化人才组成，将外来的现代文化创意设计与本地的秀丽自然风光、独特壮美的民族文化结合后，打造成了脍炙人口的文旅品牌。如舞蹈诗画《丽水金沙》主创团队的总导演为云南省一级编导、中宣部"五个一工程奖"获得者周培武，灯光舞美由鞠毅担任，作曲由吴毅负责；获"国家文化产业示范基地"称号、总投资达 2.5 亿元的原生态实景演出《印象·丽江》，由张艺谋携手王潮歌、樊跃共同执导。

二 丽江市文化社会组织和文化人才
发展面临的新形势

"十四五"时期，文化产业进入高质量发展阶段，丽江市社会组织和文化人才面临新的形势，需要加强研判，坚持以问题为导向，促进社会组织和文化人才更好地服务文化产业发展。

（一）社会组织面临的新形势

当前丽江市文化社会组织发展面临从业人员"职业化"和服务供给"专业化"的趋势。从业人员"职业化"要求文化社会组织参照企业运营的思路，帮助从业人员建立和完善职业生涯规划、技能培训、激励和评价等机制，推动从业人员向职业化转型。"专业化"则要求文化社会组织依托自身独特的优势，为会员、群众提供专业的服务。当前丽江市文化社会组织的自身能力建设和服务提供体现出明显的初创期特点，从业人员"职业化"和服务供给"专业化"水平不高，社会组织自身建设不足，自主生存能力弱，资源占有有限，资源获取不强。社会组织"小散弱"问题没有得到根本性解决，缺乏提供文化产业发展决策咨询服务的社会组织，跨越行政区划与社会智库的合作主要限于诸如五年规划等规划文本起草、零星式的人才培训，仍然没有形成常规性合作机制。

（二）文化人才面临的新形势

在"一带一路"倡议、乡村振兴战略、文化强国战略、人才强国战略深入实施背景下，云南省提出人才强省、文化强省目标。文化与科技、文化与旅游融合，文化产业与其他产业的融合发展，催生新产品新业态，延长产业链，带来文化生产和消费方式变革，丽江市文化人才发展面临创新化、复合式、国际化的挑战。丽江市需要推动文化人才向立体式、复合式、创新型发展，打造分类别、分层次的有文化、懂技术、善经营、会管理的人才队伍，回应文化产业新产品、新业态、新模式的人才需求。丽江市人才储备不够，结构也不尽合理，策划、规划、设计、市场分析人才等相对匮乏，除此之外，还面临着新兴文化产业的人才素质不高、人才总量不够、人才结构不合理等问题[①]，高端人才、创新性人才和复合型人才数量不足，通过大型文旅项目吸引和使用外来文化人才的数量较少。丽江市作为国内国际重要的旅游目的地，推动文化产业主动融入国内国际"双循环"，需要推动文化人才国际化。2017 年丽江市接待海外旅游者 118.58 万人次，2018 年 119.42 万人次，2019 年 108.49 万人次，[②] 文化产业发展的外向型需求较大。丽江市文化人才对文化产业、公共文化服务的参与以面向国内为主，外向型经营、服务和国际化水平有待加强，人才数量、结构和管理体制仍然存在短板，文化人才队伍难以满足"双循环"所提出的国际化要求。此外，丽江市本土化人才具有对民族优秀文化传承的优势，文化创意设计能力却有待提升，外来文化人才、"新丽江人"在文化创意设计方面具有优势，却对民族文化传承和保护方面难以回避"他者"视角带来的局限。

三 新时期丽江市文化社会组织和文化人才发展的对策建议

为了更好地适应"十四五"时期文化社会组织和人才发展面临的新形势和挑战，丽江市需要完善社会组织和文化人才政策扶持体系，多措并举、协同发力，推进社会组织和文化人才持续健康发展。

（一）完善文化社会组织扶持与培育政策体系

以深化政府文化职能改革和文化行政部门权责清单改革为契机，

---

① 资料来源：丽江市委宣传部、丽江市文产办。
② 资料来源：丽江市文化和旅游局。

以公共文化服务体系社会化改革为抓手，进一步明确文化社会组织的地位和角色，合理构建文化社会组织发展的制度空间。依托文化体制改革相关协调机制和平台，系统盘点和梳理对文化社会组织支持的培育政策和扶持举措，将散见于各项政策中的扶持政策和举措进行整合，按照以文化企业为主体会员的行业协会、以文化人才为会员的协会、致力于文化传承发展的协会和研究会、群众文艺社团四个类别，完善培育和扶持政策举措，有针对性地定向扶持、精准扶持。设立文化社会组织培育和扶持专项资金，探索依托文化产业园区建立文化社会组织孵化基地，鼓励有条件的地区和文化产业园区先行先试，优化孵化机制、扶持机制、服务机制和监督机制，再扩大试点和全面推广。按照社会组织成长的不同阶段，有针对性地提供资金、场地、项目、培训等多元化、差异化支持。进一步完善政府向社会组织购买公共文化服务体制机制，建立健全文化社会组织承接政府购买公共文化服务的扶持政策。

（二）加强社会组织自身能力和公信力建设

拓展和完善社会组织从业人员的职业生涯发展通道，健全社会组织人才培育长效机制，推动人才队伍职业化、专业化建设，提高社会组织服务会员、服务企业、服务群众的能力和水平，完善"政府扶持、社会参与、专业运行、项目合作"的社会组织运行机制。完善文化社会组织内部治理结构，建立健全章程及其相关落实机制，按照"规范运行、信息公开、奖惩有据、自律保障"的标准和要求，建立健全信息公开和民主决策机制，增强会员自律意识、服务意识。建立健全文化社会组织评估定级体系，以评促改、以评保建，建立社会组织评级结果使用机制，探索将评级结果作为政府向社会组织转移部分职能或购买服务的重要依据。建立健全文化社会组织社会信用综合评价体系，完善评价、反馈、发布工作机制。综合运用业务主管部门监督、民政部门监督、群众监督、舆论监督等手段，构建社会组织内外监督相结合的体制机制。社会组织主动对接政府购买公共服务需求，以会员需求和群众需求为起点和归宿，将社会组织自身治理体系完善、能力建设同承接政府购买服务、服务会员、服务群众结合起来，以服务输出为导向加强自身能力和公信力建设。

（三）搭建文化人才协同创新平台

整合政府、市场和社会力量，搭建"政、产、学、研、用"五位一体的协同育人平台，完善各类文化人才创新创业协同服务体系。探索设立丽江文化产业研究基金、大学生实训基地、科研观测点、协同研究基地等，通过项目招标、专家评审、课题委托、人才培训等形式，引入高校、科研机构、社会智库、专家学者力量，为文化产业发展提升提供理论指导和决策咨询，常态化服务丽江市文化产业发展。紧盯丽江市文化产业发展的新业态、新模式、新趋势，分类别、分层次、分梯度建设一支"懂经营、会管理、善谋划、能创新"的人才队伍。

（四）构建本土文化人才、外来人才和"新丽江人"共同参与的文化人才队伍新格局

实行人才奖励政策，加强人才激励机制，完善人才考核办法，支持文化人才积极申报省级、国家级人才培养和奖励计划。实施优秀艺术人才培养计划，创新推进文化艺术优秀人才百人行动计划，建设艺术名家工作室，完善"青年文艺之星"等文化人才评奖体系，培养中青年文化人才、领军人才等多层次文化人才队伍。加强对本土人才的培育，增强文化自信，提高群众文化参与意识，积极投身丽江市文化保护传承、文化产业发展。完善针对乡土文化能人、文化产业服务人员能力提升的扶持计划，让草根人才也能够在文化产业发展中持续

成长、发光发热。完善文化人才政策，营造良好的社会氛围，吸引高水平文化人才支持丽江文化产业发展，依托和放大"新丽江人"的创意设计以及资金、金融、人际关系、营销宣传渠道等资源优势，着力构建本土人才、外来人才、"新丽江人"等多元人才的参与、共建、共融、创新的丽江市文化人才队伍新格局。

大 事 记

B.14

丽江市文化产业发展大事记
（2000～2020年）

于良楠 李蕊 田欣 整理

2000年

5月2日 首届丽江（黄山）纳西乡村民俗旅游节举行。

5月2～3日 日本广播协会（NHK）在丽江利用卫星现场直播《彩云之南》电视片。

5月8日 丽江地区民族歌舞团在昆明会堂首演大型民族歌舞《蓝月亮》获得成功。

5月13日 云南省委、省政府召开中国昆明国际旅游节总结表彰电视电话会议，丽江地区行政公署获组织奖，玉龙雪山旅游开发区管理委员会获贡献奖。

5月15～16日 中央政治局委员、中国社会科学院院长李铁映同志在云南省副省长陈映萱同志陪同下到丽江视察，李铁映院长对丽江文化建设提出了相关要求。

6月16日 由丽江玉龙雪山旅游开发总公司和香港特别行政区力保投资有限公司合资建设的丽江玉龙雪山高尔夫俱乐部开工典礼在甘海子举行。

7月27日 东巴文化研究所建立了培养东巴传人的专项基金，7月27日正式举行东巴收徒仪式，来自丽江偏远山区塔城乡署明村的三个年轻人，正式向两位老东巴拜师，从此由东巴文化研究所负责开展的东巴传人培养工作正式启动。

8月1日 丽江电影城正式营业。电影城总建筑面积6191平方米，总投资约850万元。电影城内设480座杜比数码立体声电影厅、酒吧电影厅、DVD放映厅、图书屋、歌舞厅等各种文化娱乐设施，是集休闲、娱乐、购物为一体的多功能文化娱乐设施。

8月 云南召开第二次民族文化大省建设会及文化产业展洽会，东巴文化研究所准备了用纳西东巴文字装饰的东巴工艺品120多件参加展出，荣获"最佳制作设计奖"。

11月 由丽江地区群众艺术馆主办的《丽江民族文化》正式出版发行。该刊设"文化论坛""人物春秋""民间拾贝""群文广角""文化与环保""艺术长廊""信息交流"等栏目，以艺术性、学术性、民族性与群众性为办刊宗旨。

2001年

1月6日 中国风园林协会、文物学会世界遗产研究委员会在丽江成立，并提出《21世纪丽江宣言》。

1月11日 玉龙雪山省级旅游度假区被列为首批全国4A级旅游区。

2月16日 "丽江星蝶"获第十一届中国兰花博览会金奖。

4月15日 作为丽江地委、行署在北京主办的2001年丽江文化周活动项目之一，百卷本《纳西东巴古籍译注全集》在北京自然博物馆展出。

4月15日至5月7日 "2001北京丽江文化周"在北京自然博物馆举行，文化周活动由"丽江神韵——丽江风光风情资源文化展""丽江文化产品实物展""丽江风光风情专题展映""丽江纳西东巴乐舞展演""丽江东巴文化艺术研讨"等七大部分组成。

5月28日 在丽江国际民族文化交流中心隆重召开东巴文化研究所成立二十周年座谈会，共同见证百卷巨著《纳西东巴古籍译注全集》面世。

5月 第五届亚太地区世界遗产年会在丽江古城举行，中外世界文化遗产保护专家把丽江民族文化保护、民族文化产业发展与旅游产业建设相互促进的经验誉为"丽江模式"，并在亚太地区推广。

9月 丽江地区提出了丽江旅游要以民族文化为特色、实现以提质增效为核心的"二次创业"。

9月 丽江县文化局组织10名纳西族男女青年演员赴北京"中华民族园"进行文化交流活动，其间为俄罗斯杜马代表团、国家文化部、韩国代表团进行专场演出，同时为首都各界观众、全国各地游客展演丰富多彩的纳西族民俗歌舞，共完成1000多场次、4000多个节目演出。

11月 云南大学与云南大博文化投资有限公司、丽江地区签订了联合创办丽江旅游文化学院协议。

12月27日 在"第五届国家图书颁奖大会"上，《纳西东巴古籍译注全集》荣获国家图书出版最高奖项——国家图书奖荣誉奖，这是西南三省出版界第一次获此殊荣。

12月 丽江地区民族歌舞团、中国丽江（国际）民族文化交流中心与深圳能量实业有限公司联合组建丽江股份演艺公司。

12 月 新闻出版工作按云南省新闻出版局要求，将永胜、华坪、宁蒗三县县委机关报转为丽江日报县版。完成全区 310 个出版物单位的审批工作，全年共审批 33 份内部资料。

2002年

3 月 27 日 丽江丽水金沙演艺有限公司在丽江工商行政管理局登记成立，主要经营丽江大型民族服饰、民族风情舞蹈演艺节目《丽水金沙》。

3 月 丽江地区第一家私人博物馆丽江民俗旧器私人博物馆成立。

3 月 丽江纳西族东巴古籍文献正式入选"中国档案文献遗产"，成为 48 项中国档案文献遗产之一。

5 月 应美国西雅图国际青少年艺术节组委会的邀请，丽江纳西古乐会一行 16 人，在宣科先生的率领下，成功出访美国。

6 月 根据国家统一部署，丽江市顺利完成全区互联网上网服务营业场所的审批、管理工作的接收。

8 月 17 日 丽江首届雪山音乐节开幕。

8 月 24 日 第三届东南亚大陆国际山地大会暨"山地文化节"开幕式正式在丽江举行。

10 月 丽江地区电影公司被列入深化国企改革范围。

12 月 1 日 丽江电视台公共频道开始试播，这是丽江地区和各县广播电视播出机构职能转变工作的重要内容之一。

12 月 27 日 首届丽江文化论坛在丽江国际民族文化交流中心举行。此次"论坛"共收到 30 篇论文，旅游、文化产业等各界人士约 120 人参加。

2003年

5月　丽江市被列为全国9个文化体制改革综合试点地区之一，丽江市文化局直属单位丽江市民族歌舞团、丽江市电影公司成为《丽江市文化体制改革总体方案》中确定的改革试点单位。

7月　根据世界自然遗产评选标准，三江并流被列入《世界自然遗产目录》。

8月30日　在波兰格但斯克召开的联合国教科文组织的世界记忆工程咨询委员会第六次评审会上，东巴古籍文献经评审委员会审议表决，被正式列入《世界记忆遗产名录》，成为中国继传统音乐录音档案和清朝内阁密本档之外的第三项入选文献遗产。

9月25~26日　第二届中国丽江国际东巴艺术节在丽江市体育馆隆重开幕。首届中国丽江国际东巴文化艺术节于1999年举办。

11月　由市编委批准，正式成立"丽江市广播电视稽查队"，结束了丽江市长期以来对广电设备销售和安装市场无专门监管队伍和行政执法专设机构的历史。

12月15日　丽江市纳西东巴文化传承协会成立，成为推动纳西东巴文化传承的重要社会组织。

12月26日　以深圳能量实业有限公司现金入股（占总资产55%），丽江市民族歌舞团演员个人股（占总资产45%）的方式联合组建的"丽江市民族演艺有限责任公司"正式挂牌成立，同时丽江市民族歌舞团法人注销。

12月30日　《丽江市电影公司体制改革实施方案》经市文化体制改革领导小组审批通过，丽江市电影公司国有企事业单位性质和国有企事业单位干部职工身份终止，经资产重组，组建民营有限责任公司。

12 月　《丽江市民族歌舞团文化体制改革试点实施方案》通过市文化体制改革领导小组审核批准，按《实施方案》要求，12 月底完成了市民族歌舞团改制工作，57 名在职演职员全部进行分流。

2004年

5 月 2～4 日　由丽江市委、市政府主办，为期三天的首届中国·丽江"世界遗产论坛"在云南省丽江市成功举办，全国政协副主席周铁农同志到会祝贺，论坛主题为"世界遗产的保护管理与可持续发展"。

9 月　经丽江市人民政府批准，根据全市农村电影"2131"工程的需要，新组建成立丽江市文化广电新闻出版局直属科级事业单位"丽江市农村电影管理站"，履行农村电影"2131"工程工作职责。

11 月 12 日　按照中央文化体制改革指示精神，撤销原丽江市文化（新闻）出版局、原丽江市广播电视局建制，重新合并组建丽江市文化广电新闻出版局。

11 月　《丽水金沙》被文化部列为"全国文化产业示范基地"，成为丽江文化旅游的一个知名品牌。

12 月　经丽江市人民政府批准，由原文化市场稽查队与原广播电视系统执法机构合并成立丽江市文化广电新闻出版局直属副处级事业单位丽江市文化市场综合执法大队。

2005年

10 月　经过精心策划、筹集资金、制定方案等工作后，丽江广播电视台网站建成使用，提升了丽江市对外宣传的力度，扩大了对外宣传的方式。

11 月　丽江市大型民族舞蹈诗《丽水金沙》荣获第二届中国舞蹈节暨第五届中国舞蹈"荷花奖"表演金奖、作品铜奖，同时荣获"云南省著名商标"称号。

12 月 16 日　由著名导演张艺谋导演的影片《千里走单骑》在丽江举行国内首映式，首映庆典中的广场群众文艺演出由市文广局负责组织，整个首映庆典晚会于中央电视台第 6 套黄金时段播出。

12 月　以丽江优美的自然风光为背景拍摄的故事影片《千里走单骑》丽江市电影版权，由丽江市电影有限责任公司买断，这是丽江市历史上第一次买断本地区影片版权。

2006年

3 月　由市文化广电新闻出版局组织，经近 5 个月的精心排练，一台以反映纳西族民俗民风为主的原生态歌舞晚会《纳西花华色》赴京演出，在国务院礼堂为在北京参加全国人大、全国政协会议的部分代表进行演出。

6 月　云南省人民政府批准公布云南省第一批非物质文化遗产保护名录 147 项，其中丽江市入选 6 项。

7 月 23 日　以雪山为背景的大型实景演出《印象·丽江》雪山篇在云南丽江玉龙雪山脚下正式公演。

2006 年　经国家民族民间传统文化保护工程专家委员会严格评审，国家民族民间传统文化保护工程领导小组审核，国务院将"纳西族东巴画（丽江市）"列入国家第一批非物质文化遗产保护名录。

2007年

1 月 22 日　市委、市政府制定出台《丽江市文化产业"十一五"

发展规划》和《关于加快丽江市文化产业发展若干政策》。

7月 丽江市委宣传部制定《丽江市关于深入实施"文化立市"战略的具体意见》。

10月1日 首届中国婚俗文化节在丽江成功举办。

2008年

3月14日 中共丽江市委、丽江市人民政府在京举办丽江发展论坛，多位专家学者共同为丽江旅游文化发展和品牌塑造出谋划策。

3月 丽江市委、市政府印发《关于进一步实施文化立市战略，促进丽江文化大发展大繁荣的决定》。

4月3日 丽江文化研究会、纳西文化研究会2008年理事会暨丽江文化研讨会在丽江国际民族文化交流中心开幕。

4月12日 2008中国国际演出交易会在云南丽江举办，本次交易会以"和谐、服务、创意、发展"为主题，包括主题论坛及丰富的演出项目推介活动。

10月4日 丽江市茶叶商会在丽江阿丹阁大酒店三楼举行"传承民族茶文化、弘扬茶马古道精神、促进绿色云茶贸易"恳谈会。

10月17日 中国四大知名古城丽江、平遥、洪江和凤凰，在湖南怀化"义结金兰"，成为"姊妹古城"，以推动中国历史文化古城的保护与发展。

2009年

5月 丽江市非物质文化遗产保护中心正式批准成立，设在丽江市文化馆，"非遗中心"的成立使全市的遗产申报和日常管理保护工作进一步规范有序。

11 月 丽江市政府授权财政及国资部门重新任命了市有线电视网络有限公司法人，理顺了法人治理结构，明确了责任与义务，为下一步整合进入全省有线电视网络一张网奠定了基础。

8 月 15 日 在西安举办的 2009 世界文化旅游论坛上，丽江被授予"世界著名文化旅游城市"荣誉称号，市长王君正同志被评为"推动文化旅游建设杰出贡献人物"。

12 月 丽江日报社在办好主报及《丽江旅游周刊》的基础上，做大做强剥离改制的丽江日报传媒有限公司，2009 年实现广告业务收入 600 万元。

12 月 丽江市电影公司实现营业收入 1087 万元，成立了丽江市农村数字电影放映公司。

2010年

5 月 丽江文化产业协会成立，搭建起政府与企业良性沟通的桥梁，文化市场走上了政府监管与企业自律相结合的路子。

7 月 6 日 150 多位来自国内外研究茶马古道文化、茶文化的专家学者、茶企以及丽江民族文化、旅游界人士云集丽江，举行茶马古道文化研讨会暨生态名优茶叶博览会。

8 月 8 日 第三届世界文化旅游论坛在丽江大港旺宝国际饭店隆重开幕，来自国内外 200 位嘉宾出席了论坛，论坛围绕"文化旅游：传承与创新"展开讨论。

8 月 11 日 中共中央宣传部、文化部、国家广电总局、新闻出版总署决定对率先完成改革任务的 12 个试点地区和积极推进体制机制改革的 58 个文化企业予以表彰，丽江市入选全国文化体制改革先进地区。

10 月 16 日 由云南文化产业投资控股集团有限责任公司与丽江

市委、市人民政府共同投资 50 亿元开发建设的"中国丽江文化产业示范项目"在丽江奠基。

10 月 丽江市、区（县）在实现了文化、广电、新闻出版三局合并的基础上，将原有的"扫黄打非"工作领导小组调整充实为"文化市场管理工作领导小组"。

12 月 《丽江日报》门户网站正式开通，使《丽江日报》的媒体作用得到进一步的提升，在报业发展格局方面迈出新的一步。

2011年

1 月 28 日 丽江市委、市政府研究制定了《丽江市文化建设考评办法》。

4 月 28 日 丽江市文化馆组织文化代表团到韩国清州市进行文化艺术交流访问，举行了"中·韩书艺联展"，东巴书法、东巴绘画作品参展。

4 月 30 日 丽江市获得中宣部"全国文化体制改革先进地区"表彰。

5 月 玉龙纳西族自治县民族歌舞团创作演出的歌舞《依古纳西》荣获"云南省第十一届新剧（节）目展演"歌舞类金奖、编导奖二等奖、舞台美术奖三等奖、表演奖二等奖等。

7 月 15 日 在古城区玉河走廊组织举办了省级非物质文化遗产项目"珐琅银器"展示馆开馆仪式。

9 月 27 日 丽江市非物质文化遗产保护中心与丽江一米阳光企业集团签署了"非物质文化遗产保护合作协议"，该集团向丽江市非物质文化遗产传承人和民间组织、团体相关活动赞助人民币 100 万元。

10 月 25 日 召开全市学习贯彻十七届六中全会精神推动文化大

发展大繁荣座谈会，制定了《中共丽江市委关于贯彻落实党的十七届六中全会精神，加快推进民族文化强市建设的实施意见》。

10 月 启动丽江市国有文艺院团体制改革工作，成立丽江市加快国有文艺院团体制改革工作领导小组，完成了玉龙纳西族自治县民族歌舞团、宁蒗彝族自治县小凉山艺术团改革方案的审核上报。

12 月 根据全国、全省国有文艺院团文化体制改革会议精神，丽江市玉龙县、宁蒗县民族歌舞团文艺院团进行文化体制改革。

2012年

9 月 26 日 全国文化体制改革工作表彰大会在北京人民大会堂举行，丽江市再次获得"全国文化体制改革先进地区"称号，是云南省唯一获表彰的先进地区。

9 月 丽江市人民政府制定了《丽江市人民政府关于加强公共文化惠民服务体系建设的实施意见》。

2013年

5 月 7 日 丽江市人民政府下发《丽江市人民政府关于开展第一次全国可移动文物普查的通知》，共普查 1811 个单位，登记文物 51513 件。

9 月 26 日至 10 月 26 日 在昆明市博物馆成功举办了"纳西族东巴文化展"，实现了"走出去"的第一步，为丽江的民族文化对外宣传和展示做出了有益的探索。

10 月 25 日 第六届雪山音乐节成功举办，同时举办雪山艺术节，邀请全国近 30 位极具天赋的艺术家参加展览。

10 月 纳西族舞蹈《热美姑娘》在青岛举行的第十届"中国艺

术节"暨第十六届"群星奖"的舞蹈类比赛中荣获"群星奖"，这是丽江市群众文化活动取得的最高奖项。

10月 丽江市出台了《关于加强文化保护工作的通知》，推进文物保护开发管理工作规范有序进行。

11月 丽江市委市政府制定了《中共丽江市委关于贯彻落实党的十七届六中全会精神 加快推进民族文化示范区建设的实施意见》《丽江市关于金融支持文化产业发展的意见》，确保民族文化建设顺利推进。

8月9~14日 组织全市14家企业共11个门类，涵盖银器、木雕、民族服饰、陶艺、乐器等近千件工艺美术作品参加首届云南省文化产业博览会。

2014年

3月8日 《丽江千古情》在丽江千古情景区丽江千古情大剧院隆重公演。

3月 丽江市委、市政府出台《中共丽江市委丽江市人民政府关于建设世界文化名市打造丽江文化硅谷的意见》。

5月 丽江市引进中国旅游第一股宋城股份打造丽江千古情景区，正式向游客开放。

12月3日 丽江玉龙雪山印象旅游文化产业有限公司、云南汇通古镇文化旅游开发集团有限公司入选文化部公布的第六批国家文化产业示范基地。

12月20日 由上海天雨流芳民间文化交流中心、中共丽江市委宣传部、丽江文化研究会纳西文化研究会、丽江市玉龙纳西族自治县白沙壁画博物馆共同组织联合主办的"2014丽江白沙壁画和金沙江岩画联展"在上海隆重开幕。

2015年

4月22日 丽江玉龙雪山印象旅游文化产业有限公司被列入国家文化产业示范基地，进入云南省首届文化产业30强企业。

4月 宋城"丽江千古情"演艺项目、玉水寨"中国纳西文化传承基地"项目被列为国家藏羌彝文化产业重点项目。

5月1日 杨丽萍打造的《云南的响声》在丽江正式公演。

5月9日 丽江市在国家博物馆成功举办"纳西族东巴文化展"，这是地市级博物馆藏品首次在国家博物馆展出，也是国家博物馆第一次以一个少数民族为专题设置展区。

10月 丽江市出台《丽江市深化文化体制改革实施方案》。

2016年

1月8日 国家旅游局公布全国30个中国国际特色旅游目的地，丽江是云南唯一入选的市（州），创建目录为"中国国际民族文化旅游目的地"。

2月1日 国家旅游局公布首批创建"国家全域旅游示范区"名单，丽江市成为云南省入围两个市（州）之一。

2月5日 丽江市公安局旅游警察支队挂牌成立，这是云南省第一支旅游警察支队，也是全国范围内继三亚之后的第二个成立旅游警察的地区。

2月23日 "丽江云旅游"综合平台正式上线运行，标志着丽江进入"旅游＋互联网"新时代。

2月29日 云南省首家正式运行的旅游市场监管综合调度指挥中心落户丽江。

5月1日　丽江首个旅游巡回法庭——玉龙县人民法院旅游巡回法庭成立。

10月29日　在以"全域化、新融合、大数据"为主题的"第四届旅游业融合与创新（中国·思南）论坛暨2016最美中国榜盛典"中，世界文化遗产丽江古城入围"2016最美中国榜——目的地景区"榜单，并荣获"2016最美中国·文化魅力、特色魅力旅游胜地"。

12月7日　第三届中国丽江（大益）国际当代文学论坛在丽江开幕，35位国内外著名作家、诗人、评论家、期刊主编、出版人共同探讨中国文学及世界文学的当下与未来，谋划丽江旅游与文化的深度融合，畅谈新丽江、新旅游。

12月13日　丽江市被列入第一批国家文化消费试点城市，也是云南省唯一被列入全国第一批试点的城市。

2017年

4月28日　文化部文化产业项目服务平台第五期文化产业精品项目交流对接会在丽江成功举办，为银企之间的进一步合作开了好头、奠定了基础。

4月29日　丽江市文广局、中国金茂丽江公司、北京华夏兄弟传媒三方签署了《丽江文化产业创新与发展战略合作备忘录》，三方将在丽江共同成立"丽江市文化产业引导基金"，首期规模3亿元。

4月　丽江市委、市政府印发《丽江市全民阅读"十三五"时期发展规划》《丽江市2017年度"书香丽江"全民阅读活动实施方案》。

4月　丽江市人民政府审定印发《丽江市"十三五"文化发展专项规划》《进一步深化文化市场综合执法改革实施方案》《关于推动文化文物单位文化创意产品开发的实施方案》《丽江市关于进一步

加强文物保护工作的实施意见》等文件。

7 月 丽江市被文化部中期评估为全国 12 个文化消费试点工作成效较好的城市之一。

8 月 丽江市作为云南省的经典案例参加在湖南长沙举行的全国文化消费试点经验交流会。

11 月 丽江市参加了在北京举办的首届文化消费研讨交流会，加入了"文化消费城市联盟"。

11 月 丽江市民族文艺创作研究所更名为丽江（国际）民族文化艺术创作研究院。

2018年

1 月 5 日 由中共丽江市委宣传部、市旅游发展委员会主办，云美旅游控股有限公司承办的 2018 "和美丽江"文化品牌论坛在丽江开幕。

1 月 5 日 丽江市旅游发展委员会携手云南假日风光国际旅游集团走进上海，与上海世谦旅行社共同举办旅游推介会，开展旅游品牌推广和产品宣传。

1 月 16 日 丽江《纳西创世纪》民族文化体验中心正式揭牌成立，开创了"文化＋科技＋旅游"的特色文化产业新模式。

1 月 23 日 云南省首座"智慧厕所"在丽江玉龙雪山景区上线。

2 月 10 日 由丽江东巴秘境主办的首届雪山民间美食节拉开帷幕，同步启动首届雪山艺术展。

4 月 13 日 以"新时代·新田园·新未来"为主题的丽江市首届桃花节在玉龙县拉市镇海南村委会丰乐村的丽江瑞祥雪桃基地开幕，同时开展为期一个月的"桃花节"主题摄影比赛。

8 月 2~6 日 "改革开放 40 周年丽江发展研讨会"暨第九届丽

江茶马文化博览会在丽江古城玉河广场举办。

8 月 丽江市与云南大学文化发展研究院合作，对两年来丽江全国文化消费试点各项工作进行系统化梳理和理论化提升。

10 月 《丽江市促进影视产业发展若干政策措施》《丽江市关于推进文化行政部门与所属企事业单位管办分离促进文化行政职能转变的改革方案》《丽江市关于深入推进丽江市公共文化机构法人治理结构改革的实施方案》《丽江市加快推进文化发展三年行（2018~2020 年)》《关于进一步加强非物质文化遗产保护工作的实施办法》经市委、市政府审核发布。

12 月 丽江市城乡居民发售"纳西创世纪——纳西文化体验中心"文化消费惠民卡 1 万张。

2019年

1 月 8 日 完成集团化整合的丽江市宝鼎旅游开发（集团）有限责任公司正式揭牌，标志着首家旅行社集团公司正式运营，丽江旅行社行业集团化、规范化、产业化经营模式迈出了坚实步伐。

1 月 13 日 由新华网主办的"第六届旅游业融合与创新论坛"在北京举办，丽江以丰富的旅游资源和独特的民族文化荣获"首批全国文化旅游胜地"，纳西族三多节荣获"首批最具中国特色传统节庆（会)"。

1 月 24 日 "丽江号"沪昆文化旅游列车 G1376/1 次高铁（昆明南站—上海虹桥）成功始发，"丽江号"沪昆高铁专列，搭建了让更多人了解丽江、熟知丽江、体验丽江的新平台和新窗口，进一步扩大了丽江的知名度和影响力。

3 月 13 日 丽江市文化和旅游局正式挂牌成立，是丽江市文化和旅游发展史上的重要里程碑。

3月27日 云南省推进"旅游革命"现场会暨"一部手机游云南"工作领导小组第15次专题会议在丽江召开。

5月19日 以"文旅融合 美好生活"为主题的丽江2019年中国旅游日宣传活动在世界文化遗产丽江古城玉河广场举行。

5月27日 全国政协常委、中国作协副主席、著名学者作家、诗人白庚胜先生将"滇云第一长联"捐赠给丽江市图书馆永久收藏。

6月5日 由云南省文化和旅游厅指导，国际旅游小姐组织、云南省旅游业协会、云南省绿色环保基金会、丽江玉龙雪山省级旅游开发区管理委员会、泸沽湖风景名胜区管理局、丽江古城保护管理局、丽江玉龙旅游股份有限公司共同主办的2019国际旅游小姐中国总决赛颁奖盛典在丽江木府举行。

7月9日 以"大变局：让华媒声音更响亮"为主题的第四届海外华文新媒体高峰论坛在丽江开幕，来自全球43个国家和地区的100余家海外华文新媒体代表、知名专家学者等近200位嘉宾参加论坛。

7月20日 在由云南省人民政府主办的2019年首届"数字云南"区块链国际论坛上，云南省委副书记、省长阮成发同志与腾讯副总裁、腾讯云总裁邱跃鹏，通过"游云南"平台购买了丽江玉龙雪山景区门票，共同开出全国第一张区块链电子冠名发票。

9月26日 云南省第十三届人民代表大会常务委员会审议通过《云南省纳西族东巴文化保护条例》，于2020年5月1日起施行。

9月27日 由丽江市委、市人民政府主办，市委宣传部、市文旅局承办的《潮涌金沙腾丽江》——丽江市庆祝中华人民共和国成立70周年暨"不忘初心、牢记使命"主题教育文艺演出在丽江市委党校举办。

11月6日 云南省2019年公共服务"文化云南云"平台建设现场会在丽江召开。会议期间，与会代表交流了丽江文旅融合发展、大理旅游厕所建设、怒江开展夜间群众文化活动、临沧市镇康县"国门文化"建设经验。

11 月 29 日至 12 月 2 日 "2019 全国中青年学者（U40）文化和旅游融合理论与实践工作营"在丽江成功举办。

12 月 2 日 由云南省"一部手机游云南"工作领导小组办公室组织的涉旅企业诚信评价工作推进会在丽江召开，全省 16 个州市、60 个重点县市区文旅局相关人员 100 余人参加会议。

2020年

1 月 23～25 日 丽江文旅行业在全省率先暂停对外开放营业。丽江市 91 个公共文化场馆、26 个开放的文物保护单位暂停对外开放，取消 439 场群众性文化活动，6 家演艺院团暂停对外营业；24 日，丽江市所有旅行社、散客接待门店和在线旅游企业暂停旅游经营活动，190 家文化娱乐场所、130 家网吧全部暂停营业；25 日，丽江市 18 家 A 级景区、6 家非 A 级景点全部暂停营业。

2 月 18 日 丽江市文化和旅游局、丽江市旅游协会、大研古城客栈经营者协会、丽江市旅游协会星级饭店分会、古城区星级特色民居客栈协会、相关旅游景区、文旅演艺企业等共同发起倡议，组织 1516 家文旅企业出台优免政策，致敬"最美逆行者"。

3 月 20 日 丽江市委办公室、丽江市人民政府办公室印发出台《丽江市支持文化旅游行业抗疫情渡难关稳发展的十八条措施》。

6 月 24 日 中共丽江市委宣传部、丽江市文化和旅游局、丽江市旅游协会举办了丽江市红色旅游精品线路发布会。

7 月 24 日 "丽江文化旅游列车"京昆线 G406/1 次高铁专列（昆明南站—北京西站）成功始发，列车通过高铁冠名的宣传方式搭建新平台、新窗口，向乘客展示推广丽江文化旅游品牌。

10 月 27 日 由云南省文化和旅游厅主办，丽江市文化和旅游局协办的 2020 年云南省游客购物"30 天无理由退货"工作培训班在丽江开班。

11 月 3 日 全国旅游市场整治工作现场交流会在丽江召开，文化和旅游部相关领导、丽江市委市政府领导以及来自全国各省、自治区、直辖市和云南省 16 个州（市）的文化和旅游部门代表近 50 人参加会议。

11 月 28 日 "天雨流芳·文旅大集"丽江市 2020～2021 年文旅融合品牌项目及文化旅游消费提升系列活动在丽江古城玉河广场开幕，为广大市民、游客提供更加多元化、本土化的文化旅游享受，提升和释放丽江市民和广大来丽江游客的文化旅游消费体验需求，全面提升丽江文化旅游消费质量。

12 月 2 日 文化和旅游部公布第二批国家全域旅游示范区名单，丽江市古城区被认定为国家全域旅游示范区。

12 月 25 日 文化和旅游部、国家发展改革委、财政部发布《关于公布第一批国家文化和旅游消费示范城市、国家文化和旅游消费试点城市名单的通知》，丽江市入选第一批国家文化和旅游消费试点城市。

图书在版编目（CIP）数据

丽江市文化产业发展报告.2000－2020／李炎，胡洪
斌主编.－－北京：社会科学文献出版社，2021.7
ISBN 978－7－5201－8629－2

Ⅰ.①丽…　Ⅱ.①李…②胡…　Ⅲ.①文化产业－产
业发展－研究报告－丽江－2000－2020　Ⅳ.①G127.743

中国版本图书馆 CIP 数据核字（2021）第 127447 号

丽江市文化产业发展报告（2000~2020）

主　　编／李　炎　胡洪斌
副 主 编／王　佳　于良楠

出 版 人／王利民
责任编辑／陈　颖

出　　版／社会科学文献出版社·皮书出版分社（010）59367127
　　　　　　地址：北京市北三环中路甲 29 号院华龙大厦　邮编：100029
　　　　　　网址：www.ssap.com.cn
发　　行／市场营销中心（010）59367081　59367083
印　　装／天津千鹤文化传播有限公司

规　　格／开　本：787mm×1092mm　1/16
　　　　　　印　张：20.75　字　数：278 千字
版　　次／2021 年 7 月第 1 版　2021 年 7 月第 1 次印刷
书　　号／ISBN 978－7－5201－8629－2
定　　价／158.00 元